MIETER – VERMIETER

W0319006

MIETER – VERMIETER

Alle typischen Streitfälle und wie man sie aktiv löst

Stefan Bentrop / Volker Neitzel

Stiftung Warentest

LIEBE LESERIN, LIEBER LESER.

Wird Wohnraum vermietet, haben Vermieter und Mieter unterschiedliche Interessenschwerpunkte: Der Mieter möchte attraktiven und gesunden Wohnraum zu einer bezahlbaren und möglichst stabilen Miete haben, der Vermieter will seine Mieteinnahmen gegen steigende Unterhaltungskosten sichern oder erhöhen und ansonsten möglichst wenig Kosten haben.

Oft entstehen hieraus unerbittlich geführte Auseinandersetzungen, die vor Gericht landen. Dies gilt nicht nur, aber insbesondere, wenn der Vermieter nur eine oder wenige Wohnungen vermietet, zum Beispiel die Einliegerwohnung im eigenen Haus. Denn für ihn sind die Mieteinnahmen – anders als für einen Großvermieter – oft die direkte Grundlage zur Finanzierung der eigenen vier Wände oder der Altersvorsorge.

Wo mit harten Bandagen gekämpft wird, kann das eigentliche Ziel leicht aus dem Blick geraten. Wer im Recht ist und ob sich Mühe und Kosten eines Gerichtsverfahrens tatsächlich lohnen, ist oft weniger klar als es auf den ersten Blick scheint. Außerdem stellt sich die Frage, wie es zukünftig um das Miteinander von Vermieter und Mieter bestellt sein soll. Gerade wenn man nahe beieinander, vielleicht sogar unter einem Dach wohnt, kann im Konfliktfall mit einer respektvollen Lösung für beide Seiten mehr gewonnen sein als mit einem Sieg vor Gericht.

Der Ratgeber behandelt die in der Mietpraxis häufig vorkommenden Konflikte bei der Wohnraummiete. Die Erfahrung zeigt, dass meist leider erst dann Rat gesucht wird, wenn das Problem bereits an die Tür klopft. Hier ist eine sinnvolle Konfliktbewältigung gefragt, für die wir Vorschläge machen. Anhand von Fallbeispielen wird gezeigt, welche Argumente typischerweise aufeinandertreffen und wie sich die Auseinandersetzung zwischen Vermieter und Mieter bis vor den Richtertisch entwickelt, wenn jede Seite meint, im Recht zu sein und das auch „durchdrücken“ will. Es wird erläutert, wie die Rechtslage ist, wo der Kern des Konflikts liegt und welche Ansatzpunkte für einvernehmliche Lösungen bestehen. Außerdem stellen wir die Wege zur Konfliktbewältigung, insbesondere die Grundzüge verschiedener gerichtlicher Verfahren und der Mediation vor, um Ihnen eine Entscheidungshilfe für den geeigneten Weg zur Konfliktlösung zu geben.

Die rechtliche Bewertung eines Konflikts als auch die Wahl des sinnvollen Weges zu seiner Lösung können im Einzelfall aber nur aufgrund einer individuellen rechtlichen Beratung erfolgen. Deshalb kann ein Ratgeber weder Anspruch auf Vollständigkeit erheben, noch kann er eine individuelle Rechtsberatung im Einzelfall ersetzen.

INHALT

KONFLIKTE BEIM EINZUG

Vermieter und Mieter sind sich einig geworden und haben ihren Mietvertrag unterschrieben. Beide Seiten gehen von einem guten Start aus, aber nicht selten liegen bereits rund um die Wohnungsübergabe Stolpersteine, die für erste Missverständnisse und Verstimmungen sorgen können. Hier lauern erste Bewährungsproben für das noch frische Mietverhältnis.

DIE SICHERHEITSLEISTUNG DES MIETERS BEI EINZUG

Der Fall

Die neue Wohnung ist gefunden, der Mietvertrag unterschrieben. Die monatliche Miete ohne Betriebskosten soll 400 Euro betragen. Laut Vertrag hat der Mieter eine Mietsicherheit in bar von 1200 Euro zu leisten.

Zum vereinbarten Mietbeginn bittet der Mieter den Vermieter um die Hausschlüssel und bietet ihm dabei eine Barzahlung von 400 Euro als erste Rate für die Sicherheit an. Der Vermieter erwartet aber 1 200 Euro und verweigert ihm den Zutritt zur Wohnung mit der Begründung, er bekomme die Schlüssel erst, wenn er die volle Sicherheit gezahlt habe.

Beharren Vermieter und Mieter im Beispiel auf ihren Positionen, nimmt der Konflikt zwischen ihnen häufig folgende Entwicklung:

Mieter verlangt vom Vermieter die Schlüssel zur Wohnung gegen eine Zahlung von 400 Euro als erste Rate der Mietsicherheit.
§: Er beruft sich auf § 535 Absatz 1 BGB. Ist ein Mietvertrag abgeschlossen, ist ein Vermieter verpflichtet, seinem Mieter die Wohnung zum vereinbarten Mietbeginn zum Gebrauch zu überlassen.

Vermieter verweigert den Zutritt, weil und solange er die Sicherheit nicht in voller Höhe bekomme.
§: Er beruft sich auf den Mietvertrag. Ist im Mietvertrag vereinbart, dass ein Mieter eine Mietsicherheit stellen muss, ist ein Vermieter berechtigt, die Herausgabe der Schlüssel und den Zutritt zur Woh-

nung zu verweigern, bis der Mieter die Mietsicherheit ordnungsgemäß erbracht hat (§ 273 Absatz 1 BGB).

Vermieter bleibt bei seiner Weigerung und verweist darauf, im Mietvertrag sei keine Ratenzahlung vereinbart, sodass er die volle Sicherheit leisten müsse.

Mieter verlangt weiterhin den Zutritt zur Wohnung und argumentiert, eine Zahlung von einem Drittel der Mietsicherheit sei ausreichend. Er werde in den nächsten zwei Monaten weitere Raten von je 400 Euro zahlen.

§: Nach § 551 Absatz 2 BGB darf ein Mieter die Summe in drei gleichen monatlichen Raten zahlen, wenn eine Sicherheit vereinbart ist, für die er eine Geldsumme aufbringen muss, wie bei der Barkaution oder dem Kautionskonto.

Die Raten sind erstmals bei Beginn des Mietverhältnisses und dann mit den nächsten beiden Mietzahlungen fällig.

Mieter erwidert, laut Gesetz dürfe er gegen Zahlung einer ersten Rate einziehen. Dies dürfe mietvertraglich gar nicht anders geregelt werden.

§: Das Recht zur Ratenzahlung kann einem Mieter nicht genommen werden. Eine andere Vereinbarung im Mietvertrag ist unwirksam (§ 551 Absatz 4 BGB).

Mieter setzt Vermieter eine angemessene Frist zur Überlassung der Wohnung.

Vermieter beharrt auf seiner Position. Er trage sonst ein unzumutbares finanzielles Risiko. Vermieter setzt dem Mieter eine angemessene Frist zur Zahlung der vollen Sicherheit.

ZUSPITZUNG:

Mieter verklagt den Vermieter auf Gebrauchsüberlassung.

oder

Mieter erklärt die außerordentliche fristlose Kündigung des Mietvertrags aus wichtigem Grund.

§: Hat der Mieter Recht, kann er von dem Vermieter die Überlassung der Wohnung verlangen (§ 535 Absatz 1 BGB).

Stattdessen kommt auch in Betracht, dass er dem Vermieter außerordentlich fristlos aus wichtigem Grund kündigt (§ 543 Absatz 2 Satz 1 Nr. 1 BGB).

Vermieter verklagt den Mieter auf Zahlung der vollen Mietkaution und verweigert ihm bis dahin den Zutritt zur Wohnung.

oder

Vermieter erklärt die außerordentliche fristlose Kündigung des Mietvertrags aus wichtigem Grund.

§: Hat der Vermieter Recht, kann er von dem Mieter die Zahlung der vollen Sicherheit verlangen und dem Mieter bis dahin den Zutritt zur Wohnung verweigern (§ 273 Absatz 1 BGB).

Unter Umständen kann er außerordentlich fristlos aus wichtigem Grund kündigen (§ 543 Absatz 1 BGB), wenn der Mieter die Sicherheit nicht zahlt.

Die Rechtslage

Nach dem Mietrecht des BGB kann ein Vermieter nicht ohne Weiteres eine Sicherheitsleistung von dem Mieter verlangen. Vielmehr muss diese vereinbart werden. In der Praxis geschieht dies regelmäßig mit dem schriftlichen Mietvertrag. Eine Ausnahme gilt, wenn ein Mietverhältnis nach dem Tod des Mieters mit dem Ehepartner oder Familienangehörigen fortgesetzt werden soll und dort bisher keine Sicherheit gestellt war (§ 563 BGB; siehe Seite 96). Treten der Ehepartner oder Familienangehörige in den Mietvertrag ein, kann der Vermieter kraft Gesetzes von ihnen eine Sicherheitsleistung verlangen (§ 563 b Absatz 3 BGB).

Der Zeitpunkt der Sicherheitsleistung kann vereinbart werden; eine gesetzliche Vorgabe besteht nicht. Meist wird vereinbart, dass die Sicherheit bei der Übergabe der Wohnung an den Mieter zu stellen ist. Denn sie soll, wenn nichts anderes verabredet wird, der Sicherung aller Ansprüche des Vermieters aus dem Mietverhältnis und dessen Abwicklung dienen (BGH, Entscheidung vom 18.1. 2006, Az. VIII ZR 71/05, NJW 2006, Seite 1422). Mit der Übergabe an den Mieter gibt der Vermieter seine Wohnung aus der Hand, ob der Mieter sorgsam mit ihr umgehen und seine Pflichten korrekt erfüllen wird, ist für den Vermieter nicht ohne Weiteres absehbar. Vor allem, wenn der Vertrag später endet, kann die Gefahr bestehen, dass Kosten zum Beispiel wegen nicht ausgeführter Schönheitsreparaturen oder Schäden offen sind (siehe Seiten 139 ff.), die er vom Mieter nach dessen Auszug nicht mehr ohne Weiteres bezahlt bekommt. Hier kommt die Sicherheit ins Spiel. Sie soll dem Vermieter dazu dienen, solche Rückstände ausgleichen zu können.

Der Mieter kann die Sicherheit in verschiedenen **Formen** erbringen. Gängig ist, dass der Mieter dem Vermieter eine **Geldsumme** zahlt (Barkaution), die der Vermieter dann verzinslich und von seinem Vermögen insolvenzsicher getrennt anlegen muss (§ 551 Absatz 3 BGB). Oder der Mieter richtet auf seinen Namen ein **Sparbuch** ein, auf das er den Sicherheitsbetrag einzahlt, und das dann an den Vermieter verpfändet und ihm ausgehändigt wird (Kautionskonto). In diesen Fällen, in denen der Mieter für die Sicherheit eine Geldsumme aufbringen muss, darf er die Sicherheit in drei gleichen monatlichen Raten zahlen (§ 551 Absatz 2 BGB). Die erste Rate ist zu Beginn des Mietverhältnisses fällig, das heißt zu dem Zeitpunkt, zu dem die Wohnung laut Mietvertrag an den Mieter übergeben werden soll (LG Mannheim, Entscheidung vom 12.7. 1989, Az. 4 S 38/89, ZMR 1990, Seite 18). Der Austausch erfolgt „Zug um Zug".

Das **Ratenzahlungsrecht des Mieters** darf nicht ausgeschlossen werden. Eine anders lautende Vereinbarung zum Nachteil des Mieters ist unwirksam (§ 551 Absatz 4 BGB). Die Sicherheitsvereinbarung als solche bleibt dann aber trotzdem bestehen. Der Mieter bleibt zur Sicherheitsleistung verpflichtet, darf aber in Raten zahlen (BGH am 25.6. 2003, Az. VIII ZR 344/02, NJW 2003, Seite 2899; BGH am 3.12. 2003, Az. VIII ZR 86/03, NJW 2004, Seite 1240).

Neben der Barkaution oder dem Kautionskonto kommt vor allem in Betracht, dass der Vermieter durch eine **Bürgschaft** gesichert wird. Dann übernimmt ein Dritter, zum Beispiel eine Bank oder Versicherung, die Pflicht, für spätere Forderungen des Vermieters gegen den Mieter einzustehen. Eine Sicherheit kann auch durch eine Kombination der genannten Formen gestellt werden.

Die **Höhe** der Sicherheit ist zum Schutz des Mieters **gesetzlich begrenzt**. Eine Mietsicherheit darf der Vermieter maximal in Höhe des Dreifachen der monatlichen Miete ohne Betriebskosten (Nettomiete) verlangen (§ 551 Absatz 1 BGB). Dies gilt auch, wenn verschiedene Formen von Sicherheiten kombiniert werden. Verlangt der Vermieter eine höhere Sicherheit, ist diese Vereinbarung unwirksam, soweit die Maximalhöhe überschritten wird (§ 551 Absatz 4 BGB). Der Mieter bleibt zu einer Sicherheitsleistung in Höhe des Dreifachen der monatlichen Nettomiete verpflichtet (BGH, Entscheidung vom 30.6. 2004, Az. VIII ZR 243/03, NJW 2004, Seite 3045).

Wenn der Mieter die vereinbarte **Sicherheit nicht pünktlich** stellt, bei einer Barkaution oder einem Kautionskonto: wenn er die erste Rate nicht rechtzeitig zahlt, kann der Vermieter die Sicherheit einklagen und sich bis dahin auf ein **Zurückbehaltungsrecht** an der Wohnung berufen (§ 273 Absatz 1 BGB). Er darf dem Mieter also den Zutritt zur Wohnung verweigern, bis die Sicherheit ordnungsgemäß gestellt ist. Darf der Mieter in Raten zahlen, muss die erste Rate gezahlt werden. Unter Umständen kommt sonst eine **außerordentliche fristlose Kündigung** des Mietvertrags aus wichtigem Grund in Betracht (LG Berlin, Entscheidung vom 24.8. 2000, Az. 61 T 23/00, GE 2000, Seite 1475). Außerdem kann der Vermieter für ihm entstandene Schäden, wie zum Beispiel Mietausfall, **Schadenersatz** verlangen, es sei denn, der Mieter hat es nicht zu vertreten, dass er die Kaution nicht gezahlt hat (§ 280 BGB, § 276 BGB).

Weigert sich demgegenüber der Vermieter zu Unrecht, die Wohnung zu überlassen, kann der **Mieter** seinen **Anspruch auf Gebrauchsüberlassung** einklagen, um die Wohnung beziehen zu können (§ 535 Absatz 1 BGB). Alternativ kommt in Betracht, dass der Mieter zur Beendigung des Mietvertrags die **außerordentliche fristlose Kündigung** aus wichtigem Grund erklärt (§ 543 Absatz 2 Satz 1 Nr. 1 BGB; siehe Seiten 109 f.), wenn und weil der Vermieter ihn nicht in die Wohnung lässt. Außerdem kann der Mieter für entstandene Schäden, wie zum Beispiel Hotelkosten oder zusätzliche Umzugskosten, Schadenersatz verlangen, es sei denn, der Vermieter hat es nicht zu vertreten, dass er dem Mieter die Wohnung nicht überlassen hat (§ 280 BGB, § 276 BGB).

Fazit

Im Beispielfall ist nach dem Mietvertrag eine **Mietsicherheit in bar** vereinbart. Der Mieter bietet dem Vermieter ein Drittel davon bei Mietbeginn in bar an. Auch stellt er in Aussicht, den weiteren Betrag in zwei gleichen Raten mit den folgenden beiden Mietzahlungen zu zahlen.

Dann darf der Vermieter dem Mieter den Einzug in die Wohnung nicht verweigern. Zwar ist im Mietvertrag vereinbart, dass der Mieter eine Mietsicherheit in bar von 1 200 Euro leisten muss. Daraus kann der Vermieter aber nicht ableiten, dass der Mieter nur gegen die sofortige Zahlung der gesamten Kautionssumme in die Wohnung darf.

Dem Mieter steht ein gesetzliches **Ratenzahlungsrecht** zu, weil er als Sicherheit eine Geldsumme aufbringen muss. Der Mieter darf eine Geldsumme in drei gleichen Raten aufbringen. Die erste Rate ist bei Mietbeginn zu zahlen, die weiteren zwei mit den folgenden Mietzahlungen. Da der Mieter dies angeboten hat, darf der Vermieter ihm den Zutritt zur Wohnung nicht verweigern. Der Vermieter kann also weder die sofortige Zahlung der vollen Sicherheit verlangen, noch hat er einen Grund, den Vertrag außerordentlich fristlos zu kündigen, weil die Sicherheit nicht ordnungsgemäß erbracht sei.

Umgekehrt kann der Mieter aber den Zutritt zur Wohnung fordern, sodass seine Klage begründet wäre. Stattdessen kann er den Mietvertrag auch außerordentlich fristlos kündigen, weil der Vermieter ihn nicht in die Wohnung lässt.

Alternativen

Die Sicherheit in voller Höhe kann der Vermieter nur dann sofort erhalten, wenn der Mieter ihm entgegenkommt und nicht auf dem gesetzlich zugesicherten Ratenzahlungsrecht beharrt, zum Beispiel, weil er es als vertrauensbildende Maßnahme betrachtet, die volle Sicherheit auf einen Schlag zu geben.

Wenn der Mieter die volle Sicherheit nicht zahlen möchte oder kann, der Vermieter aber sofort volle Sicherheit will, besteht die Möglichkeit, die Form der Sicherheit einvernehmlich nachträglich zu wechseln und auf eine **Bürgschaft** durch solvente Verwandte oder Bekannte des Mieters oder durch eine Bank oder Versicherung umzustellen.

Bürgschaften von Banken oder Versicherungen sind in der Regel aber mit laufenden Kosten verbunden. Sie belaufen sich dann meist auf einen bestimmten Prozentsatz der Bürgschaftssumme pro Jahr. Wie hoch der Prozentsatz ausfällt, hängt neben der Bürgschaftssumme vor allem von der individuellen Bonität desjenigen ab, für den die Bürgschaft gestellt werden soll.

Im Übrigen könnten eine Bescheinigung des Mieters zu seinem Arbeitsverhältnis (befristet/unbefristet, Vollzeit/Teilzeit) und seinem Verdienst, eine günstige Schufa-Auskunft oder die Bestätigung eines früheren Vermieters über die ordnungsgemäße Abwicklung des Mietverhältnisses in Betracht gezogen werden, um dem Vermieter „Sicherheit" zu geben. Anders als mit einer Sicherheitsleistung erhält der Vermieter durch solche Nachweise zwar kein finanzielles Polster für den Ernstfall, sie können aber das Vertrauen geben, dass der Vermieter sich bis zur vollständigen Zahlung der Sicherheitsleistung keine Sorgen machen muss. Oft werden diese Informationen aber schon herangezogen, um zu entscheiden, ob überhaupt an den Mieter vermietet werden soll.

DIE VOM VORMIETER NOCH NICHT GERÄUMTE WOHNUNG

Der Fall

Nach dem neuen Mietvertrag ist der 1. Juni als Mietbeginn vereinbart. Der Mieter hat seinen alten Mietvertrag zum 31. Mai gekündigt und muss seine alte Wohnung räumen. Die Koffer sind gepackt, der Umzugswagen ist bestellt.

Am 29. Mai ruft der neue Vermieter an und teilt dem Mieter mit, dass die Wohnung leider nicht rechtzeitig frei werde. Der Vormieter, der seinen Mietvertrag zum 31. Mai gekündigt hat, habe ihn gerade angerufen und ihm mitgeteilt, dass er erkrankt sei und noch nicht umziehen könne. Er werde noch vier Wochen brauchen.

Der Mieter ist schockiert und besteht natürlich darauf, pünktlich in die Wohnung zu können. Der Vermieter erklärt, das sei auf keinen Fall möglich.

Bleiben Vermieter und Mieter im Beispiel bei ihren Positionen, kann sich folgender Streit entwickeln:

Mieter verlangt die Überlassung der Wohnung gemäß Vertrag.
§: Er beruft sich auf § 535 Absatz 1 BGB, wonach ein Vermieter verpflichtet ist, einem Mieter zu Mietbeginn die Wohnung zum Gebrauch zu überlassen.

Vermieter verweigert die Überlassung, weil der Vormieter die Wohnung noch nicht geräumt habe. Er werde sie dem Mieter selbstverständlich überlassen, wenn der Vormieter ausgezogen sei. Bis dahin aber könne er sie dem Mieter nicht geben.
§: Er beruft sich auf § 275 Absatz 1 BGB. Danach ist ein Vermieter nicht verpflichtet, dem Mieter die Wohnung zu überlassen, soweit ihm dies nicht möglich ist.

Mieter besteht auf der Wohnungsüberlassung zum vereinbarten Termin. Seine alte Wohnung sei gekündigt und er könne schließlich nicht auf der Straße bleiben. Sonst entstehe da so einiges an Kosten.

Vermieter erwidert, er bedauere die Situation, habe sich aber nichts zuschulden kommen lassen. Der Vertrag mit dem Vormieter sei rechtzeitig beendet und er habe bis zu dessen Anruf keinen Hinweis gehabt, dass der Vormieter nicht rechtzeitig ausziehen werde.
§: Er beruft sich darauf, der Mieter könne keine Ansprüche gegen ihn erheben, weil er die Verzögerung nicht zu vertreten habe (§ 276 BGB).

Mieter kontert: Der Vermieter habe den Termin für den Mietbeginn schriftlich zugesagt. Dann müsse er diesen auch einhalten. Wenn nicht, müsse er natürlich die Konsequenzen tragen, die sich daraus zwangsläufig ergeben.
Mieter setzt Vermieter eine angemessene Frist zur Überlassung der Wohnung.

ZUSPITZUNG:

Mieter verklagt den Vermieter auf Gebrauchsüberlassung.
oder
Mieter erklärt die außerordentliche fristlose Kündigung des Mietvertrags aus wichtigem Grund.
§: Hat der Mieter Recht, kann er von dem Vermieter die Überlassung der Wohnung verlangen.
In Betracht kommt stattdessen, dass er den Mietvertrag außerordentlich fristlos aus wichtigem Grund kündigt (§ 543 Absatz 2 Satz 1 Nr. 1 BGB).

Vermieter verklagt den Mieter auf (zukünftige) Vertragserfüllung, falls der Mieter die Wohnung nicht mehr beziehen und keine Mietzahlungen leisten will.
§: Hat der Vermieter Recht, kann er die Fortsetzung des Vertrags verlangen, falls der Mieter die Wohnung nicht mehr beziehen will.

Die Rechtslage

Nach § 535 Absatz 1 BGB ist der Vermieter mit Abschluss des Mietvertrags verpflichtet, dem Mieter die Wohnung bei Mietbeginn zum vertragsgemäßen Gebrauch zu überlassen. Der Mietbeginn ist meist im Vertrag ausdrücklich festgelegt. Fehlt eine ausdrückliche Angabe, kommt es darauf an, ob sich nach den Begleitumständen des Vertragsabschlusses ein bestimmter Zeitpunkt der Überlassung ermitteln lässt, anderenfalls ist dem Mieter die Wohnung sofort nach Abschluss des Mietvertrags zu übergeben (§ 271 Absatz 1 BGB).

Übergibt der Vermieter die Wohnung nicht rechtzeitig an den Mieter, kann dies verschiedene Gründe haben. So kann der Grund im Zustand der Wohnung liegen, zum Beispiel, wenn sich Reparatur- oder Modernisierungsarbeiten nach dem Auszug des Vormieters verzögern und die Wohnung deshalb nicht rechtzeitig wieder benutzbar ist. Daneben kommt vor allem in Betracht, dass die Wohnung noch vom Vormieter besetzt ist, zum Beispiel, weil der Vormieter nach Ablauf des Mietvertrags nicht rechtzeitig auszieht.

In einem solchen Fall kann der Mieter vom Vermieter auch über den vereinbarten Mietbeginn hinaus die **Überlassung der Wohnung** verlangen, solange der Hinderungsgrund überhaupt beseitigt werden kann (BGH, Entscheidung vom 12.3. 2000, Az. XII ZR 18/00, NJW 2003, Seite 2158; KG Berlin, Entscheidung vom 25.9. 2008, Az. 8 U 44/08, NZM 2008, Seite 889). Bis zur Beseitigung ist es dem Vermieter aber unmöglich, dem Mieter die Wohnung zu überlassen. Solange ist der Vermieter auch nicht zur Übergabe der Wohnung verpflichtet (§ 275 BGB).

Alternativ kann der Mieter wegen der nicht rechtzeitigen Überlassung der Wohnung den Mietvertrag **außerordentlich fristlos kündigen** (§ 543 Absatz 2 Satz 1 Nr. 1 BGB; siehe Seiten 109 f.). Das Kündigungsrecht setzt nicht voraus, dass der Vermieter die Verzögerung zu vertreten hat. Der Mieter kann also auch kündigen, wenn den Vermieter keine Schuld an der Verzögerung trifft. Die Kündigung ist aber nicht möglich, wenn der Mieter selbst die Verzögerung zu vertreten hat (BGH, Entscheidung vom 26.11. 1997, Az. XII ZR 28/96, NJW 1998, Seite 594; BGH, Entscheidung vom 10.11. 2004, Az. XII ZR 71/01, NJW-RR 2005, Seite 235).

Entstehen dem Mieter aus der nicht rechtzeitigen Überlassung Schäden, wie zum Beispiel zusätzliche Hotelkosten oder Umzugskosten, kann er vom Vermieter auch **Schadenersatz** verlangen (§ 280 BGB). Anders als das Kündigungsrecht setzt dieser Anspruch zwar voraus, dass der Vermieter die Verspätung zu vertreten hat (§ 276 BGB). Jedenfalls dann, wenn der Mietbeginn ausdrücklich im Vertrag vereinbart ist, kann der Vermieter sich dadurch aber nicht entlasten. Denn zumeist sehen die Gerichte in einer solchen Vereinbarung eine Beschaffungsgarantie des Vermieters. Mit ihr übernehme der Vermieter das Risiko, dem Mieter die Wohnung auf jeden Fall rechtzeitig zur Verfügung zu stellen, sodass er für jede Verzögerung einzustehen habe (BGH, Entscheidung vom 10.11. 1982, Az. VIII ZR 252/81, NJW 1983, Seite 446; OLG Düsseldorf, Entscheidung vom 18.9. 1997, Az. 10 U 93/96, NZM 1999, Seite 24; anderer Ansicht OLG Frankfurt am Main, Entscheidung vom 23.4. 1999, Az. 24 U 138/97, WuM 2000, Seite 116: Ein Vermieter könne sich ohne weitere Anhaltspunkte grundsätzlich darauf verlassen, dass der rechtzeitig gekündigte Vormieter die Wohnung pünktlich räume). Etwaige Schäden des Mieters muss der Vermieter deshalb auch ersetzen, wenn ihn an der Verzögerung keine Schuld trifft.

Fazit

Im Beispielsfall besteht ein **behebbares Hindernis** für die Überlassung der Wohnung an den Mieter. Infolge dessen kann der Mieter zwar grundsätzlich die **Überlassung der Wohnung** verlangen und gegebenenfalls einklagen. Er kann seinen Anspruch aber nicht durchsetzen, solange der Vormieter in der Wohnung ist. Denn bis dahin ist es dem Vermieter unmöglich, dem Mieter die Wohnung zu überlassen. Einen Anspruch auf sofortige Überlassung der Wohnung hat der Mieter im Ergebnis also nicht.

Der Mieter kann wegen der Verzögerung den Mietvertrag **außerordentlich fristlos kündigen**. Hiergegen kann der Vermieter sich nicht zur Wehr setzen, indem er darauf verweist, ihn treffe an der Situation keine Schuld. Denn das Kündigungsrecht des Mieters hängt nicht davon ab, ob der Vermieter die nicht rechtzeitige Überlassung zu vertreten hat. Die Kündigung beendet das Mietverhältnis mit sofortiger Wirkung, sodass eine Klage des Vermieters auf Vertragserfüllung ohne Erfolg bleibt.

Sollte der Mieter von dem Vermieter **Schadenersatz** wegen Kosten verlangen, die ihm aus der Verzögerung entstanden sind, wie Hotelkosten oder Kosten für die Einlagerung von Mobiliar, muss der Vermieter diese bezahlen. Auch hier kann er sich nach überwiegender Rechtsansicht nicht darauf berufen, ihn treffe keine Schuld. Denn der Vermieter hat mit dem vertraglich vereinbarten Mietbeginn das Risiko übernommen, dass er dem Mieter die Wohnung auch pünktlich zur Verfügung stellen kann. Deshalb trägt er für jede Verzögerung die Verantwortung und hat sie zu vertreten.

Alternativen

Ausgangspunkt ist die Überlegung, dass die zu überbrückende Zeit von vier Wochen bis zum Freiwerden der Wohnung relativ kurz ist. Ob der Mieter, wenn er kündigte, bis dahin eine geeignete neue Wohnung gefunden hätte, ist fraglich. Er wird deshalb in den meisten Fällen eher am Mietvertrag festhalten wollen und eine vernünftige Zwischenlösung bis zum Einzug suchen. Hier treffen sich die Interessen. Auch der Vermieter will den Vertrag erhalten. Und auch für ihn ist die Zwischenlösung des Mieters von Interesse. Denn er muss damit rechnen, deren Kosten tragen zu müssen, soweit sie Mehrkosten der Verzögerung sind, weil der Mieter diese Kosten als Schadenersatz verlangen kann. Und ob er sie beim Vormieter, der alles ausgelöst hat, ohne Weiteres zurück bekommt, kann unsicher sein.

Als alternative Lösung kommt deshalb in Betracht, dass sich Vermieter und Mieter gemeinsam um die Zeit bis zum Einzug bemühen. Denkbar ist, dass der Vermieter dem Mieter hilft, indem er ihm eine Übergangsunterkunft oder einen Raum zur vorübergehenden Lagerung des Umzugsguts stellt. Es kann auch in Betracht kommen, dass er ihn dabei unterstützt, die weiteren Umzugskosten gering zu halten, indem er dem Mieter zum Beispiel ein preisgünstigeres Umzugsunternehmen besorgt als der Mieter es kennt. Dies sind zwei von vielen Möglichkeiten, den Übergang in die neue Wohnung in beiderseitigem Interesse zu gestalten – mit möglichst geringen Unannehmlichkeiten für den Mieter und möglichst niedrigen Kosten für den Vermieter.

DAS EINZUGSPROTOKOLL

Der Fall

Vier Wochen nach der Besichtigung der Wohnung und der Unterzeichnung des Mietvertrags treffen sich der Vermieter und der Mieter zur Wohnungsübergabe. Sie gehen durch die geräumte Wohnung und halten den Zustand in einem schriftlichen Einzugsprotokoll fest. Der Parkettfußboden im Wohnzimmer hat mehrere bleistiftdicke Einkerbungen, die zu dem Zeitpunkt, als der Mietvertrag unterzeichnet wurde, noch nicht bestanden. Der Vermieter vermerkt im Protokoll, dass und wo sich die Schäden im Parkett befinden. Der Mieter unterschreibt das Protokoll und lässt sich von dem Vermieter die Schlüssel geben.

Zwei Tage später ruft der Mieter den Vermieter an und fragt, wann er denn die Schäden in Ordnung bringen lasse. Der Vermieter erklärt, dazu sei er nicht verpflichtet, der Mieter habe das Parkett doch so akzeptiert.

Bleiben Vermieter und Mieter im Beispiel bei ihren Ansichten, entsteht oft folgender Konflikt:

Mieter fordert von dem Vermieter die Beseitigung der Schäden, weil das Parkett nicht in Ordnung sei.

§: Er beruft sich auf § 535 Absatz 1 BGB. Ein Vermieter ist verpflichtet, einem Mieter die Wohnung in einem vertragsgemäßen Zustand zu übergeben.

Deshalb kann ein Mieter verlangen, dass vorhandene Mängel beseitigt werden.

Vermieter weigert sich. Der Mieter habe die Schäden im Parkett bei der Übergabe gesehen und den Zustand so akzeptiert. Schließlich habe er ohne Beanstandungen das Protokoll unterschrieben und die Wohnung übernommen.

§: Er meint, ein Mieter habe keine Rechte wegen eines Mangels, wenn er bei der Annahme der Wohnung einen mangelhaften Zustand unbeanstandet lasse. Nach § 536 b Satz 3 BGB kann ein Mieter, der eine Wohnung in Kenntnis eines Mangels annimmt, wegen des Mangels nur mindern oder Aufwendungs- oder Schadenersatz geltend machen, wenn er sich diese Rechte bei der Annahme vorbehält.

Mieter erklärt, natürlich habe er den Zustand beanstandet. Dies ergebe sich doch gerade aus dem Protokoll. Warum sonst seien die Schäden denn dort dokumentiert worden?

Vermieter entgegnet, mit dem Protokoll sei nur der Zustand der Wohnung bei Einzug festgestellt, damit es bei Mietende keinen Streit gebe, wie die Wohnung zurückzugeben sei. Dass noch etwas in Ordnung zu bringen sei, ergebe sich daraus aber nicht.

Mieter beharrt auf der Beseitigung der Schäden und verlangt nochmals die Mangelbeseitigung.
Wenn dies nicht geschehe, werde er sie auf Kosten des Vermieters von jemand anderem reparieren lassen.

§: Wenn sein Vermieter mit der Mangelbeseitigung in Verzug ist, kann der Mieter die Schäden selbst beseitigen oder beseitigen lassen und von seinem Vermieter Ersatz der dafür erforderlichen Aufwendungen verlangen (§ 536 a Absatz 2 Nr. 1 BGB).

ZUSPITZUNG:

Mieter verklagt den Vermieter auf Mangelbeseitigung.
oder
Mieter beseitigt die Schäden selbst oder lässt sie selbst beseitigen und verklagt den Vermieter auf Ersatz der Kosten.

§: Hat der Mieter Recht, kann er vom Vermieter die Mangelbeseitigung verlangen (§ 535 Absatz 1 BGB). Außerdem kann er, wenn der Vermieter mit der Mangelbeseitigung in Verzug ist, die Schäden selbst beseitigen oder beseitigen lassen und von dem Vermieter Ersatz seiner erforderlichen Aufwendungen verlangen (§ 536 a Absatz 2 Nr.1 BGB).

Vermieter verteidigt sich gegen seine Inanspruchnahme.

§: Hat der Vermieter Recht, stehen dem Mieter keine Ansprüche gegen den Vermieter zu. Eine Klage gegen den Vermieter ist unbegründet.

Die Rechtslage

Nach § 535 Absatz 1 BGB ist der Vermieter verpflichtet, dem Mieter die Wohnung bei Mietbeginn in einem Zustand zu überlassen, der zum vertragsgemäßen Gebrauch geeignet ist. Welcher Zustand dies ist, hängt vom Mietvertrag ab. Oft heißt es darin, die Wohnung werde im gegenwärtigen Zustand vermietet. Dann ist der Zustand bei Abschluss des Mietvertrags maßgeblich.

Liegt der Mietbeginn erst einige Zeit später, können in der Zwischenzeit Mängel auftreten. Dann kann der Mieter die **Mangelbeseitigung** verlangen, auch hat er unter den jeweiligen Voraussetzungen das Recht zur **Mietminderung** sowie Ansprüche auf **Aufwendungsersatz** und **Schadenersatz** (siehe Seiten 29 ff.).

Die Möglichkeit zur Mietminderung sowie zum Aufwendungsersatz und Schadenersatz muss sich der Mieter in einer solchen Situation aber sichern. Denn nimmt ein Mieter die Wohnung in Kenntnis eines Mangels an, muss er sich die **Rechte bei der Annahme vorbehalten**, sonst gehen sie ihm verloren (§ 536 b Satz 3 BGB). Wer bereits bei Vertragsabschluss einen Mangel erkennt, muss schon dann reagieren, sonst droht ebenfalls der Verlust dieser Rechte (§ 536 b Satz 1 BGB). Dabei hat der Mieter nicht schon dann Kenntnis von dem Mangel, wenn er das äußere Erscheinungsbild eines Mangels kennt. Er muss auch die Auswirkungen des Mangels auf die Gebrauchstauglichkeit erkennen können (BGH, Entscheidung vom 20.12. 1978, Az. VIII ZR 114/97, NJW 1979, Seite 713; OLG Düsseldorf, Entscheidung vom 7.3.2006, Az. I – 24 U 112/05, ZMR 2006, Seite 518). Als Vorbehalt der Rechte genügt jede Erklärung, mit der der Mieter dem Vermieter einen konkreten Mangel nennt und zu erkennen gibt, dass er für ihn nicht auf seine Rechte verzichten will (OLG Hamburg, Entscheidung vom 12.4. 2005, Az. 4 U 162/04, ZMR 2005, Seite 856). Dazu kann es unter Umständen reichen, wenn über den Mangel gesprochen wird und der Vermieter die Beseitigung zusagt. Sicherer ist es aber, wenn der Mieter ausdrücklich die Mangelbeseitigung fordert und sich die Geltendmachung weiterer Rechte vorbehält.

Es genügt aber nicht, dass ein erkennbarer Schaden bei Einzug ohne weitere Erklärung in einem Einzugsprotokoll notiert wird. Denn mit einem Einzugsprotokoll wird nur der aktuelle Zustand der Wohnung dokumentiert. Es soll klargestellt werden, in welchem Zustand sie später vom Mieter zurückgegeben werden muss. Das Protokoll besagt deshalb nichts über die Ausübung oder Nichtausübung von Rechten (OLG Hamburg, Entscheidung vom 12.4. 2005, Az. 4 U 162/04, ZMR 2005, Seite 856).

Unterlässt der Mieter den Vorbehalt, verliert er zwar die Möglichkeit zur Minderung und Ansprüche auf Aufwendungsersatz und Schadenersatz. Er kann aber weiterhin vom Vermieter die Mangelbeseitigung verlangen (BGH, Entscheidung vom 18.4. 2007, Az. XII ZR 139/05, NJW-RR

2007, Seite 1021). Diesen Anspruch verliert er nur, wenn aufgrund besonderer Umstände anzunehmen ist, dass er auch auf die Mangelbeseitigung verzichtet (OLG Düsseldorf, Entscheidung vom 25.2. 1999, Az. 10 U 109/95, NZM 2000, Seite 464). Dass der Mangel in einem Einzugsprotokoll notiert ist, genügt auch hier nicht, weil die Protokollierung allein nur den Zustand dokumentiert, aber nicht als Verzicht auf Rechte, hier: die Mangelbeseitigung, interpretiert werden kann.

Übrigens: Bis zur Mangelbeseitigung kann der Mieter auch ein **Zurückbehaltungsrecht** (§ 320 Absatz 1 BGB) an der Miete geltend machen, das regelmäßig in Höhe des Drei- bis Fünffachen einer Minderung eingeräumt wird. Es besteht auch, wenn der Mieter mangels Vorbehalt nicht mehr mindern kann. Denn seine Funktion liegt nicht darin, eine eingeschränkte Nutzbarkeit der Wohnung auszugleichen, sondern besteht gerade darin, den Vermieter zur Mangelbeseitigung anzuhalten (BGH, Entscheidung vom 18.4. 2007, Az. XII ZR 139/05, NJW-RR 2007, Seite 1021; siehe Seite 34).

Fazit

Im Beispielsfall hatte der Parkettfußboden im Wohnzimmer bei Abschluss des Mietvertrags keine Schäden, sodass der Mieter unbeschädigtes Parkett beanspruchen kann und die zu Mietbeginn vorliegenden Schäden einen **Mangel** darstellen, der für den Mieter auch **erkennbar** war. Der Mieter hat die Wohnung entgegengenommen, ohne ausdrücklich die Beseitigung der Schäden zu verlangen oder sich ausdrücklich die Geltendmachung von Rechten vorzubehalten. Andere Erklärungen zu den Schäden wurden nicht abgegeben. Die Schäden wurden aber im Einzugsprotokoll dokumentiert.

Ob und welche Rechte der Mieter hat, hängt deshalb von der **Bedeutung des Einzugsprotokolls** ab. Hier liegen beide Seiten falsch. Das Protokoll bezeichnet den aktuellen Zustand der Wohnung, besagt aber nichts über die Ausübung oder Nichtausübung von Rechten des Mieters. Deshalb ersetzt das Protokoll – anders als der Mieter meint – keinen Vorbehalt der Rechte, sodass der Mieter die Schäden nicht auf Kosten des Vermieters beseitigen oder selbst beseitigen lassen kann. Aufwendungsersatz steht ihm nicht mehr zu. Deshalb bedeutet das Protokoll – anders als der Vermieter meint – aber auch nicht, dass der Mieter auf alle Rechte verzichtet und die Schäden nun als vertragsgemäß akzeptiert hat. Der Mieter kann also weiterhin eine Mangelbeseitigung verlangen.

Eine Klage des Mieters auf Mangelbeseitigung ist demnach begründet.

Greift der Mieter aber zur Selbsthilfe, kann er von dem Vermieter keine Kostenerstattung verlangen, denn einen Anspruch auf Aufwendungsersatz hat er mangels Vorbehalt nicht mehr. Eine Zahlungsklage gegen den Vermieter ist unbegründet.

Alternativen

Besteht ein Mangel, muss der Vermieter ihn beseitigen. Dies gilt auch für „kleine" Mängel. Gerade hier gestaltet sich die Mangelbeseitigung aber oft schwierig. Der Vermieter bagatellisiert, das störe nicht und sei doch nicht der Rede wert. Der Mieter erklärt die Angelegenheit zur Prinzipfrage: Da zeige sich, wie der Vermieter mit ihm umgehe. Jetzt müsse er für etwas vor Gericht ziehen, was eigentlich einfach zu erledigen sei. „Knauserer contra Prinzipienreiter": Wenn sich Vertragspartner so betrachten, kann das Mietverhältnis weit über den eigentlichen Anlass hinaus belastet werden.

Die Lösung kann darin liegen, sich zu verständigen: Möchte der Vermieter sich nicht die Mühe einer Mangelbeseitigung machen, kann vereinbart werden, dass der Vermieter den Mieter bevollmächtigt, im Namen und auf Kosten des Vermieters die Reparatur durchführen zu lassen. Ist der Mieter handwerklich in der Lage, die Reparatur selbst zu erledigen, kann er sie übernehmen und für seine Arbeitszeit und notwendiges Material finanziell entschädigt werden, zum Beispiel in Form eines Mietnachlasses.

DIE MAKLERPROVISION

Der Fall

Der Mieter sucht eine neue Wohnung. In der Tageszeitung findet er eine Anzeige einer Maklerfirma. Angeboten wird eine Wohnung zu einer Monatsmiete von 500 Euro „+ Betriebskosten + Provision". Mit einem Mitarbeiter der Firma vereinbart er einen Besichtigungstermin. Vor der Besichtigung unterschreibt er dem Mitarbeiter eine Erklärung, dass er im Fall der Anmietung an die Firma eine Provision von drei Monatsmieten (ohne Betriebskosten) zuzüglich Umsatzsteuer zahlen werde. Dann zeigt ihm der Mitarbeiter die Wohnung und gibt ihm weitere Informationen zu ihr. Der Mieter mietet die Wohnung und zahlt die Provision an die Firma.

Eine Woche nach der Zahlung erfährt der Mieter von einem Bekannten, dass der Geschäftsführer der Maklerfirma der Bruder des Vermieters ist. Der Mieter ist empört, das sei doch keine echte Vermittlung gewesen. Er fühlt sich getäuscht und verlangt vom Vermieter die Provision zurück. Der Vermieter weigert sich.

Beharren Vermieter und Mieter im Beispiel auf ihren Positionen, kann folgender Streit entstehen:

Mieter verlangt von dem Vermieter die gezahlte Provision zurück. Der Geschäftsführer der Maklerfirma sei dessen Bruder. Deshalb sei das keine echte Vermittlung gewesen und hätte eine Provision nicht verlangt werden dürfen.
§: Er beruft sich auf § 2 Absatz 2 WoVermittG. Danach muss ein Wohnungsmakler unabhängig sein und es darf kein Interessenkonflikt zum Nachteil des Wohnungssuchenden bestehen. Anderenfalls steht dem Makler keine Provision zu. Eine ungerechtfertigte Zahlung kann zurückgefordert werden (§ 5 Absatz 1 WoVermittG, § 812 BGB).

Vermieter weigert sich und argumentiert, er habe mit der Provision gar nichts zu tun. Die Provision habe der Mieter mit der Maklerfirma vereinbart und an sie gezahlt. Er müsse sich also auch an die Maklerfirma halten.
§: Er beruft sich darauf, dass Leistungen in den Rechtsbeziehungen zurück gefordert werden müssen, in denen sie erbracht wurden (§ 812 BGB).

Mieter entgegnet, nicht er, sondern der Vermieter habe doch die Maklerfirma eingeschaltet. Er habe also nur für den Vermieter gezahlt.

Vermieter bleibt bei seiner Weigerung. Im Übrigen gehe die Provision auch in Ordnung. Dass sein Bruder Geschäftsführer der Maklerfirma sei, mache ihn doch nicht parteiisch und schließe eine Provision nicht aus.

Mieter hält daran fest, dass keine Provision hätte verlangt werden dürfen. Und wenn überhaupt, dann jedenfalls nicht in der geforderten Höhe.
§: Er beruft sich auf § 3 Absatz 2 Satz 1 WoVermittG. Von einem Wohnungssuchenden darf nicht mehr Provision als zwei Monatsmieten zuzüglich gesetzlicher Umsatzsteuer verlangt werden. Der Mehrbetrag muss nicht gezahlt werden.
Mieter setzt dem Vermieter eine angemessene Frist zur Rückzahlung der Provision.

ZUSPITZUNG:

Mieter verklagt Vermieter auf Rückzahlung der Provision.
§: Hat der Mieter Recht, hat er einen Anspruch gegen den Vermieter auf Erstattung der Provision (§ 5 Absatz 1 WoVermittG, § 812 BGB). Weil der Mieter mit seiner Zahlung an den Makler eine Zahlung für den Vermieter geleistet hat, muss er diese auch von ihm zurückfordern.

Vermieter verteidigt sich gegen seine Inanspruchnahme.
§: Hat der Vermieter Recht, steht dem Mieter kein Anspruch gegen den Vermieter zu und ist eine Klage gegen den Vermieter unbegründet. Der Mieter muss sich an die Maklerfirma halten.

Die Rechtslage

Für die Vermittlung einer Mietwohnung gilt grundsätzlich das allgemeine Maklerrecht des BGB. Zum Schutz von Wohnungssuchenden enthält das WoVermittG aber besondere Regelungen. Danach hat der Makler einen **Provisionsanspruch**, wenn er beauftragt wird, entgeltlich einen Mietvertrag über Wohnraum oder die Gelegenheit zum Abschluss eines solchen Vertrags zu vermitteln und wenn durch seine Tätigkeit tatsächlich auch ein Mietvertrag zustande kommt (§ 2 Absatz 1 WoVermittG).

Bei der Ausübung seiner Tätigkeit muss der Makler aber unabhängig sein. Ein Interessenkonflikt zum Nachteil des Wohnungssuchenden schließt eine Provision des Maklers aus (§ 2 Absatz 2 WoVermittG). So zum Beispiel, wenn der Makler oder ein Mitarbeiter gleichzeitig Eigentümer, Verwalter, Vermieter oder Mieter der zu vermittelnden Wohnung ist. Ob jemand auf der Seite des Maklers steht, entscheidet sich dabei in erster Linie nach der tatsächlich ausgeübten Tätigkeit und nicht danach, ob und worüber ein Arbeitsvertrag besteht (BGH, Entscheidung vom 2.10. 2003, Az. III ZR 5/03, NJW 2004, Seite 286: Gehilfe des Maklers als Verwalter; BGH, Entscheidung vom 9.3. 2006, Az. III ZR 235/05, NJW-RR 2006, Seite 729: Mitarbeiter des Maklers als Vormieter).

Eine Provision entfällt auch, wenn der Makler rechtlich oder wirtschaftlich an einer rechtlich selbstständigen Gesellschaft beteiligt ist, die ihrerseits Eigentümer, Verwalter oder Vermieter der Wohnung ist (LG Konstanz, Entscheidung vom 8.9. 2006, Az. 11 S 54/06 E, WuM 2006, Seite 645: Maklerin auch Geschäftsführerin der Vermietungsgesellschaft) oder umgekehrt der Eigentümer, Verwalter oder Vermieter der Wohnung rechtlich oder wirtschaftlich an der Maklergesellschaft beteiligt ist (BGH, Entscheidung vom 23.10. 2003, Az. III ZR 41/03, WuM 2003, Seite 705: Eigentümer auch geschäftsführender Gesell-

schafter der Maklergesellschaft). In den genannten Fällen wird ein Interessenkonflikt unwiderlegbar vermutet. Es kommt nicht darauf an, ob tatsächlich ein Interessenkonflikt festgestellt werden kann. Eine Provision ist also nicht zu zahlen.

Die **Provisionshöhe** ist gesetzlich begrenzt. Der Makler darf von einem Wohnungssuchenden nicht mehr als zwei Monatsmieten zuzüglich der gesetzlichen Umsatzsteuer (Mehrwertsteuer) verlangen (§ 3 Absatz 2 Satz 1 WoVermittG). Maßgeblich ist die Miete ohne Betriebskosten (Nettomiete), es sei denn, im Mietvertrag wird ausnahmsweise eine Miete einschließlich Betriebskosten vereinbart (OLG Frankfurt am Main, Entscheidung vom 16.1. 1992, Az. 26 U 75/91, NJW-RR 1992, Seite 1462). Wird eine höhere Provision vereinbart, bleibt die Vereinbarung grundsätzlich wirksam, aber der Makler kann nicht mehr als die gesetzliche Höchstprovision verlangen (BGH, Entscheidung vom 11.10. 2007, Az. VII ZR 25/06, NJW 2008, Seite 55). Wurde eine höhere Provision gezahlt, kann der überschießende Teil zurückgefordert werden (§ 5 Absatz 1 WoVermittG, § 812 BGB).

Die gesetzliche Begrenzung gilt nur gegenüber dem Wohnungssuchenden, mit dem Vermieter kann der Makler durchaus eine höhere Provision vereinbaren (OLG Naumburg, Entscheidung vom 19.10. 2004, Az. 9 U 83/04, NZM 2005, Seite 151). Soll der Wohnungssuchende sie aber übernehmen (siehe Seite 26), kommt wieder die Begrenzung zum Tragen (§ 3 Absatz 2 Satz 2 WoVermittG).

Die **Provisionspflicht** trifft grundsätzlich den Auftraggeber. Dies ist der Wohnungssuchende, wenn er den Makler beauftragt hat, für ihn eine passende Wohnung zu suchen und aufgrund dessen der neue Mietvertrag zustande kommt. Reagiert der Wohnungssuchende aber auf ein Wohnungsangebot, das der Makler zum Beispiel in der Zeitung oder im Internet veröffentlicht, geht es um eine Wohnung, die der Makler bereits in seinem Vermittlungsbestand hat. Dann ist er vom Vermieter beauftragt, für die Wohnung Interessenten zu suchen, sodass an sich der Vermieter die Provision zahlen muss. Oft soll aber auch in solchen Fällen der Wohnungssuchende zahlen. Hier kommen zwei Varianten in Betracht.

Es kann sein, dass der Wohnungssuchende lediglich die Provision des Vermieters bezahlen soll, also für den Vermieter tätig wird. Erfolgt die Zahlung zu Unrecht, muss er in einem solchen Fall sein Geld vom Vermieter zurückfordern.

Häufiger soll aber eine eigene (zusätzliche) Provisionspflicht des Wohnungssuchenden begründet werden, damit der Makler den Wohnungssuchenden verklagen kann, wenn er nicht freiwillig zahlt. Zahlt der Wohnungssuchende hier zu Unrecht, muss er sich an den Makler halten. Denn dann hat er wegen einer vermeintlichen eigenen Zahlungspflicht, also für sich selbst an den Makler gezahlt. Eine eigenständige Provisionspflicht des Wohnungssuchenden kommt aber nur in Betracht, wenn der Wohnungssuchende klar erkennen kann, dass der Makler eine Provision von ihm verlangt und er dem nicht widerspricht. Der Hinweis in einem Wohnungsinserat „+ Provision" genügt zum Beispiel nicht, weil gerade nicht deutlich wird, ob der Wohnungssuchende eine eigene Provision zahlen oder nur die des Vermieters übernehmen soll (BGH, Entscheidung vom 2.7. 1986, Az. IVa ZR 246/84, NJW-RR 1986, Seite 1496; LG Dortmund, Entscheidung vom 23.1. 2002, Az. 17 S 212/01, NZM 2003, Seite 163).

Fazit

Im Beispielfall kommt es darauf an, ob eine **Inanspruchnahme des Vermieters** überhaupt möglich ist. Sie scheidet aus. Denn der Mieter, der auf ein Inserat der Maklerfirma reagiert hat, hat nicht für den Vermieter gezahlt, sondern auf eine vermeintliche eigene Provisionspflicht. Dies folgt zwar nicht schon aus dem Hinweis „+ Provision" in dem Zeitungsinserat. Denn damit bleibt unklar, ob eine Mieterprovision verlangt wird oder die Übernahme der Vermieterprovision beabsichtigt ist. Es folgt aber aus der vom Mieter unterschriebenen Provisionserklärung, denn sie lässt eindeutig erkennen, dass die Maklerfirma von ihm eine Provision verlangt. Deshalb kann er nichts von dem Vermieter zurückfordern, eine Klage gegen den Vermieter geht ins Leere.

Der Mieter hat einen **Anspruch gegen die Maklerfirma**. Er kann sich zwar nicht darauf berufen, die Maklerfirma hätte überhaupt keine Provision verlangen dürfen. Denn allein die verwandtschaftliche Beziehung des Geschäftsführers der Maklerfirma zum Vermieter ergibt noch keine rechtliche oder wirtschaftliche Verflechtung, die eine Provision ausschließt. Der Mieter kann aber geltend machen, dass die Provision überhöht war, weil sie mehr als zwei Monatsmieten zuzüglich Umsatzsteuer betrug. Er kann den Mehrbetrag in Höhe von einer Monatsmiete zuzüglich

Umsatzsteuer von der Maklerfirma zurückfordern.

Alternativen

Eine Lösungsalternative im eigentlichen Sinn besteht nicht. Denn juristisch betrachtet besteht kein Konflikt des Mieters mit dem Vermieter, sondern ein Konflikt des Mieters mit der Maklerfirma. Weil der Makler unabhängig sein muss, steht er nicht auf der Seite des Vermieters. Deshalb kann der Mieter auch nicht erwarten, dass der Vermieter Verantwortung für das Geschäft des Maklers übernimmt. Zeigt sich der Vermieter dennoch verantwortlich, geschieht dies aus Kulanz. Insoweit ist denkbar, dass der Vermieter dem Mieter den überhöhten Teil der Provision ersetzt, um dem Mieter eine Auseinandersetzung mit der Maklerfirma zu ersparen.

WÄHREND DER MIETZEIT

Die meisten Streitigkeiten entstehen im Lauf des Mietverhältnisses, denn es unterliegt Veränderungen. Unabhängig davon, ob es um den Wohnungszustand, das Wohnverhalten oder Geld geht, stets sollte im Auge behalten werden, dass es bei Meinungsverschiedenheiten nicht nur „ums Recht" geht. Die Art und Weise der Auseinandersetzung kann das künftige Mietverhältnis stark prägen.

MÄNGEL DER WOHNUNG

Der Fall 1 Feuchtigkeit und Schimmelbildung

Die Wohnung des Mieters liegt in einem Haus, das im Jahr 1960 gebaut wurde. Der Mieter ist im Frühjahr eingezogen und stellt im folgenden Winter fest, dass sowohl im Schlafzimmer als auch im Wohnzimmer um die Fenster herum die Wände feucht sind und sich dort erster Schimmel bildet.

Der Mieter informiert sofort den Vermieter, bittet ihn, sich die Sache anzuschauen und fordert ihn auf, die Feuchtigkeit und den Schimmel zu beseitigen. Der Vermieter besichtigt am nächsten Tag die Wohnung und erklärt, er könne nichts feststellen, was in seine Verantwortung falle. Feuchtigkeit und Schimmelbildung seien darauf zurückzuführen, dass der Mieter nicht richtig heize und lüfte. Deshalb weigert er sich, die Schäden zu beseitigen.

Bleiben Vermieter und Mieter bei ihren Meinungen, kann sich folgender Streit entwickeln:

Mieter verlangt vom Vermieter die Beseitigung der Feuchtigkeit und der Schimmelbildung. Er setzt hierfür eine angemessene Frist und kündigt an, die Miete zu mindern, weil die Wohnung nur eingeschränkt nutzbar sei. Deshalb behalte er sich vor, die künftigen Mietzahlungen angemessen zu kürzen.

§: Er beruft sich auf § 535 Absatz 1 BGB und § 536 Absatz 1 BGB. Danach muss ein Vermieter die Woh-

nung während der Mietzeit in einem Zustand erhalten, der zum vertragsgemäßen Gebrauch geeignet ist. Entstehende Mängel muss er beseitigen.
Bis dahin kann ein Mieter die Miete angemessen mindern, wenn die Gebrauchstauglichkeit der Wohnung nicht nur unerheblich eingeschränkt ist (§ 563 Absatz 1 BGB) und er zuvor seinem Vermieter unverzüglich den Mangel angezeigt hat (§ 536 Absatz 1 BGB, § 536 c Absatz 2 Satz 2 Nr. 1 BGB).

Vermieter verweigert die Beseitigung. Die Ursache liege nicht bei ihm, sondern darin, dass der Mieter nicht ordentlich heize und lüfte.

Mieter entgegnet, er heize und lüfte immer ausreichend. Die Ursache müsse im Gebäude liegen, da gebe es Kältebrücken, und es fehle eine ordentliche Wärmedämmung.

Vermieter erwidert, das Haus sei nun einmal kein Neubau. Die zum Zeitpunkt des Hausbaus geltenden Vorschriften seien damals eingehalten worden. Mehr könne der Mieter nicht verlangen.

Mieter kürzt die monatlichen Mietzahlungen um zehn Prozent der Miete (einschließlich Betriebskosten). Außerdem hält er weitere 30 Prozent ein, weil der Vermieter offensichtlich nur mit Druck zur Mangelbeseitigung zu bewegen sei.
§: Zusätzlich zur Minderung kann sich ein Mieter auf ein Zurückbehaltungsrecht an der Miete berufen, bis der Mangel beseitigt ist. Das Recht wird in der Regel in Höhe des Drei- bis Fünffachen einer angemessenen Minderung eingeräumt (§ 320 Absatz 1 BGB).
Mieter fordert nochmals die Mangelbeseitigung.

Vermieter bleibt dabei, dass ihn keine Verantwortung treffe, und fordert den Mieter auf, die volle Miete zu zahlen.

ZUSPITZUNG:

Mieter klagt auf Mangelbeseitigung.
oder
Mieter beseitigt oder lässt die Schäden selbst beseitigen und verklagt den Vermieter auf Ersatz der Kosten. Alternativ kann er auf Zahlung eines Kostenvorschusses klagen, um die Schäden selbst zu beseitigen oder beseitigen zu lassen.
und
Mieter zahlt weiter die verringerte Miete.
§: Hat der Mieter Recht, liegt ein Mangel vor und er kann von dem Vermieter dessen Beseitigung verlangen (§ 535 Absatz 1 BGB).
Alternativ kann er, wenn der Vermieter mit der Mangelbeseitigung in Verzug ist (§ 536 a Absatz 2 BGB), die Schäden auf Kosten des Vermieters selbst beseitigen oder beseitigen lassen oder vom Vermieter einen Vorschuss verlangen, um daraus die Beseitigung bezahlen zu können (§ 242 BGB).
Bis zur Behebung des Mangels kann der Mieter die Miete angemessen mindern (§ 536 Absatz 1 BGB) und sich außerdem auf ein Zurückbehaltungsrecht berufen, das in der Regel in Höhe des Drei- bis Fünffachen der angemessenen Minderung eingeräumt wird (§ 320 BGB Absatz 1 BGB).

Vermieter verklagt den Mieter auf Zahlung des gekürzten Anteils der Miete.
§: Hat der Vermieter Recht, liegt kein Mangel vor und ist eine Klage des Mieters gegen den Vermieter unbegründet.
Gleichzeitig hat der Mieter kein Recht zur Minderung, sodass der Vermieter Anspruch auf die volle Miete hat (§ 535 Absatz 2 BGB). Er kann deshalb von dem Mieter die Nachzahlung des gekürzten Mietanteils verlangen.

Die Rechtslage

Nach § 535 Absatz 1 BGB ist der Vermieter verpflichtet, die Wohnung während der Mietzeit in einem Zustand zu erhalten, der zum vertragsgemäßen Gebrauch geeignet ist. Treten Mängel auf, ist er dafür verantwortlich, diese zu beseitigen. Ein **Mangel** liegt vor, wenn die tatsächliche Beschaffenheit der Wohnung nicht (mehr) der vertraglich vereinbarten Beschaffenheit entspricht (BGH, Entscheidung vom 16.2. 2000, Az. XII ZR 279/97, NJW 2000, Seite 1714).

Welche Eigenschaften und Wohnqualitäten vorhanden sein müssen, richtet sich nach dem Mietvertrag. Sie können explizit vereinbart sein oder ohne besondere Absprache als vereinbart gelten, wenn sie bei einer Wohnung wie der angemieteten als üblicher Wohnstandard erwartet werden dürfen. Mängel können Schäden an der Substanz der Wohnung betreffen wie Mauerrisse, Mauerfeuchte oder undichte Fenster. Mängel können auch Funktionsausfälle an Versorgungseinrichtungen wie der Heizung oder der Elektrik betreffen oder Defekte an vom Vermieter gestellten Installations- und Einrichtungsgegenständen (zum Beispiel Badewannen, Waschbecken oder Fußbodenbeläge) sein. Aber auch äußere Einwirkungen wie Lärm, Gerüche oder Luftverunreinigungen können einen Wohnungsmangel begründen, wenn sie die Nutzbarkeit der Wohnung beeinträchtigen. Ein Mangel kann auch dann vorliegen, wenn technische Regeln wie etwa DIN-Normen eingehalten sind, solange die vertraglich vereinbarte Beschaffenheit nicht gegeben ist (OLG Celle, Entscheidung vom 19.7. 1984, Az. 2 UH 1/84, ZMR 1985, Seite 10; AG Siegburg, Entscheidung vom 3.11. 2004, Az. 4 C 227/03, WuM 2005, Seite 55).

Feuchtigkeit und Schimmelbildung stellen einen vom Vermieter zu verantwortenden Mangel dar, wenn ihre Ursache in der Konstruktion und Bauart des Gebäudes liegt und der Mieter ihre Entstehung mit zumutbaren Maßnahmen, insbesondere zumutbarem Heizen und Lüften, nicht vermeiden kann. Was dem Mieter zumutbar ist, hängt vom Einzelfall ab. Bei einer ausreichenden Beheizung kann vom Mieter drei bis vier Mal pro Tag ein Stoßlüften für jeweils zehn Minuten erwartet werden, Kipplüften genügt nicht (LG Hannover, Entscheidung vom 9.11.1983, Az. 11 S 292/83, WuM 1985, Seite 22; AG Bremerhaven, Entscheidung vom 9.2.1983, Az. 53 C 208/82, WuM 1985, Seite 23). Als unzumutbar wurde es betrachtet, wenn der Mieter, um Feuchtigkeit zu vermeiden, 22 Grad Raumtemperatur halten und fünf bis sechs Mal pro Tag lüften muss (LG Hamburg, Entscheidung vom 1.12. 1987, Az. 16 S 122/87, WuM 1988, Seite 353), im Schlafzimmer ständig auf 20 Grad Temperatur aufheizen muss (AG Köln, Entscheidung vom 31.7. 1987, Az. 217 C 494/86, WuM 1988, Seite 358) oder Möbel an den Außenwänden nur abgerückt aufstellen kann (LG Hamburg, Entscheidung vom 29.8. 1997, Az. 311 S 88/96, NZM 1998, Seite 571; LG Köln, Entscheidung vom 15.11. 2000, Az. 9 S 25/00, WuM 2001, Seite 604).

Bei einem Mangel kommen verschiedene **Rechte des Mieters** in Betracht. Der Mieter kann zunächst die Wiederherstellung des vertraglichen Zustands, also **die Mangelbeseitigung** verlangen. Hierzu sollte er dem Vermieter eine angemessene Frist setzen. Eine Mangelbeseitigung kann der Mieter auch verlangen, wenn der Vermieter den Mangel nicht verursacht und nicht verschuldet hat. Der Anspruch auf Mangelbeseitigung ist während der Mietzeit unverjährbar (BGH, Entscheidung vom 17.2. 2010, Az. VIII ZR 104/09, NZM 2010, Seite 235).

Außerdem kann der Mieter die **Miete mindern**, wenn und soweit der Mangel die Nutzbarkeit der Wohnung beeinträchtigt (§ 536 Absatz 1 BGB). Auch hierfür ist nicht erforderlich, dass der Vermieter den Mangel verursacht oder verschuldet hat. Wird die Nutzbarkeit aber nur unerheblich beeinträchtigt, ist eine Minderung der Miete nicht möglich (§ 536 Absatz 1 Satz 3 BGB).

Dem Mieter ist es nicht erlaubt zu mindern, wenn er den Mangel selbst zu vertreten hat oder dessen Beseitigung nicht ermöglicht (LG Berlin, Entscheidung vom 5.3. 1999, Az. 64 S 367/98, NZM 1999, Seite 1137). Ferner kann der Mieter nicht mindern, wenn er dem Vermieter einen aufgetretenen Mangel nicht unverzüglich anzeigt und der Vermieter deswegen nicht in der Lage ist, den Mangel zu beseitigen (§ 536 c Absatz 2 Satz 2 Nr. 1 BGB).

Mindert der Mieter seine monatliche Mietzahlung, verliert der Vermieter in dem Umfang der (berechtigten) Minderung automatisch seinen Anspruch auf die Miete. Der Mieter kann deshalb die Miete auch ohne Einverständnis des Vermieters kürzen und muss die gekürzten Beträge auch nicht nachzahlen, wenn der Mangel behoben ist. Denn bis dahin ist die Wohnung weniger Miete wert.

Zur **zulässigen Minderungshöhe** gibt es keine festen Quoten. Ausgangspunkt ist die Miete zuzüglich Betriebskosten (Bruttomiete; BGH, Entscheidung vom 6.4. 2005, Az. XII ZR 225/03, WuM 2005, Seite 384). Je schwerer die Beeinträchtigung ist, desto mehr kann gekürzt werden. Ändert sich die Schwere der Beeinträchtigung während der Zeit, in der der Mangel besteht, können unterschiedliche Quoten in Betracht kommen; so zum Beispiel, wenn die Heizung von Februar bis September ausfällt: in den Sommermonaten fällt dies weniger ins Gewicht als im Winter. Für die Frage, welche Minderungsquote angemessen ist, können ergangene Gerichtsurteile als Anhaltspunkt dienen. Allerdings ist zu berücksichtigen, dass auch die Gerichte ähnliche Fälle sehr unterschiedlich beurteilen.

- 100 Prozent Minderung haben Gerichte zum Beispiel zugesprochen bei einem Ausfall der Heizung von September bis Februar (LG Hamburg, Entscheidung vom 15.5. 1975, Az. 7 O 80/74, WuM 1976, Seite 10) oder bei einem Ausfall der Elektrizität nach einem Kabelbrand (AG Neukölln, Entscheidung vom 20.10. 1987, Az. 15 C 23/87, MM 1988, Seite 31, Nr. 5).

- 75 Prozent Minderung wurden zuerkannt, wenn in einer Neubauwohnung bereits bei Einzug Schimmelbefall auftritt und keine Schränke an die Wände gestellt werden können (LG Köln, Entscheidung vom 15.11. 2000, Az. 9 S 23/00, WuM 2001, Seite 604).
- 50 Prozent Minderung wurden beispielsweise anerkannt bei überlauter Musik aus der Nachbarwohnung beziehungsweise im Sommer vom Hof durch andere Mieter (AG Braunschweig, Entscheidung vom 3.8.1989, Az. 113 C 168/89 (9), WuM 1990, S.147) oder bei einer nicht benutzbaren Toilette (AG Hannover, Entscheidung vom 10.10. 2008, Az. 559 C 3475/08, WuM 2009, Seite 346).
- 33 Prozent Minderung sind zulässig, wenn die einzige Bade- oder Duschgelegenheit unbenutzbar ist (AG Köln, Entscheidung vom 1.4. 1996, Az. 206 C 85/95, WuM 1998, Seite 690), und 30 Prozent bei Feuchtigkeitsschäden und Schimmel in Bad und Schlafzimmer und einem undichten Fenster (AG Siegburg, Entscheidung vom 3.11. 2004, Az. 4 C 227/03, ZMR 2005, Seite 543).
- 20 Prozent Minderung wurden zugesprochen bei einer unzureichenden Trittschalldämmung nach einem Dachgeschossausbau (BGH, Entscheidung vom 6.10. 2004, Az. VIII ZR 355/03, WuM 2004, Seite 715) und bei einem Ausfall der Wasserversorgung (LG Berlin, Entscheidung vom 18.8. 2002, Az. 67 T 70/02, MM 2002, Seite 427), 15 Prozent, wenn ein Baugerüst vor der Wohnung das Licht nimmt und Bauarbeiter auf dem Gerüst das Wohnen beeinträchtigen (AG Ibbenbüren, Entscheidung vom 10.12. 2003, Az. 3 C 554/03, WuM 2007, S.405), und zehn Prozent, wenn die mit gemietete Waschküche oder der Trockenraum nicht zugänglich ist (AG Osnabrück, Entscheidung vom 6.5. 1988, Az. 44 C 57/88, WuM 1990, Seite 147).

Zusätzlich zur Minderung kann sich der Mieter auf ein **Zurückbehaltungsrecht** an der Miete berufen und die Miete noch weiter kürzen, solange der Mangel besteht (§ 320 Absatz 1 BGB). Das Recht dient als Druckmittel und soll den Vermieter veranlassen, den Mangel zu beseitigen. Seine Höhe hängt vom Einzelfall ab. In der Regel orientieren sich die Gerichte an der Minderung und räumen einen (weiteren) Einbehalt in Höhe des Drei- bis Fünffachen der zulässigen Minderung ein (LG Hamburg, Entscheidung vom 30.3. 1989, Az. 7 S 330/88, WuM 1989, Seite 566; AG München, Entscheidung vom 30.1. 1986, Az. 26 C 3848/85, WuM 1987, Seite 216). Im Gegensatz zur Minderung muss der Zurückbehalt an den Vermieter nachgezahlt werden, wenn sein Ziel erreicht, das heißt der Mangel beseitigt ist.

Wenn der Vermieter den Mangel nicht beseitigt, kann sich der Mieter die Möglichkeit schaffen, den Mangel auf Kosten des Vermieters selbst zu beseitigen oder beseitigen zu lassen (§ 536 a Absatz 2 Nr. 1 BGB). Dazu muss er den Vermieter mit der Mangelbeseitigung **in Verzug setzen**, was zwei Voraussetzungen hat. Er muss dem Vermieter, nachdem er ihn zur Mangelbeseitigung aufgefordert hat, zunächst nochmals eine Mahnung zur Mangelbeseitigung erteilen (§ 286 Absatz 1 BGB). Sie ist entbehrlich, wenn sie offensichtlich keinen Erfolg verspricht, zum Beispiel, weil der Vermieter die Mangelbeseitigung ernsthaft und endgültig verweigert hat (§ 286 Absatz 2 Nr. 3 BGB). Ob eine solche Situation vorliegt, kann unklar sein, deshalb ist hier Vorsicht geboten. Zur Sicherheit sollte eine Mahnung erfolgen. Schafft der Vermieter keine Abhilfe, ist die weitere Voraussetzung des Verzugs in der Regel erfüllt, nämlich dass der Vermieter die Verzögerung bei der Mangelbeseitigung zu vertreten hat (§ 286 Absatz 4 BGB). Eine Entlastung des Vermieters kommt aber zum Beispiel in Betracht, wenn er anbietet, den Mangel selbst zu beseitigen und der Mieter dies ablehnt und eine Durchführung durch Fachhandwerker verlangt, worauf er jedoch grundsätzlich keinen Anspruch hat (AG Wetzlar, Entscheidung vom 11.8. 2005, Az. 38 C 2034/04 (38), WuM 2005, Seite 715).

Hat der Mieter den Vermieter in Verzug gesetzt, darf er den Mangel selbst beseitigen oder beseitigen lassen. Die dafür notwendigen Kosten kann er dem Vermieter in Rechnung stellen und **Aufwendungsersatz** dafür verlangen. Statt Kosten vorzustrecken, kann der Mieter unter den gleichen Voraussetzungen vom Vermieter auch einen **Kostenvorschuss** fordern, um dann damit den Mangel zu beseitigen oder beseitigen zu lassen. Der Vorschussanspruch ist nicht ausdrücklich gesetzlich geregelt, wird von den Gerichten aber aus dem Grundsatz von Treu und Glauben abgeleitet (§ 242 BGB): Die berechtigte Selbsthilfe des Mieters soll nicht daran scheitern, dass ihm die finanziellen Mittel fehlen, eine Mangelbeseitigung vorzufinanzieren (BGH, Entscheidung vom 28.5. 2008, Az. VIII ZR 271/07, NJW 2008, Seite 2432).

Hält der Mieter den vorgeschriebenen Weg aber nicht ein, und greift er voreilig zur Selbsthilfe, muss der Vermieter die Beseitigungskosten nicht erstatten, der Mieter bleibt auf ihnen sitzen. Anders nur bei Notmaßnahmen, das heißt dann, wenn die umgehende Beseitigung des Mangels zur Erhaltung der Wohnung oder zu ihrer Wiederherstellung notwendig ist (§ 536 a Absatz 2 Nr. 2 BGB).

In den Situationen, in denen der Mieter Aufwendungsersatz verlangen kann, kann er vom Vermieter außerdem **Schadenersatz** für solche Schäden beanspruchen, die ihm bei rechtzeitiger Mangelbeseitigung des Vermieters nicht entstanden wären. Liegt zum Beispiel eine baulich bedingte Schimmelbildung vor und greift der Schimmel auf das Mobiliar des Mieters über, zum Beispiel einen Schrank oder ein Bett, weil der Vermieter den Mangel nicht rechtzeitig beseitigt hat, kann der Mieter Ersatz für die Schäden am Mobiliar verlangen. Im Übrigen kommt Schadenersatz nur in Betracht, wenn der Mieter Schäden erleidet und der Vermieter den Mangel zu vertreten hat (§ 536 a Absatz 1 BGB). Ein Schadenersatzanspruch scheidet aus, wenn der Mieter den Mangel nicht unverzüglich angezeigt hat und der Vermieter deshalb keine Möglichkeit hatte, den Mangel zu beseitigen und den Schaden zu verhindern (§ 536 c Absatz 2 Satz 2 Nr. 2 BGB).

Übrigens: Bei **schwerwiegenden Mängeln** kann der Mieter den Mietvertrag außerordentlich fristlos kündigen (siehe Seiten 109 f.). Insbesondere bei Körperverletzungen oder gesundheitlichen Beeinträchtigungen wegen eines Mangels kommt auch ein **Schmerzensgeldanspruch** des Mieters in Betracht (§ 536 a Absatz 1 BGB, § 253 Absatz 2 BGB), zum Beispiel, wenn eine über 80-jährige Mieterin fast zwei Monate mit einer unbenutzbaren Toilette leben muss (AG Hannover, Entscheidung vom 10.10. 2008, 559 C 3475/08, WuM 2009, Seite 346).

Fazit

Im Beispielsfall ist unstreitig, dass sich Feuchtigkeit und Schimmel gebildet haben, also ein Mangel vorliegt. Entscheidend ist die **Feststellung der Mangelursache**. Sie erfordert meist ein Gutachten eines Bausachverständigen, der im Fall einer Klage vom Gericht bestellt wird. Für die **Beweislast** (siehe Seite 158) gilt der Grundsatz der Verteilung nach Verantwortungsbereichen. Der Vermieter trägt die Verantwortung für das Gebäude, der Mieter für sein Heiz- und Lüftungsverhalten. Steht fest, dass ein Feuchtigkeitsschaden vorliegt, muss zunächst der Vermieter beweisen, dass eine bauliche Ursache auszuschließen ist. Dies ergibt sich nicht schon daraus, dass bei der Errichtung des Gebäudes die seinerzeit geltenden technischen Regeln und Vorschriften eingehalten wurden; entscheidend ist der heutige Zustand der Wohnung. Ergibt die Untersuchung des Gebäudes, dass eine bauliche Ursache ausgeschlossen werden kann, hat der Vermieter seinen Beweis erbracht.

Dann muss sich der Mieter entlasten und beweisen, dass die Ursache nicht in seinem Heiz- und Lüftungsverhalten liegt (BGH, Entscheidung vom 10.11. 2004, Az. XII ZR 71/01, NZM 2005, Seite 17). Kann eine bauliche Ursache nicht ausgeschlossen werden, geht dies zu Lasten des Vermieters. Dann ist von einer baulichen Ursache auszugehen (LG Osnabrück, Entscheidung vom 2.12. 1988, Az. 11 S 277/88, WuM 1989, Seite 370).

Sind Feuchtigkeit und Schimmelbildung danach baulich bedingt, ist der Vermieter verpflichtet, den Mangel zu beseitigen und die Klage des Mieters ist begründet. Weil der Mieter dann auch die Miete mindern und bis zur Mangelbeseitigung einen (weiteren) Zurückbehalt geltend machen kann, hat eine Klage des Vermieters auf Zahlung des gekürzten Teils der Miete keine Aussicht auf Erfolg. Anders nur, wenn die Minderung oder der Zurückbehalt höher als zulässig angesetzt wurden. Denn in dem Umfang, indem sie überhöht sind, sind sie durch den Mangel nicht gerechtfertigt und rechtfertigen sie auch keine Mietkürzung. Ob eine Minderung von zehn Prozent und der vorgenommene Zurückbehalt im Einzelfall angemessen sind, unterliegt der Entscheidung des Gerichts.

Wenn Feuchtigkeit und Schimmelbildung ihre Ursache in einem falschen Heiz- und Lüftungsverhalten des Mieters haben, ist es umgekehrt. Der Mieter hat dann keinen Anspruch gegen den Vermieter, sodass seine Klage auf Mangelbeseitigung verloren geht. Aber der Vermieter kann die ungekürzte Miete verlangen, sodass er mit seiner Zahlungsklage erfolgreich ist.

Alternativen

Geht es um Feuchtigkeit und Schimmelbildung, muss gehandelt werden. Aber es kann um erhebliche Kosten gehen. Dies gilt nicht nur für etwaige Maßnahmen zur Mangelbeseitigung, sondern bereits für die Feststellung der Ursache, die meist nur mit Hilfe eines Sachverständigen erfolgen kann.

Schon hier kann eine einvernehmliche Lösung gesucht werden.

Statt die Ursache in einem Rechtsstreit vor Gericht durch einen vom Gericht bestellten Sachverständigen klären zu lassen, können sich Vermieter und Mieter darauf verständigen, einen unabhängigen Sachverständigen mit einem **privaten Gutachten** zur Mangelursache zu beauftragen, dessen Feststellungen für beide Seiten verbindlich sein sollen. Sie sparen die Kosten eines Gerichtsverfahrens (siehe Seite 160). Bei der Suche nach einem geeigneten Sachverständigen können Handwerks- sowie Industrie- und Handelskammern behilflich sein. Oft verlangen Sachverständige für ihre Arbeit einen Vorschuss. Deshalb sollten die Vertragspartner vereinbaren, in welchem Verhältnis ein solcher von dem Vermieter und von dem Mieter gezahlt werden soll, wenn er verlangt wird. Außerdem sollte eine Verständigung erfolgen, wie die Kosten nach der Arbeit des Sachverständigen beglichen werden. Hierbei kann eine Regelung getroffen werden wie sie auch für ein Gerichtsverfahren gilt (siehe Seite 160). Dann werden die Kosten in Abhängigkeit vom Ergebnis verteilt. Wer unterliegt, bezahlt den Sachverständigen. Gibt der Sachverständige nicht nur einer Seite Recht, weil er feststellt, dass die Schäden teils baulich bedingt sind, teils aber auch auf falschem Heizen und Lüften des Mieters beruhen, wird eine Quote gebildet: Sind Feuchtigkeit und Schimmel zum Beispiel zu 60 Prozent baulich bedingt, verliert er zu 60 Prozent und trägt 60 Prozent der Kosten des Sachverständigen. Die Kostenregelung gilt üblicherweise auch für die weiteren Kosten der Mangelbeseitigung.

Steht die Mangelursache fest, kann je nach Ergebnis auch bei den **Maßnahmen** Spielraum für eine Verständigung bestehen, zum Beispiel, wenn der Sachverständige feststellt, dass der Mieter – nach rechtlichen Maßstäben – an sich nur mit unzumutbaren Maßnahmen das Auftreten von Feuchtigkeit und Schimmelbildung vermeiden kann. Der Maßstab hierfür ist objektiv und muss nicht der Sicht des Mieters entsprechen. Ist der Mieter deshalb bereit, die notwendigen besonderen Vorkehrungen zur Vermeidung von Feuchtigkeit und Schimmel zu leisten, kann er mit dem Vermieter vereinbaren, dass Maßnahmen am Gebäude nicht erfolgen sollen und im Gegenzug die Miete angemessen reduziert wird.

Der Fall 2
Die zu geringe Wohnfläche

Die Wohnung des Mieters ist laut Mietvertrag „ca. 80 qm" groß. Dafür zahlt er eine monatliche Miete von 480 Euro (zuzüglich Betriebskosten).

Im zweiten Mietjahr erhält er die erste Abrechnung der Betriebskosten und sieht darin, dass bei den nach der Wohnfläche umgelegten Kosten für seine Wohnung eine Fläche von 73 qm zugrunde gelegt ist. Er nimmt einen Zollstock, misst nach und errechnet gar nur 70 qm.

Der Mieter wendet sich sofort an den Vermieter. Die Wohnung sei kleiner als vereinbart, er zahle zuviel. Er verlangt die Erstattung der überzahlten Miete und erklärt, er werde die Miete für die Zukunft reduzieren. Der Vermieter weigert sich. Er habe die Größe der Wohnung bei Vertragsabschluss nicht gekannt, die Größenangabe habe ihm damals der Voreigentümer genannt. Die Größe habe er erst vor kurzem erfahren, als die baugleiche Wohnung unter dem Mieter vermessen worden sei. Er habe aber keine bestimmte Größe zugesagt.

Beharren Vermieter und Mieter auf ihren Positionen, kann sich folgender Streit entwickeln:

Mieter verlangt von dem Vermieter, er solle ihm die in der Vergangenheit zuviel gezahlte Miete erstatten und die Miete für die Zukunft reduzieren. Die Wohnung sei in Wirklichkeit viel kleiner als mit dem Mietvertrag vereinbart.

§: Er beruft sich auf § 536 Absatz 1 BGB. Ein Mieter hat ein Recht zur Minderung der Miete, wenn die Wohnung einen Mangel hat, der die Gebrauchstauglichkeit nicht nur unerheblich beeinträchtigt. Dies ist nach der Rechtsprechung der Fall, wenn die tatsächliche Wohnfläche die vertraglich vereinbarte Fläche um mehr als zehn Prozent unterschreitet.

Vermieter weigert sich. Er habe keine bestimmte Größe zugesagt. Das sehe man doch daran, dass der Vertrag eine Circa-Angabe zur Größe enthalte. Die Miete sei für die Wohnung vereinbart, so wie der Mieter sie besichtigt habe, bevor er sie angemietet habe.

§: Er beruft sich darauf, dass kein Mangel vorliege, weil mit dem Mietvertrag keine bestimmte Wohnungsgröße vereinbart sei.

Mieter entgegnet, wenn im Vertrag schon eine Wohnfläche genannt sei, sei sie auch als Circa-Angabe verbindlich. Eine Abweichung von mehr als zehn Prozent sei auch dann nicht erlaubt.

Vermieter erklärt, er habe die Größe damals nicht gekannt, die Größenangabe stamme vom Voreigentümer. Erst vor kurzem habe er die richtige Größe entdeckt, als die baugleiche Wohnung unter dem Mieter vermessen worden sei. Und die Abweichung betrage auch weniger als zehn Prozent. Die Wohnung sei 73 qm groß.

Mieter erwidert, auch wenn der Vermieter nichts dafür könne, sei die Wohnung weniger Miete wert. Die Abweichung liege über zehn Prozent. Er habe das gemessen. Die Wohnung sei nur 70 qm groß, sodass er bisher monatlich 60 Euro zuviel gezahlt habe und zukünftig weniger zahlen müsse.
§: Liegt eine Unterschreitung um mehr als zehn Prozent vor, kann ein Mieter die Miete wegen der fehlenden Fläche mindern. Dies gilt unabhängig davon, ob der Vermieter die Abweichung zu vertreten hat (§ 536 Absatz 1 BGB). Ein Mieter kann eine Reduzierung der Miete für die Zukunft sowie die Rückzahlung in der Vergangenheit zuviel gezahlter Miete geltend machen (§ 812 BGB).
Mieter setzt dem Vermieter eine angemessene Frist, die Überzahlung zu erstatten. Außerdem kürzt er die laufenden monatlichen Mieten um je 60 Euro.

Vermieter beharrt auf seiner Weigerung. Der Mieter liege falsch. Solche Messungen könne man nicht einfach mal selbst machen. Und der Mieter habe doch schon viel früher die Größe prüfen können. Jetzt sei es zu spät und könne er sich nicht mehr auf den Unterschied berufen.
§: Ein Anspruch kann nicht mehr durchgesetzt werden kann, wenn er verjährt (§§ 195 ff. BGB, § 214 BGB) oder verwirkt ist (§ 242 BGB).
Vermieter fordert den Mieter deshalb auf, weiter die vertraglich vereinbarte Miete zu zahlen.

ZUSPITZUNG:

Mieter verklagt den Vermieter auf Zahlung der in der Vergangenheit zuviel gezahlten Miete.
§: Hat der Mieter Recht, hat die Wohnung einen Mangel. Der Mieter kann die Miete mindern (§ 536 Absatz 1 BGB) und vom Vermieter verlangen, dass er ihm die schon zuviel gezahlte Miete erstattet (§ 812 BGB).

Vermieter verklagt den Mieter auf Nachzahlung der Mietkürzung.
§: Hat der Vermieter Recht, kann der Mieter weder eine Rückerstattung überzahlter Miete noch eine Reduzierung der Miete für die Zukunft verlangen. Eine Zahlungsklage des Mieters ist unbegründet. Der Vermieter kann vielmehr die vertraglich vereinbarte Miete beanspruchen, seine Zahlungsklage gegen den Mieter ist begründet (§ 535 Absatz 2 BGB).

Die Rechtslage

Soll eine Wohnung angemietet werden, kann der Mieter die Räume nehmen wie besichtigt und eine von der konkreten Wohnfläche unabhängige Miete vereinbaren. In der Regel jedoch soll die konkrete Wohnungsgröße eine Rolle spielen und im Mietvertrag wird eine Wohnfläche angegeben. Ist dann die Wohnfläche **kleiner als genannt**, kann ein Wohnungsmangel vorliegen.

Hat der Vermieter die Größe im Vertrag zugesichert, ist grundsätzlich jede Abweichung relevant und begründet einen Mangel. Eine **Zusicherung** ist anzunehmen, wenn der Mieter erkennbar besonderen Wert auf eine konkrete Größe gelegt hat und kommt zum Beispiel in Betracht, wenn der Mietpreis ausdrücklich als Preis „pro qm" Wohnfläche vereinbart ist (LG München I, Entscheidung vom 28.1. 1987, Az. 31 S 7058/86, WuM 1987, Seite 217).

Meist ist eine Wohnflächenangabe im Mietvertrag aber nicht als Zusicherung zu verstehen, sondern sie wird als **Beschaffenheitsvereinbarung** betrachtet, aufgrund derer der Mieter eine bestimmte Wohnungsgröße erwarten darf (BGH, Entscheidung vom 23.5. 2007, Az. VIII ZR 138/06, WuM 2007, Seite 450). Eine Beschaffenheitsvereinbarung kann auch ohne Angabe der Wohnungsgröße im Mietvertrag zustande kommen, wenn der Mieter aufgrund anderer Umstände erwarten darf, dass die Wohnung eine bestimmte Größe hat. Das ist zum Beispiel so, wenn ein vom Vermieter beauftragter Makler die Wohnung zunächst mit einer bestimmten Größe inseriert und der Mieter dann vom Vermieter eine Grundrissskizze mit Größenangaben und eine Wohnflächenberechnung ausgehändigt erhält, die die Angaben in der Annonce bestätigen (BGH, Entscheidung vom 23.6. 2010, Az. VIII ZR 256/09, WuM 2010, Seite 480). Oder der Vermieter gibt im Mietvertrag eine Flächengröße zur Berechnung der Betriebskosten an und die Wohnung war zuvor mit dieser Größe in der Zeitung annonciert (LG Bautzen, Entscheidung vom 13.2.2009, Az. 1 S 97/07, Info M 2009, Seite 112).

Liegt eine Beschaffenheitsvereinbarung vor, begründet nicht jede Abweichung einen Mangel. Es gilt eine **Größentoleranz**. Ein Mangel liegt erst vor, wenn die tatsächliche Fläche um mehr als zehn Prozent unter der vertraglichen Flächenangabe liegt. Dies gilt nach den Gerichten auch bei einer Circa-Angabe im Vertrag. Auch sie bedeute nicht, dass der Mieter auf die Größe keinen Wert lege, sondern zeige, dass der Mieter bereit sei, eine gewisse Größentoleranz zu akzeptieren. Die Grenze sei aber überschritten, wenn die Wohnfläche um mehr als zehn Prozent kleiner sei als angegeben (BGH, Entscheidung vom 24.3. 2004, Az. VIII ZR 133/03, ZMR 2004, Seite 500).

Die **Wohnflächenberechnung** erfolgt, wenn der Mietvertrag keine besondere Vereinbarung enthält und keine andere Berechnungsmethode am Ort der Wohnung üblich ist, nach den Vorschriften der

WoFIV oder, falls der Mietvertrag vor dem 1. Januar 2004 abgeschlossen wurde, der II. BV (BGH, Entscheidung vom 24.3.2004, Az. VIII ZR 44/03, NZM 2004, Seite 454). Die Berechnung setzt Fachkenntnisse voraus. Zum einen können Räume wegen ihrer bestimmungsgemäßen Nutzung nicht zur Wohnfläche zählen wie zum Beispiel Keller, Abstellräume außerhalb der Wohnung, Boden- oder Trockenräume. Zum anderen bestehen für viele Raumteile und -zuschnitte besondere Regeln zur Flächenberechnung. Dies betrifft beispielsweise Dachschrägen, Tür-, Fenster- und Wandnischen, Treppenbereiche, Balkone und Loggien.

Bedeutet eine Wohnflächenabweichung einen Mangel, ist dieser nicht behebbar. Der Mieter hat die Möglichkeit zur **Mietminderung**, um so einen finanziellen Ausgleich für die kleinere Wohnfläche zu erhalten (§ 536 Absatz 1 BGB). Es ist nicht erforderlich, dass auch die Nutzbarkeit der Wohnung beeinträchtigt ist (BGH Entscheidung vom 24.3. 2004, Az. VIII ZR 295/03, NJW 2004, Seite 1947). Ob der Vermieter die Abweichung zu vertreten hat, spielt ebenfalls keine Rolle. Die Minderung bezieht sich nicht nur auf die Fläche, die die Toleranzgrenze von zehn Prozent überschreitet, sondern auf die gesamte Differenz zwischen der angegebenen und der tatsächlichen Wohnfläche. Die **Höhe der Minderung** ergibt sich folgendermaßen: Aus der monatlichen Miete (ohne Betriebskosten) und der Flächenangabe im Mietvertrag wird der Mietpreis pro qm Wohnfläche errechnet, wie er nach dem Mietvertrag erwartet werden durfte. Er wird mit der Zahl der fehlenden Quadratmeter multipliziert, um die Überzahlung zu ermitteln, um die der Mieter mindern kann. Im Umfang dieser Minderung ist der Mieter von der Pflicht zur Zahlung der Miete befreit (§ 536 Absatz 1 BGB).

Hat der Mieter früher bereits zuviel Miete gezahlt, kann er die **Überzahlung zurückfordern**. Der Anspruch **verjährt** innerhalb von drei Jahren ab dem Ende des Jahrs, in dem der Anspruch entstanden ist und der Mieter Kenntnis von den die Rückforderung begründenden Umständen erhält, ohne Rücksicht auf die Kenntnis nach 10 Jahren (§ 195 BGB, § 199 BGB). Ist der Anspruch verjährt und beruft sich der Vermieter hierauf, ist eine Durchsetzung der Minderung ausgeschlossen (§ 214 BGB). Der Anspruch kann auch durch **Verwirkung** ausgeschlossen sein (§ 242 BGB). Dann muss sich der Mieter über längere Zeit so verhalten haben, dass der Vermieter berechtigterweise annehmen durfte, der Mieter werde sein Recht nicht mehr geltend machen. Es ergibt sich nicht schon daraus, dass der Mieter die Miete gezahlt hat, ohne bei Mietvertragsabschluss die Wohnfläche zu messen. Denn der Mieter ist nicht verpflichtet, ohne nähere Anhaltspunkte eigene Messungen vorzunehmen. Eine Verwirkung kann zum Beispiel in Betracht kommen, wenn der Mieter in Kenntnis der Abweichung und einer ausdrücklichen Weigerung des

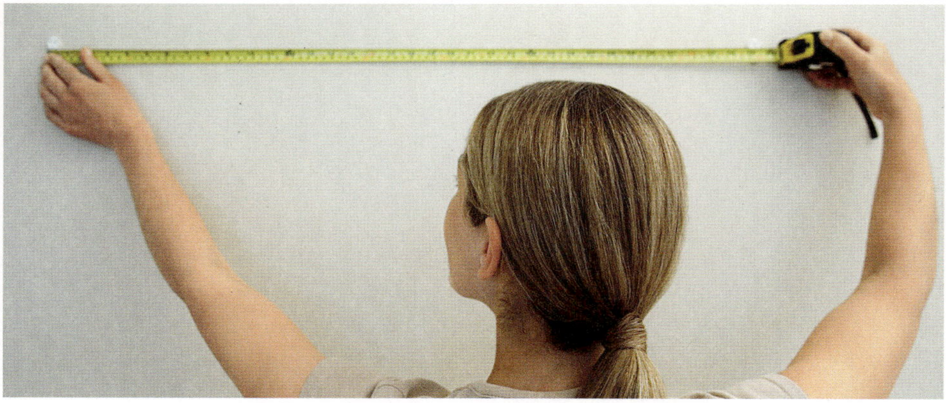

Vermieters, die Abweichung anzuerkennen, über einen längeren Zeitraum weiter vorbehaltlos die unveränderte Miete zahlt. Letztlich ist dies aber eine Frage der Umstände des Einzelfalls.

Im Übrigen kann der Mieter wegen Nichtgewährung des vertragsgemäßen Gebrauchs auch die **außerordentliche fristlose Kündigung** aussprechen; eine Abhilfefrist muss der Mieter nicht setzen (BGH, Entscheidung vom 29.4. 2009, Az. VIII ZR 142/08, NJW 2009, Seite 2297; siehe Seiten 109 f.). Auch dann kann er für die Vergangenheit die Rückzahlung überzahlter Miete verlangen.

Fazit

Da es im Beispielsfall keine Anhaltspunkte für eine Zusicherung der Wohnungsgröße gibt, kommt es auf das **Ausmaß der Flächenabweichung** an. Wird die vertragliche Flächenangabe („ca. 80 qm") um mehr als zehn Prozent unterschritten, ist die Wohnung also kleiner als 72 qm, liegt ein Mangel vor. Sonst bleibt die Abweichung in der Toleranz und eine Klage des Mieters hat keinen Erfolg. Zur Klärung der Flächenabweichung ist eine Vermessung durch einen Sachverständigen erforderlich, der im Streitfall gegebenenfalls vom Gericht bestellt wird.

Bestätigt die Berechnung den Mieter, weil die reale Wohnfläche nur 70 Quadratmeter beträgt, ergeben sich auf der Grundlage der Vertragszahlen (480 Euro bei 80 qm) ein vertraglicher Mietpreis pro qm von 6 Euro und bei einer Fehlfläche von 10 qm ein Minderungsbetrag von 60 Euro monatlich.

Der Mieter hat diesen Betrag seit Vertragsbeginn zuviel gezahlt und kann die Überzahlung erstattet verlangen. Der Anspruch ist weder verjährt noch verwirkt. Der Mieter hat die Flächenabweichung im zweiten Jahr nach Abschluss des Mietvertrags entdeckt sowie zeitnah beim Vermieter reklamiert und gerichtlich verfolgt, nachdem sie ihm bekannt wurde. Der Mieter kann sich dann außerdem zu Recht darauf berufen, zukünftig 60 Euro weniger Miete zu zahlen. Eine Zahlungsklage des Vermieters bleibt ohne Erfolg.

Alternativen

Die Feststellung der Größe der Wohnfläche erfordert Fachkenntnisse, sodass in der Regel eine Berechnung durch einen Sachverständigen erforderlich ist. Sie erfolgt, wenn die Vertragspartner ihren Konflikt vor Gericht austragen, durch einen vom Gericht bestellten Sachverständigen. Stattdessen können die Vertragspartner, um die Kosten eines Gerichtsverfahrens zu vermeiden, ein **privates Gutachten** in Auftrag geben, das für sie verbindlich sein soll.

Die Vereinbarung sollte klären, wer in welchem Verhältnis für einen etwaigen Vorschuss und die Kosten des Sachverständigen aufkommen soll (siehe Seite 37). Wird die Verteilung der Kosten an der Rechtslage zur Wohnflächenabweichung orientiert, gewinnt der Mieter und muss der Vermieter die Kosten tragen, wenn die Unterschreitung mehr als zehn Prozent der vereinbarten Wohnfläche beträgt. Wird zwar eine Unterschreitung festgestellt, liegt diese aber unterhalb von zehn Prozent, verliert der Mieter nicht anteilig, sondern vollständig, sodass er die Kosten allein zu tragen hat. Denn unterhalb von zehn Prozent besteht rechtlich kein Minderungsanspruch des Mieters, es gilt „Alles oder Nichts".

Die Vertragspartner können aber auch vereinbaren, dass Abweichungen unter zehn Prozent anteilig berücksichtigt werden sollen, zum Beispiel: Macht der Mieter zwölf qm Flächenabweichung geltend (= mehr als zehn Prozent), werden aber nur 6 qm Abweichung festgestellt (= weniger als zehn Prozent), unterliegt er nur zur Hälfte, auch wenn rechtlich keinerlei Anspruch bestünde. Er hätte dann nur die Hälfte der Kosten zu tragen, die andere Hälfte trüge der Vermieter.

Dass nicht die rechtliche Vorgabe, sondern die tatsächliche Abweichung entscheiden soll, kann auch für das Ergebnis der Wohnflächenberechnung vereinbart werden. Dann ist die real ermittelte Flächenunterschreitung auszugleichen, unabhängig davon, ob sie mehr oder weniger als zehn Prozent der vereinbarten Fläche ausmacht. Auf sie bezieht sich dann die Minderung wie auch die Rückforderung.

Oftmals ist die Minderung für die Zukunft weniger problematisch als die zweite Konsequenz: die Rückforderung der in der Vergangenheit überzahlten Miete. Denn hier kann ein nicht unerheblicher Betrag zustande kommen, den der Vermieter neben der Mietkürzung für die Zukunft verkraften muss. Der Verdruss auf Vermieterseite ist oft groß, richtet sich vielleicht aber weniger gegen den Mieter. Vielleicht beruht die falsche Zahl auf einem Fehler bei einer früheren Vermessung, der erst jetzt entdeckt wird. Oder der Vermieter hat die Zahl vom Voreigentümer erfahren und sich hierauf verlassen – nicht zuletzt, weil er davon ausging, eine Circa-Angabe in einem Mietvertrag sei nur eine unverbindliche Orientierung. Dass dies anders ist, erfährt er durch den Mieter. Die Hintergründe des Vermieters ändern nichts am Anspruch des Mieters. Sie können aber vielleicht Anlass sein, anders mit der Situation umzugehen. Der Mieter kann zum Beispiel überlegen, ob er bei seinem Vermieter das Maximum der Rückforderung geltend macht, vor allem, wenn der Mieter eine günstige Miete zahlt. Nicht jeder Vermieter sucht maximalen Profit. Manchmal unterbleiben Mieterhöhungen, weil der Vermieter einfach meint, die Miete reiche. Diese Rechnung geht natürlich nicht mehr auf, wenn wegen der festgestellten Wohnflächenunterschreitung nun weniger Miete fließt.

DIE MIETERHÖHUNG

Der Fall

Der Mieter bewohnt seit zehn Jahren eine nicht mit öffentlichen Fördermitteln erbaute Wohnung mit zwei Zimmern, Flur, Küche und Bad in einer Gemeinde ohne Mietspiegel. Die Wohnung ist 60 qm groß und kostet eine monatliche Miete von 300 Euro (zuzüglich Betriebskosten). Die letzte Mieterhöhung zur Anpassung an die ortsübliche Miete stammt vom 1. Oktober 2008. Der damalige Vermieter hatte die Miete von 264 Euro (zuzüglich Betriebskosten) auf die jetzige Miete erhöht. Der jetzige Vermieter erwarb die Wohnung zum 1. Juni 2009.

Am 15. März 2011 erhält der Mieter Post von seinem Vermieter. Er teilt ihm mit, die Miete solle sich ab dem 1. Juni 2011 auf 5,30 Euro pro qm erhöhen. Die Miete steige dadurch von 300 Euro auf 318 Euro (Betriebskosten bleiben unverändert). Die neue Miete sei ortsüblich. Hierzu nennt er in dem Schreiben drei Vergleichswohnungen in der Nachbarschaft, für die er Adresse, Stockwerk, Mieternamen und einige Ausstattungsmerkmale angibt. Die genannten Wohnungsgrößen liegen zwischen 60 und 65 qm, die Miete pro Quadratmeter beträgt für zwei Wohnungen 5,45 Euro, für die dritte Wohnung 5,20 Euro. Der Vermieter bittet den Mieter, der Erhöhung zuzustimmen. Der Mieter weigert sich. 5,30 Euro pro qm seien zu teuer. Und vor nicht einmal drei Jahren habe er nur 264 Euro Miete bezahlt.

Bleiben Vermieter und Mieter bei ihren Auffassungen, kann sich folgende Auseinandersetzung entwickeln:

Vermieter bittet den Mieter um die Zustimmung zu einer Mieterhöhung auf 5,30 Euro pro qm ab 1. Juni 2011. Die neue Miete betrage dann 318 Euro und sei damit ortsüblich. Hierzu verweist er auf die Mietpreise von drei Wohnungen in der Nachbarschaft.

§: Er beruft sich auf § 558 BGB. Danach kann ein Vermieter die Zustimmung seines Mieters zu einer Erhöhung der Miete bis zur ortsüblichen Miete verlangen.
Zur Begründung, dass die neue Miete ortsüblich ist, kann sich ein Vermieter nach seiner Wahl auf einen Mietspiegel, ein Mietwertgutachten oder die Mie-

ten von mindestens drei vergleichbaren Wohnungen berufen (§ 558 a Absatz 2 BGB).

Mieter erwidert, die Erhöhung sei unwirksam, weil sie schon formal nicht in Ordnung sei. Die Vergleichswohnungen hätten eine andere Größe und eine koste auch weniger Miete als nun von ihm verlangt werde.

§: Ein Vermieter muss sein Erhöhungsverlangen ausreichend begründen, sonst ist es unwirksam (§ 558 a Absatz 2 BGB). Stützt der Vermieter sich auf drei Vergleichswohnungen, darf unter anderem deren Größe nicht so abweichen, dass sie schon wegen der Größendifferenz als nicht mehr vergleichbar betrachtet werden könnten. Die angegebenen Mietpreise müssen die verlangte Erhöhung rechtfertigen. Im Übrigen muss eine wirksame Begründung neben Größe und Preis jedenfalls Anschrift und Lage im Gebäude nennen.

Vermieter erwidert, die Größenunterschiede seien unerheblich. Ebenso sei es unerheblich, dass die Miete einer der Wohnungen preiswerter sei. Denn die anderen beiden seien höher, und im Durchschnitt der drei lasse sich sein Mietpreis rechtfertigen.

Mieter entgegnet, die Erhöhung sei auch nicht begründet. Die verlangte Miete sei zu hoch. Die angeblichen Vergleichswohnungen könne man mit seiner nicht vergleichen. Er habe sich erkundigt. Anders als seine Wohnung lägen sie nicht an einer verkehrsreichen Straße, sondern viel ruhiger. Und die Ausstattung sei besser. Die Wohnungen seien anders als bei ihm mit Herd, Spüle und guten Teppichböden vermietet, hätten modernere Fenster und eine neue und sparsamere Heizungsanlage. Außerdem: Selbst wenn die Wohnungen vergleichbar seien, könne der Vermieter nicht so viel mehr verlangen. Die Miete dürfe in drei Jahren um nicht mehr als 20 Prozent steigen.

§: Nach § 558 Absatz 3 BGB darf die Miete bei Anpassungen an die ortsübliche Vergleichsmiete innerhalb von drei Jahren um nicht mehr als 20 Prozent erhöht werden (Kappungsgrenze).

Vermieter meint, die Wohnungen seien trotzdem durchaus vergleichbar. Die Wohnung des Mieters sei genauso ihr Geld wert, da solle er mal nicht dramatisieren. Und eine Erhöhungsgrenze gelte für ihn nicht. Vor drei Jahren sei er ja noch gar nicht Eigentümer gewesen. Was sein Vorgänger getan habe, könne man ihm nicht anrechnen.
Vermieter fordert den Mieter auf, nun endlich seine Zustimmung zu geben.

Mieter entgegnet, als neuer Eigentümer habe der Vermieter doch den Zustand übernommen, den der Vorvermieter geschaffen habe und müsse sich daran auch festhalten lassen.

§: Nach § 566 Absatz 1 BGB tritt ein Erwerber vermieteten Wohnraums an die Stelle des bisherigen Vermieters und übernimmt dessen Rechte und Pflichten.

ZUSPITZUNG:

Mieter verteidigt sich gegen seine Inanspruchnahme.
§: Hat der Mieter Recht, ist das Verlangen des Vermieters unwirksam, weil es nicht ausreichend begründet und die verlangte Miete auch nicht ortsüblich ist. Dann kann der Vermieter keine Zustimmung verlangen. Eine Klage gegen den Mieter ist unbegründet.
Stellt sich heraus, dass das Erhöhungsverlangen wirksam und die Miete ortsüblich ist, kann der Vermieter eine Mieterhöhung dennoch nur bis zur Kappungsgrenze verlangen (§ 558 Absatz 3 BGB). Darüber hinaus wäre die Klage unbegründet.

Vermieter verklagt den Mieter auf Zustimmung zur Mieterhöhung. Die Klage wird am 5. Juni 2011 bei Gericht eingereicht.
§: Hat der Vermieter Recht, kann er den Mieter nach Ablauf von zwei Monaten nach Zugang des Erhöhungsverlangens darauf verklagen, dass er seine Zustimmung erteilt (§ 558 b Absatz 2 BGB). Die Klage muss innerhalb weiterer drei Monate erhoben werden, sonst kann er sein Erhöhungsverlangen nicht mehr durchsetzen (§ 558 b Absatz 2 BGB). Das Urteil ersetzt dann die Zustimmung.
Die neue Miete muss der Mieter mit Beginn des dritten Kalendermonats nach dem Zugang des Erhöhungsverlangens zahlen (§ 558 b Absatz 1 BGB).

Die Rechtslage

Bei der Mieterhöhung ist zwischen preisgebundenem und preisfreiem Wohnraum zu unterscheiden. Als **preisgebundener Wohnraum** werden Wohnungen bezeichnet, die mit öffentlichen Fördermitteln gebaut wurden und deren Mieten deshalb nicht frei verhandelbar sind. Erfolgte die Förderung vor dem 1. Januar 2002, gelten für die Zusammensetzung der Miete, die sogenannte Kostenmiete, und deren Änderungen die Vorschriften der II. BV. Sie spielen selten noch eine Rolle und werden deshalb hier nicht behandelt.

Bei einer Förderung ab dem 1. Januar 2002 wird die Miete durch die Förderzusage des öffentlichen Geldgebers bestimmt. In deren Rahmen ist eine Mieterhöhung im Wesentlichen nach den gesetzlichen Mieterhöhungsregeln möglich, die auch für preisfreien Wohnraum gelten.

Im Folgenden wird die Situation bei **preisfreiem Wohnraum** dargestellt. Hier kann eine Mieterhöhung ausnahmsweise nach der Art des Vertrags ausgeschlossen sein, zum Beispiel bei einem zeitlich befristeten Mietvertrag (OLG Stuttgart, Entscheidung vom 31.5. 1994, Az. 8 REMiet 5/93, WuM 1994, Seite 420; OLG Zweibrücken, Entscheidung vom 17.8. 1981, Az. 3 W-RE-66/81, WuM 1981, Seite 273). In der Regel ist eine Erhöhung aber möglich. Es kann sich um eine **vereinbarte Mieterhöhung** handeln. So können sich Vermieter und Mieter während der Mietzeit auf eine Mieterhöhung verständigen (§ 557 Absatz 1 BGB) oder bereits im Mietvertrag zukünftige Mieterhöhungen festlegen, zum Beispiel eine **Indexmiete** vereinbaren, bei der die Miete an die Entwicklung des Lebenshaltungskostenindex geknüpft wird (§ 557 b BGB) oder eine **Staffelmiete** vereinbaren (§ 557 a BGB). Letztere bedeutet, dass im Mietvertrag konkret festgelegt wird, wann die Miete in Zukunft wie steigt. Zwischen den Erhöhungen muss jeweils mindestens ein Jahr liegen, und der Mietvertrag muss die jeweilige Erhöhung oder die jeweils neue Miete in einem Geldbetrag nennen, sodass der Mieter früh erkennt, was auf ihn zukommen wird.

Wird keine Mieterhöhung vereinbart, kommt eine **gesetzliche Mieterhöhung** in Betracht. Sie kann besondere Anlässe betreffen wie die Erhöhung bei veränderten Betriebskosten (§ 560 BGB; siehe Seite 60) oder die Erhöhung als Folge einer Modernisierung durch den Vermieter (§ 559 BGB; siehe Seiten 69 f.). Vor allem aber kommt die allgemeine Mieterhöhung, die Mieterhöhung bis zur ortsüblichen Vergleichsmiete in Betracht.

Die Mieterhöhung bis zur **ortsüblichen Vergleichsmiete** (§ 558 BGB) erlaubt dem Vermieter, die Miete (ohne Betriebskosten) an die allgemeine Mietenentwicklung in einer Region anzupassen. Als ortsübliche Vergleichsmiete wird dabei die Miete bezeichnet, die am Ort der Wohnung oder in einer vergleichbaren Gemeinde für eine Wohnung vergleichbarer Art, Größe, Ausstattung, Beschaffenheit und Lage üblicherweise gezahlt werden muss. Sie wird als Miete pro qm aus den Mietpreisen von Neuvermietungen und Mieterhöhungen für preisfreien Wohnraum der letzten vier Jahre festgestellt (§ 558 Absatz 2 BGB). Liegt sie höher als die aktuell gezahlte Miete pro Quadratmeter, kann der Vermieter vom Mieter verlangen, dass er einer Erhöhung bis zur ortsüblichen Miete zustimmt. Voraussetzung ist aber, dass die Miete bis zu dem Zeitpunkt, zu dem die Erhöhung eintreten soll, jedenfalls **15 Monate nicht verändert** wurde; dabei bleiben Erhöhungen wegen Betriebskosten und Modernisierungen unberücksichtigt (§ 558 Absatz 1 BGB). Zudem gilt eine **Kappungsgrenze**. Die Miete darf innerhalb von drei Jahren um nicht mehr als 20 Prozent steigen. Eine Erhöhung kann also maximal bis zu 20 Prozent der Miete reichen, die der Mieter drei Jahre vor dem Zeitpunkt der geplanten neuen Erhöhung gezahlt hat. Wiederum bleiben Erhöhungen wegen Betriebskosten und Modernisierungen außer Betracht (§ 558 Absatz 3 BGB). Mieterhöhungen, die ein Vorvermieter innerhalb der drei Jahre ausgesprochen hat, muss ein Wohnungserwerber als Rechtsnachfolger gegen sich gelten lassen (§ 566 Absatz 1 BGB; siehe Seite 96). Bei einer ehemals öffentlich geförderten Wohnung kann die Kappungsgrenze ungültig sein, wenn die Miete nach Ablauf der Preisbindung erhöht werden soll (siehe § 558 Absatz 4 BGB).

Die Mieterhöhung setzt ein **Erhöhungsverlangen des Vermieters** voraus. Es muss die aktuelle und die neue Miete oder den Erhöhungsbetrag angeben und darf dem Mieter frühestens ein Jahr nach der letzten Mieterhöhung zugehen (§ 558 Absatz 1 BGB).

Für das Erhöhungsverlangen ist die **Textform** vorgeschrieben (§ 558 a Absatz 1 BGB), das heißt, die Erklärung muss zwar schriftlich abgefasst sein, aber im Unterschied zur Schriftform (§ 126 BGB) nicht eigenhändig unterschrieben sein, sodass ein Telefax oder eine E-Mail genügt (§ 126 b BGB). Dennoch sollte die Schriftform gewählt werden, nicht zuletzt, weil der Zugang des Erhöhungsverlangens nachweisbar sein sollte (siehe Seite 108). Ein Telefaxsendebericht reicht dafür nicht aus (BGH, Entscheidung vom 7.12. 1994, Az. VIII ZR 153/93, NJW 1995, Seite 665). Sind mehrere Personen Vermieter, müssen alle die Erhöhung verlangen. Eine Vertretung ist möglich, der Vertreter muss dem Mieter dann aber mit dem Erhöhungsverlangen eine Originalvollmacht des Vertretenen vorlegen. Sonst kann der Mieter das Verlangen zurückweisen und ist es unwirksam, es sei denn, der Vermieter hatte dem Mieter die Vertretung bereits bekannt gegeben (§ 174 BGB). Eine etwaige Zurückweisung muss unverzüglich geschehen, sechs Tage können bereits zu lang sein (OLG Hamm, Entscheidung vom 26.10. 1990, Az. 20 U 71/90, NJW 1991, Seite 1185).

Der Vermieter muss die **Erhöhung begründen** und darlegen, warum die neue Miete ortsüblich sein soll. Dazu kann er sich auf verschiedene Begründungsmittel stützen, die ihm zur freien Wahl stehen. Er kann sich auf einen **Mietspiegel** der Kommune oder, wenn vor Ort kein Mietspiegel existiert, einer vergleichbaren anderen Gemeinde beziehen (§ 558 a Absatz 2 Nr. 1 BGB, § 558 c BGB; in Hannover stattdessen: eine Mietdatenbank nach § 558 e BGB). Ein Mietspiegel ist eine mit Hilfe von Stichproben gewonnene Übersicht über die ortsüblichen Mieten, die von einer Gemeinde oder Interessenvertretungen der Vermieter und der Mieter gemeinsam erstellt oder anerkannt worden ist (§ 558 c Absatz 1 BGB). Wird der Mietspiegel nach anerkannten wissenschaftlichen Grundsätzen erstellt, wird er als qualifizierter Mietspiegel bezeichnet (§ 558 d BGB). Wird ein qualifizierter Mietspiegel nach zwei Jahren angepasst und nach vier Jahren neu erstellt, sodass seine Aktualität gewährleistet ist, wird gesetzlich vermutet, dass seine Daten die ortsübliche Miete nennen (§ 558 b Absatz 3 BGB). Die Vermutung ist widerlegbar, zum Beispiel bei Anhaltspunkten für methodische Fehler. Wo ein qualifizierter Mietspiegel existiert, muss der Vermieter dessen Daten für die Wohnung auch dann mitteilen, wenn er seine Erhöhung auf ein anderes Begründungsmittel stützen möchte (§ 558 a Absatz 3 BGB).

Neben einem Mietspiegel kommt als weiteres Begründungsmittel ein von dem Vermieter in Auftrag gegebenes **Mietwertgutachten** eines öffentlich bestellten und vereidigten Sachverständigen in Betracht (§ 558 a Absatz 2 Nr. 3 BGB), dessen Kosten allerdings nicht unerheblich

sind und in der Regel bis zu 1 500 Euro betragen können.

Häufiger ist deshalb, dass der Vermieter die weitere Möglichkeit der Begründung nutzt, nämlich sich auf die Mietpreise von mindestens **drei vergleichbaren Wohnungen** stützt, um die Ortsüblichkeit seiner Mietforderung zu begründen (§ 558 a Absatz 2 Nr. 4 BGB). In dem Erhöhungsverlangen muss der Vermieter die Vergleichswohnungen konkret bezeichnen. Jedenfalls muss er Anschrift und Lage im Gebäude sowie den Mietpreis und die Größe angeben (BGH, Entscheidung vom 18.12. 2002, Az. VIII ZR 141/02, WuM 2003, Seite 149). Es ist zulässig, dass die Wohnungen im selben Haus liegen, auch dürfen sie ebenfalls dem Vermieter gehören. Sie können grundsätzlich auch kleiner oder größer sein, da es um den Mietpreis pro qm geht. Zum Teil gehen die Gerichte aber davon aus, dass eine Wohnung nicht mehr vergleichbar ist, wenn sie mehr als 30 Prozent kleiner ist, weil sie dann in ein anderes Preissegment des Wohnungsmarkts falle (AG Hannover, Entscheidung vom 12.2. 2010, Az. 452 C 14401/09; LG Köln, Entscheidung vom 16.2. 1994, Az. 10 S 407/93, WuM 1994, Seite 691). Sind die Mietpreise pro Quadratmeter der Vergleichswohnungen verschieden, darf kein Mittelwert gebildet werden. Werden nur drei Vergleichswohnungen angegeben und liegt eine Vergleichsmiete unter der verlangten Miete, bleibt das Erhöhungsverlangen zwar wirksam. Der Vermieter kann aber nur eine Mieterhöhung bis zu der niedrigsten Vergleichsmiete verlangen (OLG Karlsruhe, Entscheidung vom 15.12. 1983, Az. 9 REMiet 2/83, WuM 1984, Seite 21).

Mit dem Erhöhungsverlangen muss der Vermieter die **Zustimmung des Mieters** verlangen, sonst ist es unwirksam. Die Erklärung darf nicht den Eindruck erwecken, die Erhöhung sei schon beschlossene Sache und es komme auf eine Zustimmung des Mieters nicht mehr an (LG München II, Entscheidung vom 30.11. 1993, Az. 32 S 15600/93, WuM 1996, Seite 624).

Die neue Miete gilt nicht unmittelbar, sondern der Mieter hat eine Überlegungsfrist, die mit dem Ablauf des zweiten Kalendermonats nach Erhalt des Erhöhungsverlangens endet, zum Beispiel am 31. März bei Erhalt am 20. Januar. Stimmt er zu, hat er mit Beginn des dritten Kalendermonats nach Zugang des Erhöhungsverlangens die neue Miete zu zahlen (§ 558 b Absatz 1 BGB), im genannten Beispiel: ab dem 1. April. Der Mieter kann seine Zustimmung ausdrücklich erklären oder sich schlüssig zustimmend verhalten, etwa indem er vorbehaltlos die neue Miete zahlt. Der Mieter kann auch nur teilweise zustimmen, wenn er die Mieterhöhung für nur zum Teil gerechtfertigt hält.

Stimmt der Mieter der Erhöhung nicht oder nur zum Teil zu, kann der Vermieter nach Ablauf der Zustimmungsfrist eine **Klage** auf Erteilung der Zustimmung erheben. Die Klage muss innerhalb einer Frist von weiteren drei Monaten erhoben werden, im obigen Beispiel: bis zum 30. Juni. Sonst kann der Vermieter das Erhöhungsverlangen nicht mehr durchsetzen und muss mit einem neuen Erhöhungsverlangen von vorn beginnen (§ 558 b Absatz 2 BGB). Wird der Mieter verurteilt, der Erhöhung zuzustimmen, ersetzt das Urteil seine nicht erteilte Zustimmung. Der Mieter muss dann wie bei einer freiwillig erteilten Zustimmung mit Beginn des dritten Kalendermonats nach Erhalt des Erhöhungsverlangens, also rückwirkend, die neue Miete zahlen. Bei einer Klage kann der Vermieter Fehler in seiner Begründung nachbessern und sein Erhöhungsverlangen korrekt werden lassen. Dann hat der Mieter (erneut) die Überlegungsfrist bis zum Ablauf des übernächsten Kalendermonats (§ 558 b Absatz 3 BGB). Stimmt er der Mieterhöhung in der Frist zu, muss der Vermieter die Kosten der Klage tragen, weil er einen vermeidbaren Prozess geführt hat.

Übrigens: Will der Vermieter eine höhere Miete, besteht ein **Sonderkündigungsrecht des Mieters**. Er kann das Mietverhältnis bis zum Ende des zweiten Kalendermonats nach Erhalt des Erhöhungsverlangens, das heißt bis zum Ende der Überlegungsfrist kündigen. Das Mietverhältnis endet dann zum Ende des vierten Kalendermonats nach Erhalt des Erhöhungsverlangens. Im obigen Beispiel: Erhält der Mieter das Erhöhungsverlangen am 20. Januar, kann er bis zum 31. März kündigen und das Mietverhältnis zum 31. Mai beenden. Die Mieterhöhung tritt dann nicht in Kraft (§ 561 Absatz 1 BGB).

Fazit

Im Beispielsfall hat der Vermieter seine **Mieterhöhungsklage rechtzeitig** erhoben. Sie konnte nach Ablauf des zweiten Kalendermonats nach Erhalt des Erhöhungsverlangens am 15. März 2011, somit nach dem 31. Mai 2011 erhoben werden. Die Klagefrist beträgt weitere drei Monate. Sie ist gewahrt, da die Klage bereits am 5. Juni erhoben ist.

Der Vermieter wird seine Klage jedenfalls zum Teil verlieren. Denn er stützt sein Verlangen nach einer Miete von 5,30 Euro pro Quadratmeter auf drei Vergleichswohnungen, die dafür **keine ausreichende Begründung** sind. Dies folgt zwar nicht aus unterschiedlichen Größen der benannten Wohnungen, weil die Unterschiede zur Wohnung des Mieters nicht so erheblich sind, dass deshalb eine Vergleichbarkeit der Wohnungen ausgeschlossen sein könnte. Es handelt sich lediglich um bis zu 5 qm, was rund zehn Prozent der Wohnfläche entspricht.

Aber eine der drei Wohnungen hat einen Mietpreis, der unter der verlangten Miete liegt. Da bei unterschiedlichen Preisen keine Durchschnittsmiete gebildet werden darf, sondern der niedrigste Preis entscheidet, kann der Vermieter mit diesen Wohnungen von vornherein nur eine Erhöhung bis zur niedrigsten Vergleichsmiete verlangen. Sie liegt bei nur 5,20 Euro pro qm. Darüber hinaus ist sein Erhöhungsverlangen unwirksam.

Ob er eine Miete von 5,20 Euro pro qm durchsetzen kann, hängt davon ab, ob diese **Miete ortsüblich** ist. Die Feststellung geschieht meist durch ein Mietwertgutachten eines vom Gericht bestellten Sachverständigen. Ergibt sich, dass die verlangte Miete nicht ortsüblich ist, hat der Vermieter keinen Zustimmungsanspruch und er verliert seine Klage. Stellt sich die verlangte Miete als ortsüblich heraus, kann der Vermieter die Zustimmung zu einer Mieterhöhung auf 5,20 Euro pro qm, das heißt auf insgesamt 312 Euro monatlich verlangen. Wird eine niedrigere ortsübliche Miete ermittelt, zum Beispiel 306 Euro, bekommt er diese zugesprochen.

Der Einwand des Mieters, die verlangte Mieterhöhung überschreite die **Kappungsgrenze**, spielt dann keine Rolle. Maßgeblich ist der Zeitraum von drei Jahren vor dem Inkrafttreten der jetzt verlangten Erhöhung. Dies ist der dritte Monatserste nach Erhalt des Erhöhungsverlangens am 15. März 2011, also der 1. Juni 2011. Drei Jahre zuvor, am 1. Juni 2008, zahlte der Mieter 264 Euro Miete. Eine Mieterhöhung ist deshalb nur bis zu 20 Prozent hiervon, das heißt um maximal 52,80 Euro möglich. Eine höhere Miete als 316,80 Euro kann der Vermieter keinesfalls verlangen. Dies gilt auch, wenn nicht er, sondern der Vorvermieter die letzte Mieterhöhung ausgesprochen hat. Der neue Vermieter ist als Erwerber und Rechtsnachfolger daran gebunden. Eine Erhöhung auf 312 Euro bleibt unterhalb der Kappungsgrenze, sodass der Vermieter sie verlangen kann. Anders ist es mit der Ausgangsforderung des Vermieters von 5,30 Euro pro qm. Sie hätte zu einer neuen monatlichen Miete von 318 Euro geführt. Wegen der Kappungsgrenze hätte der Vermieter aber hier nicht mehr als 316,80 Euro bekommen.

Alternativen

Eine Mieterhöhung bis zur ortsüblichen Vergleichsmiete orientiert sich an der Marktentwicklung der Mietpreise in einer Region. Anders als zum Beispiel bei Mieterhöhungen nach Modernisierungen, die die konkrete Wohnung verändern, ist die allgemeine Verteuerung nicht sichtbar. Leicht entsteht der Eindruck, es werde einfach immer nur teurer. Es liegt vielleicht schon deshalb für viele Mieter nahe, einer Mieterhöhung nicht zuzustimmen, zumal es für einen Vermieter auch nicht leicht ist, mit seiner Begründung zur Miet-

erhöhung zu überzeugen. Dies mag gelingen, wenn der Vermieter sich auf einen qualifizierten Mietspiegel beziehen kann, der eine ausreichend genaue Einordnung der Wohnung in die allgemeinen Marktpreise erlaubt. Benennt er stattdessen aber Vergleichswohnungen, kann der Mieter ihm leicht mit dem Hinweis begegnen, die Wohnungen seien mit seiner nicht vergleichbar. Letztlich erfordert die Klärung, was der ortsübliche Mietpreis der Wohnung ist, eine detaillierte Bewertung durch einen Sachverständigen. Ein Sachverständigengutachten wird wegen seines Preises aber selten bereits vor einem Rechtsstreit eingeholt, sondern regelmäßig erst durch das mit einem Mieterhöhungsprozess befasste Gericht in Auftrag gegeben. Das Ergebnis der Bewertung ist schwer vorhersehbar, das Kostenrisiko eines Prozesses aber hoch, jedenfalls, wenn keine Rechtsschutzversicherung eintritt (siehe Seite 161).

Die Verfahrenskosten stehen oft in Missverhältnis zu der Mieterhöhung. Verlangt der Vermieter zum Beispiel eine Mieterhöhung um 50 Euro pro Monat (= 600 Euro pro Jahr), können für das Verfahren und das Gutachten Kosten von insgesamt rund 2 000 Euro in Betracht gezogen werden. Wird dem Vermieter eine Mieterhöhung von 25 Euro monatlich zuerkannt, unterliegt er zur Hälfte und hat Verfahrenskosten von 1 000 Euro zu tragen. Dagegen steht eine Mieterhöhung um 300 Euro pro Jahr. Die Kosten des Verfahrens zehren die Mieterhöhung für mehr als drei Jahre auf.

Auch für den Mieter rechnet sich das Verfahren kaum. Zu der Mieterhöhung von 25 Euro monatlich muss er weitere 1 000 Euro Verfahrenskosten zahlen. Das sind mehr als drei Jahre der ersparten Miete.

Gerade bei Mieterhöhungen kann es deshalb empfehlenswert sein, wenn sich die Vertragspartner außergerichtlich verständigen. Vielleicht kommen die Vertragspartner ins Geschäft, indem der Vermieter zugleich Investitionen wie zum Beispiel die Erneuerung des Fußbodenbelags oder der Wandfliesen in Bad oder Küche anbietet. Denkbar ist auch, dass vereinbart wird, dass der Mieter der Erhöhung nur teilweise zustimmt oder zustimmt gegen die Zusage, dass eine weitere Mieterhöhung zur Anpassung an die ortsübliche Miete dann für einen bestimmten Zeitraum nicht mehr erfolgen darf.

DIE BETRIEBSKOSTENABRECHNUNG

Der Fall

Nach dem Mietvertrag muss der Mieter zusätzlich zur Miete monatliche Vorauszahlungen auf Betriebskosten zahlen. In dem verwendeten Mietvertragsformular sind die möglichen Arten von Betriebskosten einzeln aufgeführt. Durch Ankreuzen soll ausgewählt werden, welche Betriebskosten der jeweilige Mieter konkret tragen soll. Für den Mieter sind diverse Positionen angekreuzt, darunter die Kosten der Entwässerung und der Müllbeseitigung, nicht aber die Kosten der Grundsteuer. Nach dem Vertrag sind die Betriebskosten vom Vermieter kalenderjährlich abzurechnen.

Am 15. Januar 2011 erhält der Mieter vom Vermieter ein Schreiben mit der Betriebskostenabrechnung für den Zeitraum vom 1. Januar bis zum 31. Dezember 2009. In der Abrechnung nennt der Vermieter nachvollziehbar für die einzelnen Betriebskostenarten die entstandenen Gesamtkosten für das Haus, den Maßstab, nach dem die Kosten auf den Mieter umgelegt werden sowie den sich ergebenden Kostenanteil des Mieters und errechnet unter Abzug der vom Mieter geleisteten Vorauszahlungen eine Nachforderung von 58 Euro. Dabei berechnet er dem Mieter unter anderem anteilig die Kosten der Grundsteuer sowie einer im Vertrag nicht aufgeführten Niederschlagswassergebühr, ferner die Kosten für zwei Mülltonnen.

Er bittet den Mieter, die Nachforderung zu bezahlen und erklärt gleichzeitig, er erhöhe die zukünftigen Vorauszahlungen ab dem 1. März 2011 um 5 Euro pro Monat. Der Mieter verweigert beides. Er beruft sich darauf, die Abrechnung sei verspätet. Außerdem sei sie falsch berechnet, tatsächlich stehe ihm ein Guthaben von 30 Euro zu. Es gebe daher auch keinen Grund, die Vorauszahlungen zu erhöhen.

Bleiben Vermieter und Mieter bei ihren Positionen, kann folgender Streit entstehen:

Vermieter verlangt vom Mieter eine Nachzahlung von 58 Euro und erhöht die Vorauszahlungen um 5 Euro monatlich.

§: Er beruft sich auf § 556 Absatz 1 BGB. Ein Mieter muss zusätzlich zur Miete Betriebskosten tragen, wenn dies vertraglich vereinbart ist. Soll ein Mieter Vorauszahlungen darauf leisten und ergibt eine Abrechnung des Vermieters, dass diese nicht reichen, um die tatsächlichen Kosten zu decken, kann ein Vermieter eine Nachzahlung und für die Zukunft eine angemessene Erhöhung der Vorauszahlungen verlangen (§ 556 Absatz 3 BGB, § 560 Absatz 4 BGB).

Mieter weigert sich. Die Abrechnung sei falsch. Der Vermieter berechne Grundsteuern und eine Niederschlagswassergebühr, deren beider Umlage nicht vereinbart sei, außerdem die Kosten für zwei Mülltonnen, obwohl das ganze Jahr über nur eine benötigt worden sei. Richtig gerechnet ergebe sich für ihn ein Guthaben von 30 Euro.

§: Er beruft sich darauf, dass nur vereinbarte Kosten umgelegt werden dürfen, außerdem auf das Wirtschaftlichkeitsgebot (§ 556 Absatz 3 Satz 1 BGB). Es verpflichtet einen Vermieter, die Gelder eines Mieters wirtschaftlich sinnvoll zu verwenden. Überflüssige Kosten muss ein Mieter nicht bezahlen. Ein Abrechnungsguthaben ist einem Mieter zu erstatten (§ 556 Absatz 3 BGB).

Vermieter erwidert, die Nachzahlung bleibe. Die Grundsteuer sei zwar nicht angekreuzt, das habe er vergessen. Aber er berechne sie schon seit drei Jahren, und immer habe der Mieter sie ohne Beanstandung gezahlt. Die Niederschlagswassergebühr sei eine neue Entwässerungsgebühr der Gemeinde, zähle also zu den Kosten der Entwässerung, die ohnehin vereinbart seien. Und Müll: Hinterher sei man immer schlauer. Es gebe schon seit langem zwei Tonnen, dass auf einmal weniger Müll gemacht werde, habe er nicht wissen können. Wenn er zu knapp kalkuliere, gebe es auch Beschwerden.

Mieter bleibt dabei, dass ihm ein Guthaben zustehe. Und der Vermieter könne auch deshalb keine Nachzahlung fordern, weil die Abrechnung verspätet sei. Dann sei auch eine Erhöhung der Vorauszahlungen ausgeschlossen.

§: Nach § 556 Absatz 3 Satz 3 BGB ist eine Nachforderung ausgeschlossen, wenn ein Mieter eine Abrechnung später als zwölf Monate nach Ende des Abrechnungszeitraums erhält, es sei denn, sein Vermieter hat die Verspätung nicht zu vertreten.

Mieter setzt dem Vermieter eine angemessene Frist zur Zahlung des Guthabens, sonst werde er es von der Miete einhalten.

Vermieter setzt dem Mieter eine angemessene Frist für die geforderte Nachzahlung und erklärt, er habe nicht früher abrechnen können, er habe einfach zu viel zu tun gehabt.

ZUSPITZUNG:

Mieter erklärt die Aufrechnung des Guthabens mit der Miete und hält das Guthaben von der nächsten Miete ein.

§: Hat der Mieter Recht, steht ihm ein Guthaben zu und kann der Vermieter keine Erhöhung der Vorauszahlungen verlangen. Eine Zahlungsklage des Vermieters ist unbegründet. Dies gilt auch für eine Erhöhung der Vorauszahlung.

Der Mieter kann das Guthaben, statt sein Geld einzuklagen, mit der Miete aufrechnen, sodass in Höhe des Guthabens keine Miete mehr gezahlt werden muss (§ 387 BGB, § 389 BGB).

Vermieter verklagt den Mieter auf Nachzahlung der Betriebskosten und klagt den Erhöhungsbetrag der neuen Betriebskostenvorauszahlung ein.

und

Vermieter klagt auf Zahlung des wegen des vermeintlichen Guthabens gekürzten Betrags.

§: Hat der Vermieter Recht, kann er vom Mieter eine Nachzahlung verlangen (§ 556 Absatz 1 BGB). Auch kann er eine angemessene Erhöhung der Vorauszahlungen für die Zukunft erklären und den Erhöhungsbetrag verlangen (§ 560 Absatz 4 BGB). Wenn der Mieter ein vermeintliches Guthaben mit der Miete aufrechnet, kann der Vermieter den fehlenden Betrag einfordern (§ 535 Absatz 2 BGB).

Die Rechtslage

Bei der Nutzung eines Grundstücks oder Gebäudes entstehen dem Vermieter laufende Kosten. Sie werden als **Betriebskosten** bezeichnet (§ 1 BetrKV). Dazu gehören nach dem Betriebskostenkatalog des § 2 BetrKV (vor dem 1. Januar 2004: Anlage 3 zu § 27 Absatz 1 II. BV):
die öffentlichen Lasten des Grundstücks, vor allem die Grundsteuer, die Kosten für Wasserversorgung, Entwässerung, eine zentrale Heiz- und Warmwasserversorgung und die Reinigung und Wartung entsprechender Einzelanlagen wie Etagenheizungen, die Kosten für einen Aufzug, für die Straßenreinigung, Müllbeseitigung, Gebäudereinigung, Ungezieferbekämpfung und Gartenpflege, die Beleuchtung gemeinsamer Einrichtungen wie Hauseingänge, Flure, Waschküchen, für die Schornsteinreinigung, Sach- und Haftpflichtversicherungen des Gebäudes und einen Hauswart, die Kosten für Gemeinschaftsantennen und Kabelfernsehen sowie für Einrichtungen der Wäschepflege wie etwa vom Vermieter gestellte Waschmaschinen oder Trockner.

Was im Einzelnen unter die genannten Kosten fällt, ist in § 2 BetrKV näher definiert. Dort gibt es auch die Position „sonstige Betriebskosten", die eine Umlage weiterer Kosten erlaubt, wenn sie regelmäßig wiederkehrend anfallen, zum Beispiel die Kosten der Wartung eines Feuerlöschers oder der Dachrinnenreinigung (§ 2 Nr.17 BetrKV). Kosten für die Verwaltung, die Instandhaltung und die Instandsetzung fallen aber nicht unter die Betriebskosten (§ 1 BetrKV).

Die Betriebskosten fallen beim Vermieter an. Wenn nichts Besonderes geregelt wird, werden sie im Rahmen der Miete mit bezahlt. Es kann aber mit dem Mietvertrag vereinbart werden, dass der Mieter die Betriebskosten zusätzlich zur Miete bezahlen soll (§ 556 Absatz 1 BGB). Diese **Umlage auf den Mieter** ist verbreitet und erfordert, dass die zu übernehmenden Kosten konkret bezeichnet werden, nur dann muss der Mieter sie zahlen. Hat der Mieter nicht vereinbarte, aber abgerechnete Kosten bezahlt, ohne deren Abrechnung zu beanstanden, ist er deshalb noch nicht verpflichtet, diese Kosten auch in Zukunft zu zahlen. Eine stillschweigend vereinbarte Umlage durch Zahlung kommt erst in Betracht, wenn besondere Umstände vorliegen, aus denen ein Änderungswille des Vermieters und eine Zustimmung des Mieters geschlossen werden können. Ein Anhaltspunkt dafür kann zum Beispiel sein, wenn die Berechnung nach einem Vermieterwechsel geschieht. Die Zahlung allein genügt nicht, weil der Mieter damit keine Zustimmung erklären, sondern lediglich seine vermeintlich bestehende Verpflichtung erfüllen will (BGH, Entscheidung vom 10.10. 2007, Az. VIII ZR 279/06, WuM 2007, Seite 694). Die Kosten, die der Mieter tragen soll, sollten nach ihrer Art einzeln im Mietvertrag aufgeführt sein. Die Gerichte lassen es aber ausreichen, wenn allgemein auf die Betriebskosten nach § 2 BetrKV (bei Verträgen vor dem 1. Januar 2004: Anlage 3 zu § 27 Absatz 1 II. BV) verwiesen ist (OLG Frankfurt am Main, Entscheidung vom 10.5. 2000, Az. 20 ReMiet 2/97, WuM 2000, Seite 411). Dann sind alle Betriebskostenarten umgelegt und können abgerechnet werden, sofern sie tatsächlich anfallen.

Wenn zusätzlich zu dem allgemeinen Verweis einzelne Betriebskostenarten hervorgehoben werden, zum Beispiel durch Ankreuzen einzelner Positionen in einem Vertragsformular (siehe Seite 74), läuft der Vermieter aber Gefahr, dass der Vertrag so ausgelegt wird, dass nur die hervorgehobenen Positionen umgelegt sind und abgerechnet werden können (vergleiche LG Frankfurt am Main, Entscheidung vom 30.8. 1985, Az. 2/17 S 178/85, WuM 1986, Seite 93). „Sonstige Betriebskosten" (siehe Seite 55) müssen immer im Mietvertrag konkretisiert werden, sonst können sie nicht auf den Mieter umgelegt werden (BGH, Entscheidung vom 7.4. 2004, Az. VIII ZR 167/03, WuM 2004, Seite 290).

Was bei einer Umlage auf den Mieter zukommt, wird maßgeblich durch den **Verteilerschlüssel** bestimmt. Er bezeichnet den Maßstab, nach dem der einzelne Mieter an den für das Gebäude anfallenden Gesamtkosten beteiligt wird. Übliche Maßstäbe sind der Anteil der Wohnfläche des Mieters an der Gesamtwohnfläche, der Verbrauch des Mieters oder die Verteilung nach der Personenzahl. Wenn im Mietvertrag nichts anderes geregelt ist, erfolgt die Umlage nach dem Wohnflächenanteil (§ 556 a Absatz 1 BGB).

Eine Ausnahme bilden die Kosten einer zentralen Heizung und Warmwasserversorgung. Der Vermieter ist nach den Vorschriften der HeizkV verpflichtet, diese Kosten unter Berücksichtigung des Verbrauchs und damit anteilig nach dem Verbrauch und nach dem Wohnflächenanteil abzurechnen. Die Pflicht zur verbrauchsabhängigen Abrechnung ist im Einzelnen differenziert ausgestaltet. Vermieter, die ein Haus mit zwei Wohnungen besitzen und eine davon selbst bewohnen, können mit ihrem Mieter vereinbaren, dass die Vorschriften der HeizkV nicht gelten sollen (§ 2 HeizkV). Eine Ausnahme bilden auch solche Betriebskosten, für die Geräte zur Erfassung des Verbrauchs oder der Verursachung vorhanden sind wie zum Beispiel Wasser- oder Müllmengenzähler. Auch diese Kosten müssen dann unter Berücksichtigung des Verbrauchs oder der Verursachung abgerechnet werden (§ 556 a Absatz 1 BGB).

Ein vereinbarter Verteilerschlüssel kann vom Vermieter nicht einseitig verändert werden, es sei denn, es handelt sich um Betriebskosten, die nach Verbrauch oder Verursachung erfasst werden sollen. Eine entsprechende Umstellung kann der Vermieter allein anordnen, um für eine größere Verteilgerechtigkeit zu sorgen (§ 556 a Absatz 2 BGB).

Für die Zahlung der Betriebskosten kann eine **Betriebskostenpauschale** vereinbart werden (§ 556 Absatz 2 BGB).

Dann zahlt der Mieter dem Vermieter zusätzlich zur Miete einen angemessenen Festbetrag, über den keine Abrechnung erfolgt. Reichen die Zahlungen des Mieters wider Erwarten nicht, um die tatsächlich anfallenden Kosten zu decken, kann der Vermieter keine Nachzahlung verlangen. Umgekehrt hat der Mieter keinen Anspruch darauf, einen Überschuss zurück zu erhalten. Gegebenenfalls kann eine Anpassung der Pauschale für die Zukunft erfolgen (siehe Seite 60).

Häufiger wird eine **Betriebskostenvorauszahlung** verabredet. Hier zahlt der Mieter einen Betrag, über den der Vermieter nach den tatsächlich angefallenen Kosten jährlich abrechnen muss (§ 556 Absatz 3 Satz 1 BGB). Die Abrechnungsperiode ist oft das Kalenderjahr (1. Januar bis 31. Dezember), es kann aber auch ein anderer Jahreszeitraum für die Abrechnung gelten. Bei verbrauchsabhängigen Kosten wie Wasser, Heizung und Strom kann der Abrechnungsturnus der Versorgungsunternehmen von der Abrechnungsperiode des Mietvertrags abweichen, zum Beispiel, wenn der Heizungs- und Wasserverbrauch vom 1. Oktober bis 30. September ermittelt wird, während die Abrechnungsperiode des Mietvertrags das Kalenderjahr ist. Wenn nichts anderes vereinbart ist, darf der Vermieter, der den Abrechnungsturnus der Versorgungsunternehmen nicht beeinflussen kann, eine Gesamtabrechnung erstellen (BGH, Entscheidung vom 30.4. 2008, Az. VIII ZR 240/07, WuM 2008, Seite 404). Er darf zum Beipiel mit den Betriebskosten vom 1. Januar 2010 bis zum 31.12. 2010 zugleich die Heiz- und Wasserkosten vom 1. Oktober 2009 bis zum 30. September 2010 abrechnen. Die Abrechnung wird als Einheit betrachtet. Für die Abrechnungsfrist gilt die Abrechnungsperiode des Mietvertrags vom 1. Januar bis zum 31. Dezember 2010, sodass die Abrechnung bis zum 31. Dezember 2011 erfolgt sein muss (siehe Seite 58). Zu Teilabrechnungen ist der Vermieter nicht verpflichtet (§ 556 Absatz 3 Satz 4 BGB).

Bei einem Vermieterwechsel während der Abrechnungsperiode muss der neue Vermieter über die gesamte Abrechnungsperiode abrechnen (BGH, Entscheidung vom 3.12. 2003, Az. VIII ZR 168/03, WuM 2004, Seite 94). Ergibt sich bei der Abrechnung ein Fehlbetrag, muss der Mieter nachzahlen, ein Guthaben wird ihm erstattet. Außerdem ist eine Anpassung der Vorauszahlungen für die Zukunft möglich (siehe Seite 60).

Die **Form einer Betriebskostenabrechnung** ist nicht detailliert geregelt. Aus § 259 Absatz 1 BGB folgt, dass sie klar und verständlich sein und erkennen lassen muss, über welchen Zeitraum sie erstellt wird, welche Betriebskosten insgesamt entstanden sind, nach welchem Verteilerschlüssel der Vermieter die Kosten auf den Mieter umlegt und welche Kosten auf den Mieter entfallen, ferner, welche Vorauszahlungen der Mieter geleistet hat und ob sich ein Guthaben oder eine Nachforderung ergibt (BGH, Entscheidung vom

27.11. 2002, Az. VIII ZR 108/02, NJW-RR 2003, Seite 442).

Sind diese Anforderungen nicht erfüllt, kann der Mieter die Abrechnung nicht prüfen. Sie ist formell unwirksam, gilt als nicht gestellt und muss wiederholt werden; sind nur einzelne Positionen betroffen, kann eine nur teilweise Unwirksamkeit vorliegen (BGH, Entscheidung vom 14.02. 2007, Az. VIII ZR 1/06, WuM 2007, Seite 196). Auch ein unverständlicher Verteilerschlüssel kann zur formellen Unwirksamkeit der Abrechnung führen (BGH, Entscheidung vom 9.4.2008, Az. VIII ZR 84/07, NZM 2008, Seite 477). Zahlendreher, Rechenfehler oder andere inhaltliche Fehler führen allerdings nicht zur Unwirksamkeit der Abrechnung. Sie ist dann aber inhaltlich zu beanstanden.

Die **Abrechnungsfrist** endet mit Ablauf des zwölften Monats nach Ende der Abrechnungsperiode (§ 556 Absatz 3 Satz 2 BGB). Sie kann mehr als 12 Monate betragen, nämlich, wenn die Abrechnungsperiode während des Monats endet. Endet die Abrechnungsperiode am 15. September, läuft die Frist erst am 30. September des Folgejahrs ab. Spätestens bis zum Ende der Abrechnungsfrist muss der Vermieter dem Mieter eine formell wirksame Abrechnung erteilt haben, das heißt, die Abrechnung muss dem Mieter innerhalb der Frist zugegangen sein (siehe Seite 108). Sonst verliert er die Möglichkeit, Nachzahlungen zu verlangen, weil die Vorauszahlungen des Mieters nicht ausgereicht haben. Die Verspätung ist nur folgenlos, wenn der Vermieter sie nicht zu vertreten hat (§ 556 Absatz 3 Satz 3 BGB, § 276 BGB). Nutzt der Vermieter den Postweg, hat er eine verzögerte Zustellung oder den Verlust der Abrechnung bei der Post aber zu vertreten (BGH, Entscheidung vom 21.1. 2009, Az. VIII ZR 107/08, NJW 2009, Seite 2197). Eine Verspätung verhindert Nachforderungen des Vermieters, schließt aber Forderungen des Mieters auf Rückzahlung eines Abrechnungsguthabens nicht aus.

Um zu klären, ob ihm ein Guthaben zusteht, kann der Mieter bei einer Verspätung die Abrechnung verlangen und gegebenenfalls auch einklagen. Um seinem Abrechnungsanspruch Nachdruck zu verleihen, darf er wegen der zukünftigen Vorauszahlungen ein Zurückbehaltungsrecht geltend machen und sie einbehalten, bis der Vermieter eine Abrechnung vorlegt (BGH, Entscheidung vom 29.3. 2006, Az. VIII ZR 191/05, WuM 2006, Seite 383).

Ist der Mietvertrag beendet, hat der Mieter diese Möglichkeit nicht mehr zur Verfügung. Deshalb geben die Gerichte ihm dann ein anderes Druckmittel. Er kann seine in der Abrechnungsperiode geleisteten Vorauszahlungen zurück verlangen, gegebenenfalls auch einklagen, wenn der Vermieter nicht rechtzeitig abgerechnet hat.

Der Vermieter kann die Rückforderung dann abwenden, indem er die Abrechnung erstellt (BGH Entscheidung vom 9.3. 2005, Az. VIII ZR 57/04, NZM 2005, Seite 373).

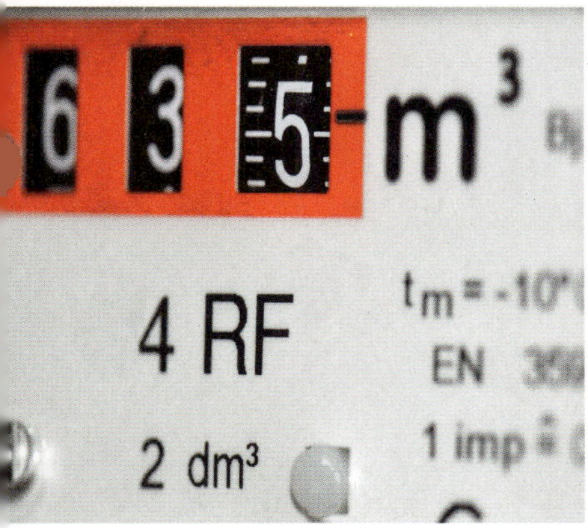

Legt der Vermieter eine formell wirksame Abrechnung vor, läuft eine **Einwendungsfrist** des Mieters für etwaige Beanstandungen. Die Frist endet nach dem Ablauf des zwölften Monats nach Erhalt der Abrechnung (§ 556 Absatz 3 Satz 5 BGB). Auch sie beträgt also mehr als 12 Monate, wenn die Abrechnungsperiode während des Monats endet (siehe Seite 58 zur Abrechnungsfrist). Nach Fristende kann der Mieter keine Beanstandungen mehr erheben, es sei denn, er hat die Verspätung nicht zu vertreten (§ 556 Absatz 3 Satz 6 BGB, § 276 BGB). Bei einer Nachforderung des Vermieters ist zu beachten, dass die Frist keinen Zahlungsaufschub für den Mieter bedeutet. Der Mieter muss die Abrechnung umgehend prüfen und, soweit sich keine Beanstandungen ergeben, auch bezahlen. Ergeben sich später Gründe zur Beanstandung, muss der Mieter Geld zurück verlangen.

Der Mieter kann verschiedene **Arten von Beanstandungen** erheben. Er kann rügen, abgerechnete Kosten dürften ihm nicht in Rechnung gestellt werden, weil sie nach dem Vertrag nicht umlagefähig seien. Er kann reklamieren, die Kosten seien nicht richtig berechnet, zum Beispiel, weil der Verteilerschlüssel falsch sei. Oder er beanstandet einen Verstoß gegen das Wirtschaftlichkeitsgebot. Es verpflichtet den Vermieter, die Betriebskostenzahlungen des Mieters wirtschaftlich sinnvoll zu verwenden (§ 556 Absatz 3 Satz 1 BGB). Der Vermieter darf nur angemessene und erforderliche Kosten umlegen, wobei er einen Ermessensspielraum hat. Anderenfalls muss der Mieter nur die Kosten tragen, die bei wirtschaftlicher Verwendung entstanden wären (BGH, Entscheidung vom 28.11. 2007, Az. VIII ZR 243/06, NJW 2008, Seite 440). Die Wirtschaftlichkeit kann zum Beispiel fraglich sein, wenn der Vermieter für Dienstleistungen wie die Wartung elektrischer Geräte ein sehr teures Unternehmen beauftragt (AG Köln, Entscheidung vom 2.9. 1998, Az. 213 C 582/96, WuM 1999, Seite 466), die Kosten der Erfassung und Ablesung der Heizung im Verhältnis zu den eigentlichen Heizkosten unangemessen hoch sind (AG Bersenbrück, Entscheidung vom 4.3. 1999, Az. 1634–9–11 C 680/98, WuM 1999, Seite 467) oder nicht benötigte Leistungen abgerechnet werden, etwa, weil mehr Mülltonnen vorgehalten werden als für das Haus gebraucht werden (AG Münster, Entscheidung vom 27.9. 2000, Az. 7 C 1050/00, WuM 2001, Seite 46; AG Dannenberg, Entscheidung vom 3.6. 1997, Az. 1 C 825/96, WuM 2000, Seite 379). Auch ein erheblicher Anstieg der Betriebskosten gegenüber dem Vorjahr kann die Wirtschaftlichkeit in Frage stellen (KG Berlin, Entscheidung vom 12.1. 2006, Az. 12

U 216/04, NZM 2006, Seite 294: Ein Anstieg um zehn Prozent ist erheblich.).

Ob es Beanstandungen gibt, kann der Mieter oft nur durch **Einsicht in die Originalbelege** klären. Der Vermieter ist nicht verpflichtet, die Originalbelege mit der Abrechnung zu übersenden, er muss aber dem Mieter auf Verlangen die Einsicht an seinem Wohn- oder Geschäftsitz ermöglichen. Der Mieter hat keinen Anspruch auf die Zusendung von Kopien (anders bei preisgebundenem Wohnraum nach § 29 NMV; siehe Seite 46), es sei denn, es ist ihm wegen einer großen Entfernung oder wegen seines Alters oder einer Krankheit nicht zuzumuten, den Vermieter aufzusuchen (LG Hamburg, Entscheidung vom 8.2. 2000, Az. 316 S 168/99, WuM 2000, Seite 197; LG Frankfurt am Main, Entscheidung vom 7.9. 1999, Az. 2/11 S 135/99, WuM 1999, Seite 576). Etwaige Kopierkosten des Vermieters muss der Mieter erstatten, wobei die Gerichte überwiegend 0,25 Euro pro Kopie für angemessen halten (AG Köln, Entscheidung vom 24.11. 2004, Az. 209 C 329/04, WuM 2005, Seite 49; AG Aachen, Entscheidung vom 29.1. 2003, Az. 80 C 424/02, WuM 2003, Seite 220). Verlangt der Mieter Einsicht in die Belege, muss er eine verlangte Nachzahlung nicht leisten, bevor er Einsicht erhalten hat.

Übrigens: Die **Änderung einer Pauschale** setzt voraus, dass im Mietvertrag die Möglichkeit zur Änderung vorgesehen ist. Dann kann der Vermieter durch eine Erklärung in Textform (siehe Seite 48) die Pauschale bei gestiegenen Betriebskosten angemessen erhöhen, wobei er den Grund der Erhöhung angeben muss. Umgekehrt ist er bei sinkenden Kosten zu einer Herabsetzung verpflichtet (§ 560 Absätze 1 bis 3 BGB).

Die **Änderung einer Vorauszahlung** ist nach einer (wirksamen) Abrechnung des Vermieters möglich. Sowohl der Vermieter als auch der Mieter können durch eine Erklärung in Textform (siehe Seite 48) eine angemessene Anpassung verlangen, ob Erhöhung oder Reduzierung richtet sich nach dem Ergebnis der Abrechnung (§ 560 Absatz 4 BGB). Dabei kann der Vermieter auch dann eine angemessene Erhöhung der Vorauszahlungen verlangen, wenn er eine Nachforderung aus der Abrechnung wegen einer Verspätung nicht mehr beanspruchen könnte. Es genügt, dass höhere Kosten als Vorauszahlungen ermittelt wurden (BGH, Entscheidung vom 16.06. 2010, Az. VIII ZR 258/09, WuM 2010, Seite 490). Für eine Erhöhung spielt es auch keine Rolle, wenn der Mieter bestreitet, dass der Vermieter seine Nachforderung richtig berechnet hat. Der Vermieter kann bereits dann erhöhen, wenn seine wirksame Abrechnung eine Nachforderung ausweist (BGH, Entscheidung vom 28.11. 2007, Az. VIII ZR 145/08, NJW 2008, Seite 508).

Fazit

Im Beispielfall kann der Vermieter keine Nachzahlung verlangen, weil die **Abrechnung verspätet** erfolgte. Bei einer kalenderjährlichen Abrechnung hätte sie dem Mieter für das Jahr 2009 bis spätestens zum 31. Dezember 2010 vorliegen müssen, jedoch ging sie erst am 15. Januar 2010 ein. Der Vermieter hat die Verspätung auch zu vertreten. Die behauptete Arbeitsüberlastung liegt in seinem Verantwortungsbereich und entlastet ihn nicht. Eine Klage des Vermieters auf eine Nachzahlung hat deshalb keinen Erfolg.

Die **Erhöhung der Vorauszahlungen** kann der Vermieter verlangen. Die vorgelegte Abrechnung ist formell wirksam und rechtfertigt eine Erhöhung um 5 Euro pro Monat. Denn die Abrechnung beinhaltet nachvollziehbar für die einzelnen Betriebskosten eine Aufstellung der Gesamtkosten, lässt erkennen, nach welchem Verteilerschlüssel die Kosten auf den Mieter umgelegt werden und welche Kosten dem Mieter entstehen und kommt unter Berücksichtigung der Zahlungen des Mieters zu einem Fehlbetrag von 58 Euro für das Betriebskostenjahr. Dass der Vermieter diese Nachforderung wegen einer verspäteten Abrechnung nicht mehr erheben kann, ist ebenso unerheblich wie die Einwände des Mieters gegen die inhaltliche Richtigkeit. Die verlangte Erhöhung von 5 Euro monatlich, das heißt 60 Euro jährlich, ist bei einem ermittelten Nachzahlungsbetrag von 58 Euro auch angemessen. Zahlt der Mieter den Erhöhungsbetrag nicht, kann der Vermieter die Zahlung mit Erfolg einklagen.

Ob der Mieter ein **Guthaben zur Aufrechnung** hat, hängt davon ab, ob und in welchem Umfang die **inhaltlichen Einwände des Mieters** durchgreifen. Die Grundsteuer durfte nicht abgerechnet werden, da sie nach dem Vertrag nicht als umlagefähig vereinbart ist und allein ihre Bezahlung in den vergangenen drei Jahren keine nachträgliche Umlagevereinbarung begründet. Eine Niederschlagswassergebühr ist im Vertrag zwar nicht als umlagefähig genannt, kann aber auch ohne gesonderte Bezeichnung im Vertrag auf den Mieter umgelegt werden, wenn sie zu den als umlagefähig vereinbarten Kosten der Entwässerung zu zählen ist. Dann muss die Gebühr nach ihrem Zweck den Kosten der Entwässerung gleich zu stellen sein, was vom Gericht bewertet werden muss. Ob die Kosten einer zweiten Mülltonne als unwirtschaftlich angesehen werden müssen, sodass der Mieter sie nicht bezahlen muss, ist eine Frage der näheren Umstände. Durfte der Vermieter nach den Erfahrungen der Vorjahre davon ausgehen, sie könne benötigt werden, wird man deren Bereitstellung als wirtschaftlich angemessen betrachten müssen, sodass die Kosten zu Recht in die Abrechnung eingestellt sind. In dem Umfang, in dem ein Guthaben des Mieters besteht, kann er mit der Miete aufrechnen und diese nicht zahlen, sodass eine Zahlungsklage des Vermieters unbegründet ist. Soweit das behauptete Guthaben aber nicht besteht, geht die Aufrechnung ins Leere. Der Mieter gerät mit der Miete in Rückstand und die Zahlungsklage des Vermieters ist begründet.

Alternativen

Betriebskosten sind Kosten, die zunächst beim Vermieter anfallen und die er dann auf den Mieter umlegt. Entsteht ein Streit über die Betriebskostenabrechnung, geht es somit um Kosten, die dem Vermieter schon entstanden sind.

Beanstandet der Mieter die Abrechnung, ist die Erstattung dieser Kosten für den Vermieter in Frage gestellt, er droht auf ihnen sitzen zu bleiben. Dies gilt vor allem, wenn der Mieter zu Recht beanstandet, bestimmte Betriebskosten dürften ihm nach dem Mietvertrag nicht in Rechnung gestellt werden, weil ihre Umlage im Mietvertrag nicht wirksam vereinbart sei. Hier tut sich ein Dauerproblem auf, weil der Einwand bei jeder Abrechnung wiederkehren wird.

Die gesetzlichen Vorschriften über die Betriebskosten sollen einen Interessenausgleich bewirken. Auf der einen Seite steht das Interesse des Vermieters, bei ihm anfallende Betriebskosten an den Mieter weitergeben zu können. Auf der anderen Seite stehen die Interessen des Mieters zu wissen, welche Kosten auf ihn zukommen können und vor ungerechtfertigten Kosten geschützt zu sein. Tendenziell treffen den Vermieter mehr Verpflichtungen als den Mieter, weil der Vermieter es in der Hand hat zu bestimmen, welche Kosten er umlegen will und wie er die Betriebskostenzahlungen des Mieters verwendet. Und nicht selten fühlen Vermieter sich überfordert, dennoch: Sie stehen in der Pflicht und es ist legitim, dass der Mieter seine Rechte wahrnimmt.

Der Mieter kann allerdings durchaus überlegen, wie er sie ausübt. Zum Beispiel: Hat der Vermieter Betriebskosten mit dem Vertrag nicht vorschriftsmäßig umgelegt, muss der Mieter sie nicht zahlen. Dies gilt auch, wenn es sich um offensichtlich anfallende Kosten wie Grundsteuer, Müll- oder Abwassergebühren handelt. Ob der Mieter sich auch in einem solchen Fall darauf berufen will, an den Kosten dürfe er nicht beteiligt werden, steht auf einem anderen Blatt.

Rechnet der Vermieter verspätet ab, kann der Mieter eine Nachforderung abwehren. Aber der Mieter hat es in der Hand, vielleicht eine Ausnahme zu machen, wenn sein Vermieter zum ersten Mal zu spät abrechnet und vielleicht nur um zwei Wochen.

Betriebskosten muss der Mieter nicht bezahlen, wenn ihre Entstehung unwirtschaftlich war. Ob er dabei stehen bleibt oder mit dem Vermieter ins Gespräch geht und im Interesse beider Seiten dazu beiträgt, dass abgestimmte sinnvolle Maßnahmen zur Reduzierung von Be-

triebskosten ergriffen werden können, bleibt ihm überlassen.
Aber auch der Vermieter kann seinen Beitrag leisten, das Thema „Betriebskosten" nicht zum Zankapfel werden zu lassen. Es kann damit beginnen zu akzeptieren, dass er grundsätzlich dieselben Pflichten wie ein „Großvermieter" hat, auch wenn er nur in geringem Umfang vermietet. Es ist also durchaus berechtigt, dass der Mieter auch ihm gegenüber seine Rechte wahrnimmt. Er kann außerdem einen wesentlichen vertrauensbildenden Beitrag leisten, indem er nicht darauf pocht, er müsse dem Mieter mit der Abrechnung keine Belege über die abgerechneten Kosten schicken, es genüge, wenn der Mieter sie bei ihm einsehen könne. Dies ist zwar sein Recht. Aber die Belege sind elementar für die Prüfung der Abrechnung. Wenn der Vermieter sie gleich mit der Rechnung schickt, ist das ein Zeichen für ein Bemühen um Offenheit und Transparenz.

Auch ein moderater Umgang mit Nachzahlungen nach erfolgter Abrechnung kann den Umgang miteinander entschärfen. Dies gilt insbesondere bei höheren Nachforderungen, die den Mieter überraschen und vielleicht eine längere Prüfungszeit benötigen. Dem Mieter gegebenenfalls auch zu erlauben, die Nachzahlung in Raten leisten zu können, kann je nach Vertragsverhältnis und Situation durchaus angemessen sein.

DIE MODERNISIERUNG

Der Fall

Der Mieter ist 75 Jahre alt und bewohnt seine Mietwohnung schon viele Jahre. Wegen eines Rheumaleidens fällt ihm die Bewegung schwer, er verlässt die Wohnung nur noch selten. Einmal am Tag erhält er Besuch von einer Nachbarin, die ihm im Haushalt hilft und Einkäufe erledigt. Sein Vermieter stirbt und wird von seinem Sohn beerbt, der neuer Vermieter wird.

Am 15. Januar 2011 erhält der Mieter ein Schreiben des neuen Vermieters, der darin eine umfangreiche Modernisierung ankündigt. Er werde eine Wärmedämmung auf die Außenfassade aufbringen, die einfach verglasten Fenster gegen Isolierglas tauschen, die alte Heizung gegen eine sparsame neue ersetzen, Küche und Bad der Wohnung erneuern und ordentliche Holzfußböden und eine moderne Klingel- und Gegensprechanlage einbauen lassen. Die Maßnahmen sind in der Ankündigung im Einzelnen bezeichnet. Die Miete steige dadurch von 250 Euro auf voraussichtlich 350 Euro (ohne Betriebskosten). Die Arbeiten begönnen im April und würden spätestens im August abgeschlossen sein.

Der Mieter widerspricht den Modernisierungsplänen. Die vermeintlichen Verbesserungen benötige er nicht und könne er sich auch nicht leisten. Außerdem könne man ihm umfangreiche Bauarbeiten nicht mehr zumuten. Und was genau auf ihn zukommen solle, sei auch nicht klar.

Bleiben Vermieter und Mieter bei ihren Positionen, kann sich folgender Streit entwickeln:

Vermieter kündigt am 15. Januar 2011 den Beginn von Maßnahmen zur Energieeinsparung und Verbesserung der Wohnqualität an.
§: Nach § 554 Absatz 2 BGB muss ein Mieter die Durchführung von Modernisierungsmaßnahmen, darunter solche zur Energieeinsparung und Verbesserung der Wohnqualität grundsätzlich dulden.

Mieter weigert sich, die Maßnahmen zu dulden. Die Wohnung genüge seinen Ansprüchen. Von den vermeintlichen Verbesserungen habe er nichts. Energie zum Beispiel verbrauche er so wenig, dass gar nichts mehr gespart werden könne. Und die neue Miete könne er sich auch nicht leisten, das Wohnen koste ihn dann fast die Hälfte seiner Rente. Außerdem seien ihm umfangreiche Bauarbeiten nicht mehr zuzumuten.
§: Er beruft sich auf § 554 Absatz 2 Satz 2 BGB. Ein Mieter muss Modernisierungen nicht dulden, wenn sie für ihn eine ungerechtfertigte Härte bedeuten. Dies kann sich unter anderem aus Art und Umfang der durchzuführenden Arbeiten oder der Höhe der zu erwartenden Miete ergeben.

Vermieter entgegnet, die Wohnung habe keinen aktuellen Standard mehr und sei langfristig nur mit einer Modernisierung vermietbar. Er werde nicht warten. Er könne jetzt investieren und gerade zurzeit gebe es staatliche Fördergelder, die er nutzen wolle. Der Mieter werde nicht unzumutbar beeinträchtigt.
Und die neue Miete sei bei den geplanten Verbesserungen mehr als angemessen. Wenn der Mieter sie nicht zahlen könne, solle er sich um staatliches Wohngeld kümmern, sonst müsse er wohl oder übel ausziehen.

Mieter bleibt bei seinem Widerspruch und fügt hinzu, dass der Vermieter auf keinen Fall aber so schnell beginnen könne und die Ankündigung zu den Zeiten auch vage sei. Wie solle man da wissen, was genau auf einen zukomme?
§: Nach § 554 Absatz 3 BGB muss ein Vermieter eine Modernisierung mit einer Frist von drei Monaten vor Beginn der Arbeiten ankündigen und deren voraussichtliche Dauer mitteilen. Geschieht dies nicht, ist die Ankündigung unwirksam und ein Mieter nicht zur Duldung der Modernisierungsmaßnahme verpflichtet.

Vermieter hält seine Ankündigung für ausreichend. Genauer gehe es zurzeit nicht, man sei doch schließlich noch in der Vorbereitung.

ZUSPITZUNG:

Mieter verklagt den Vermieter, wenn er die Arbeiten aufnimmt, auf Unterlassung und gegebenenfalls Wiederherstellung des ursprünglichen Zustands.

§: Hat der Mieter Recht, ist die Modernisierung eine ungerechtfertigte Härte und muss er sie nicht dulden (§ 554 Absatz 2 BGB).

Bei einem eigenmächtigen Arbeitsbeginn des Vermieters oder seiner Handwerker kann der Mieter deren Unterlassung und gegebenenfalls die Wiederherstellung des ursprünglichen Zustands verlangen. Eine Duldungsklage des Vermieters ist unbegründet.

Vermieter verklagt den Mieter, wenn dieser die Maßnahmen verhindert, weil er zum Beispiel Handwerker nicht in die Wohnung lässt, auf Duldung der Modernisierung.

§: Hat der Vermieter Recht, kann er vom Mieter verlangen, dass der Mieter die Durchführung der Modernisierungsmaßnahme duldet (§ 554 Absatz 2 BGB).

Die Rechtslage

Instandsetzungen und Instandhaltungen dienen dazu, den vertragsgemäßen Zustand der Wohnung wieder herzustellen. Beispiele sind Mangelbeseitigungen oder Erneuerungen wie der Austausch alter Rohrleitungen, abgenutzter Bodenbeläge oder Sanitäreinrichtungen.

Modernisierungen gehen darüber hinaus und sind Maßnahmen, durch die die Wohnung verbessert, eine Einsparung von Energie oder Wasser bewirkt oder neuer Wohnraum geschaffen wird (§ 554 Absatz 2 BGB). Eine **Verbesserung der Wohnung** kann zum Beispiel eine Verbesserung des Schallschutzes, der Elektrik oder eine Modernisierung des Bades sein, aber auch den allgemeinen Wohnverhältnissen gelten wie etwa beim Einbau elektrischer Türöffner, einer Gegensprechanlage oder eines Aufzugs. Eine Maßnahme zur **Einsparung von Energie und Wasser** kann beispielsweise der Austausch einfach verglaster Fenster gegen Isolierglasfenster sein, die Wärmedämmung einer Fassade oder der Einbau dosierbarer Wasser- und Spülkästen. Auch der Einbau von Wasseruhren gehört dazu. Maßnahmen zur Energieeinsparung müssen aber weder den Wohnwert der Wohnung erhöhen noch dem einzelnen Mieter eine messbare Ersparnis bringen. Die Energieeinsparung wird primär als ökologisches Ziel im Allgemeininteresse verstanden, sodass eine Modernisierung bereits angenommen wird, wenn überhaupt eine dauerhafte Einsparung an Energie bewirkt wird (BGH, Entscheidung vom 3.3. 2004, Az. VIII ZR 149/03, WuM 2004, Seite 285). Dabei kann die Einsparung von Primärenergie genügen, zum Beispiel bei der Umstellung der Heizung auf eine andere Energieform (LG Hamburg, Entscheidung vom 29.9. 2005, Az. 334 S 48/04, NZM 2006, Seite 536).

Eine Modernisierung zur **Schaffung von Wohnraum** kann zum Beispiel ein Dachgeschossausbau oder ein Anbau sein. Auch Verbesserungen des Raumzuschnitts können dazu gehören, etwa, wenn das bisher nur durch die Küche erreichbare Bad zu einem Raum mit eigenem Zugang umgebaut wird (LG Mannheim, Entscheidung vom 19.3.1986, Az. 4 S 150/85, abgedruckt in WuM 1987, Seite 385) oder wenn ein Balkon angebaut wird (LG Wiesbaden, Entscheidung vom 23.10. 2002, Az. 2 S 50/02, WuM 2003, Seite 564).

Will der Vermieter modernisieren, besteht eine **Duldungspflicht des Mieters, es sei denn**, die Maßnahme ist unzumutbar, weil sie für ihn eine **ungerechtfertigte Härte** bedeutet. Dann kann er sich weigern und sie gegebenenfalls untersagen lassen. An dieser Stelle sind die Interessen des Mieters, seiner Familienangehörigen oder anderer dauerhaft in seinem Haushalt lebender Personen abzuwägen gegen das Modernisierungsinteresse des Vermieters und anderer Mieter. Als zu berücksichtigende Gesichtspunkte nennt das Gesetz insbesondere die vorzunehmenden Arbeiten, die baulichen Folgen, vorausgegangene Aufwendungen des Mieters und die zu erwartende Mieterhöhung (§ 554 Absatz 2 BGB).

Die **Art und Intensität der vorzunehmenden Arbeiten** können unzumutbar sein, wenn sie lange dauern oder in erheblichem Umfang Schmutz oder Lärm verursachen würden und die Wohnung deshalb nicht oder nur eingeschränkt nutzbar wäre. Hier können das Alter und die gesundheitliche Verfassung des Mieters Bedeutung erlangen, auch eine etwaige Suizidgefahr (BVerfG, Entscheidung vom 14.1. 1992, Az. 1 BvR 1273/91, WuM 1992, Seite 104; LG Mannheim, Entscheidung vom 3.7. 1985, Az. 4 S 68/84, WuM 1987, Seite 272). Die **baulichen Folgen** einer Maßnahme können zu deren Unzumutbarkeit führen, wenn die Wohnung stark verändert, zum Beispiel erheblich vergrößert werden soll (LG Köln, Entscheidung vom 26.8. 1992, Az. 10 S 139/92, WuM 1993, Seite 40: in der Regel mehr als zehn Prozent) oder der Zuschnitt geändert wird und dadurch Räume wie etwa eine Speise- oder Abstellkammer entfallen (LG Berlin, Entscheidung vom 7.10. 2003, Az. 65 S 147/03, MM 2004, Seite 44). Eine Maßnahme kann außerdem unzumutbar sein, weil sie **vorausgegangene Aufwendungen des Mieters** nutzlos werden ließe. Hat der Mieter die Initiative ergriffen und auf eigene Kosten modernisiert, zum Beispiel Fliesen in Küche oder Bad erneuert oder neuen Teppichboden angeschafft, hindert dies den Vermieter grundsätzlich nicht, danach eigene Modernisierungen zu planen und umzusetzen. Wenn der Mieter aber mit Zustimmung des Vermieters investiert hat, soll er für seine Investitionen Schutz genießen und sie abwohnen dürfen, bevor der Vermieter sie durch seine Maßnahmen überholt, damit seine Ausgaben nicht nutzlos investiert sind (AG Charlottenburg, Entscheidung vom 7.9. 2004, Az. 214 C 201/04, GE 2005, Seite 58).

Auch die **zu erwartende Mieterhöhung** kann dazu führen, dass eine Maßnahme als unzumutbar einzustufen ist. Anders als bei Instandsetzungen und Instandhaltungen, die mit der Miete abgegolten sind, kann der Vermieter nach der Durchführung einer Modernisierung für seine Investitionen eine Mieterhöhung verlangen (§ 559 BGB; siehe Seite 69). Eine Modernisierung ist deshalb auch für den Mieter immer eine Kostenfrage. Um einerseits notwendige Modernisierungen des Wohnungsbestands nicht zu verhindern, andererseits aber den Mieter vor nicht bezahlbaren Luxussanierungen zu schützen, geht das Gesetz folgenden Weg: Eine Maßnahme ist unabhängig vom Umfang der zu erwartenden Mieterhöhung zumutbar und zu dulden, solange die Wohnung in einen Zustand versetzt werden soll, der allgemein üblich ist (§ 554 Absatz 2 Satz 4 BGB). Hierunter wird ein Wohnstandard verstanden wie ihn mindestens zwei Drittel aller Wohnungen in gleichaltrigen Gebäuden in der Region haben, in der der Ort der Wohnung liegt (BGH, Entscheidung vom 19.2. 1992, Az. VIII ARZ 5/91, WuM 1992, Seite 181). Erst wenn der geplante Standard darüber hinaus geht, kommt es auf den Umfang der Mieterhöhung an. Maßgeblich ist das Verhältnis der zu erwartenden Miete (einschließlich Betriebskosten) zu dem Nettoeinkommen aller Angehörigen des Mieterhaushalts. Auch eine Wohngeldberechtigung zählt zum Einkommen, sodass ein Anspruch auf Wohngeld berücksichtigt wird, auch wenn es (noch) nicht beantragt wurde (KG Berlin, Entscheidung vom 28.5. 1981, Az. 8 W RE-Miet 4712/81, WuM 1982, Seite 293). Die Gerichte sehen die Belastungsgrenze im Regelfall bei 20 bis 30 Prozent des Nettoeinkommens. Erhöhungen, die zu stärkeren Belastungen führen, sind in der Regel unzumutbar (LG Berlin, Entscheidung vom 19.1. 2010, Az. 65 S 285/09, WuM 2010, Seite 88; LG Hamburg, Entscheidung vom 29.6.1984, Az. 11 S 18/84, WuM 1986, Seite 245).

Soll eine Modernisierung durchgeführt werden, ist eine **Ankündigung des Vermieters** erforderlich (§ 554 Absatz 3 BGB). Dadurch soll der Mieter Zeit und Gelegenheit erhalten, seine Rechte prüfen zu können und sich gegebenenfalls auf die Durchführung der Arbeiten einzustellen. Die Ankündigung hat erhebliche Bedeutung. Erfolgt sie verspätet oder hat sie nicht die richtige Form (siehe Seite 68), ist sie unwirksam und kann der Mieter allein deswegen die Modernisierung verweigern. Fehler sind nicht heilbar. Der Vermieter muss die Modernisierung erneut ankündigen und verliert Zeit.

An die wirksame Ankündigung knüpft das Gesetz auch ein **Sonderkündigungsrecht des Mieters**. Er kann das Mietverhältnis bis zum Ende des nächsten Monats nach Erhalt der Ankündigung und zum Ende des darauf folgenden Monats außerordentlich kündigen, wenn er die Modernisierung nicht hinnehmen will (§ 554 Absatz 3 Satz 2 BGB). Zum Beispiel: Bei Erhalt der Ankündigung am 20. März kann der Mieter bis zum 30. April kündigen, das Mietverhältnis endet am 31. Mai. Die Ankündigung ist nur entbehrlich und das Sonderkündigungsrecht entfällt, wenn die Maßnahme die Räume des Mieters nur unerheblich betrifft und auch die zu erwartende Mieterhöhung nur unerheblich ist (LG Berlin, Entscheidung vom 27.6. 1991, Az. 61 S 355/90, WuM 1991, Seite 482: bis fünf Prozent der Monatsmiete).

Die **Ankündigungsfrist** beträgt mindestens drei Monate. Die Ankündigung muss dem Mieter also spätestens drei Monate vor dem Beginn der Arbeiten zugehen (siehe Seite 108). Für die Ankündigung ist die **Textform** vorgeschrieben (siehe Seite 48). Zudem muss sie **Angaben** über die Art der geplanten Arbeiten, deren voraussichtlichen Umfang und Beginn, die voraussichtliche Dauer und die zu erwartende Mieterhöhung enthalten (§ 554 Absatz 3 Satz 1 BGB). Die Angaben müssen, damit sie den Mieter genügend informieren, so konkret sein, dass der Mieter sich ausreichend genaue Vorstellungen von der Wohnsituation während und nach der Durchführung der Maßnahmen machen kann (LG Hamburg, Entscheidung vom 7.10. 2004, Az. 333 S 59/03, WuM 2005, Seite 60). Die konkreten Anforderungen werden unterschiedlich beurteilt. Die Arbeiten sollten nach Möglichkeit detailliert beschrieben und nicht nur grob als „Fliesenerneuerung", „Fensteraustausch" oder ähnlich umschrieben sein. Die Angabe des Arbeitsbeginns kann als Angabe einer konkreten Kalenderwoche genügen, nicht ausreichend sind Angaben wie „im Frühjahr" oder „spätestens im März" oder die Angabe nur eines bestimmten Monats, vor allem, wenn er der dritte Monat nach der Ankündigung ist und deshalb auch unklar bleibt, ob die Ankündigungsfrist gewahrt ist (LG Hamburg, Entscheidung vom 7.10. 2004, Az. 333 S 59/03, WuM 2005, Seite 60).

Auch die voraussichtliche Dauer muss hinreichend klar bestimmt werden. Als ungenügend beurteilt haben Gerichte zum Beispiel die Angaben „vom 15. April bis 30. September" (LG Köln, Entscheidung vom 27.8. 1996, Az. 12 S 144/96, WuM 1997, Seite 212) oder „insgesamt sechs bis acht Wochen"(AG Neukölln, Entscheidung vom 13.12. 1994, Az. 11 C 237/94, MM 1995, Seite 147).

Zur voraussichtlichen Mieterhöhung muss jedenfalls der zu erwartende Erhöhungsbetrag beziffert werden, auch sollte die voraussichtliche neue Miete angegeben werden. Es ist aber nicht erforderlich zu erläutern, wie sich die Erhöhung berechnet (KG Berlin, Entscheidung vom 10.5. 2007, Az. 8 U 166/06, GE 2007, Seite 907). Wenn sich durch die Maßnahmen auch die Betriebskosten erhöhen oder neue Betriebskosten eingeführt werden sollen, muss dies in der Ankündigung stehen, eine bestimmte Erhöhungssumme

muss aber nicht genannt werden (AG Tempelhof-Kreuzberg, Entscheidung vom 14.3. 2001, Az. 2 C 350/00, MM 2002, Seite 187).

Wird eine **Modernisierung durchgeführt**, kann der Mieter, wenn er Nebenarbeiten wie zum Beispiel die Auslagerung von Möbeln, das spätere Aufräumen oder die Reinigung der Wohnung ausführen muss, **Ersatz der notwendigen Kosten** verlangen und für etwaige Eigenleistungen eine angemessene Vergütung beanspruchen. Auch ein Kostenvorschuss ist möglich (§ 554 Absatz 4 BGB). Während der Arbeiten kommt bei nur eingeschränkter Nutzbarkeit der Wohnung auch eine Mietminderung des Mieters in Betracht (LG Mannheim, Entscheidung vom 3.7. 1985, Az. 4 S 29/85, WuM 1986, Seite 139; siehe Seite 33).

Vor allem aber kommt nach Abschluss der Arbeiten in aller Regel eine **Mieterhöhung** auf den Mieter zu. Der Vermieter kann elf Prozent seiner Modernisierungsinvestitionen auf die Jahresmiete legen, wenn die Maßnahme den Gebrauchswert der Wohnung nachhaltig erhöht, die allgemeinen Wohnverhältnisse auf Dauer verbessert oder nachhaltig Einsparungen von Energie und Wasser bewirkt (§ 559 Absatz 1 BGB). Die Umlage bedeutet keine „Abschreibung" der Investitionskosten mit elf Prozent pro Jahr, sodass sie nach 9 Jahren erledigt wäre. Die Mieterhöhung wirkt dauerhaft. Die neue Monatsmiete ist ein Zwölftel der um den Modernisierungszuschlag erhöhten Jahresmiete.

Zur Berechnung der neuen Miete darf der Vermieter nur die Investitionskosten ansetzen, die tatsächlich die Modernisierung betreffen. Waren Instandsetzungen fällig, die nun durch die Modernisierung überflüssig wurden, zum Beispiel, wenn ein defektes einfach verglastes Fenster durch ein Isolierglasfenster ersetzt wird, müssen die ersparten Instandsetzungskosten abgezogen werden, bevor die Mieterhöhung ermittelt wird (OLG Hamburg,

Entscheidung vom 6.10. 1982, Az. 4 U 133/82, WuM 1983, Seite 13). Von den Modernisierungskosten sind auch eingesetzte Fremdgelder wie zum Beispiel staatliche Förderzuschüsse abzuziehen (§ 559 a Absatz 1 BGB). Sind zinsvergünstigte öffentliche Kredite eingesetzt worden, muss der Vermieter die pro Jahr ersparten Zinsen von dem ermittelten Jahreserhöhungsbetrag abzuziehen, bevor die neue Miete festgestellt wird (§ 559 a Absatz 2 BGB). Entsprechendes gilt für eingesetzte Darlehen des Mieters (§ 559 a Absatz 3 BGB).

Der Vermieter muss die **Mieterhöhung verlangen**, und zwar jedenfalls in **Textform** (siehe Seite 48). Dabei muss die Erhöhung auf der Grundlage der nachzuweisenden tatsächlichen Kosten berechnet und erläutert sein, sodass der Mieter den Grund der Erhöhung als plausibel nachvollziehen kann (§ 559 b Absatz 1 BGB). Maßnahmen zur Energieeinsparung müssen so erläutert sein, dass der Mieter überschlägig beurteilen kann, ob durch sie eine nachhaltige Energieeinsparung bewirkt wird (BGH, Entscheidung vom 12.3. 2003, Az. VIII ZR 175/02, WuM 2004, Seite 154). Die Erhöhung gilt ab Beginn des dritten Monats nach Zugang des Erhöhungsverlangens (siehe Seite 108). Zum Beispiel: Ist das Erhöhungsverlangen am 7. Februar zugegangen, muss der Mieter ab 1. Mai die neue Miete zahlen. Die Wartefrist verlängert sich um weitere sechs Monate, hier dann bis zum 1. November, wenn die Modernisierung ohne oder mit fehlerhafter Ankündigung durchgeführt wurde (BGH, Entscheidung vom 26.9. 2007, Az. XII ZR 90/05, NJW 2007, Seite 3565) oder die tatsächliche Erhöhung um mehr als zehn Prozent über der angekündigten liegt (§ 559 b Absatz 2 BGB).

Übrigens: Wenn die Modernisierung einen Zustand schafft, durch den eine höhere ortsübliche Miete für die Wohnung verlangt werden kann, kann der Vermieter auch die allgemeine Mieterhöhung bis zur ortsübliche Miete geltend machen (siehe Seiten 47 ff.). Liegt noch die Miete für die unmodernisierte Wohnung unter der ortsüblichen Miete, kann der Vermieter auch diese zunächst auf die ortsübliche Miete für den unmodernisierten Standard erhöhen und zusätzlich die Modernisierungserhöhung verlangen, solange es insgesamt nicht zu einer unzulässigen Mietpreisüberhöhung kommt (OLG Hamm, Entscheidung vom 30.10. 1982, Az. 4 REMiet 6/82, WuM 1983, Seite 17; OLG Karlsruhe, Entscheidung vom 14.8. 1983, Az. 3 REMiet 3/83, WuM 1983, Seite 314).

Fazit

Im Beispielfall scheitern die Maßnahmen bereits daran, dass die **Ankündigung unwirksam** ist. Der Beginn der Maßnahmen ist so genannt, dass unklar bleibt, ob die Dreimonatsfrist für die Ankündigung gewahrt wird. Begönnen die Arbeiten vor dem 15. April, wäre dies nicht der Fall. Auch ist die Dauer der Arbeiten „von April bis spätestens August“ nicht hinreichend konkret: Welche Maßnahmen wann erfolgen sollen, ist nicht erkennbar.

Der Mieter ist deshalb nicht verpflichtet, die Maßnahmen zu dulden. Eine Duldungsklage des Vermieters ist deshalb unbegründet. Bei einem eigenmächtigen Arbeitsbeginn kann der Mieter erfolgreich auf Unterlassung und gegebenenfalls Wiederherstellung des ursprünglichen Zustands klagen. Gegebenenfalls kann er eine einstweilige Verfügung erwirken, um eine schnelle vorläufige Entscheidung des Gerichts herbeizuführen (siehe Seite 165).

Kündigt der Vermieter die Maßnahmen (wirksam) für einen späteren Zeitpunkt erneut an, gilt: Die vom Vermieter beabsichtigten Maßnahmen sind Modernisierungsmaßnahmen im Sinne des Gesetzes. Die Maßnahmen zur Energieeinsparung sind es auch dann, wenn der Mieter keinen konkreten Spareffekt bei sich sieht. Denn sie sind anerkannte Mittel der Energieeinsparung und haben eine belegbare allgemeine Einsparwirkung.

Entscheidend ist deshalb, ob eine **ungerechtfertigte Härte** für den Mieter vorliegt, nur dann wäre er nicht zur Duldung verpflichtet. Die Feststellung erfordert im Streitfall eine Bewertung durch das Gericht. Es muss die konkrete Belastungssituation des Mieters wie auch die Dringlichkeit der Modernisierung für den Vermieter beurteilen, wobei letzteres die Finanzierbarkeit für den Vermieter einschließt. Was die Tragbarkeit der zu erwartenden Miete für den Mieter angeht, so ist zunächst zu klären, ob die Modernisierung in der Region des Orts der Mietwohnung den allgemein üblichen Wohnstandard herstellt. Falls ja, ist die neue Mietbelastung von vornherein kein Argument gegen die Modernisierung. Anderenfalls ist angesichts der Höhe der Rente des Mieters in Betracht zu ziehen, dass die Belastung mit fast der Hälfte der Rente zu hoch und die Modernisierung danach unzumutbar ist. Aber das Argument des Vermieters, der Mieter könne Wohngeld beziehen, muss näher geprüft werden. Denn auch eine Wohngeldberechtigung zählt zum Einkommen des Mieters, sodass ein Wohngeldanspruch berücksichtigt werden muss, auch wenn der Mieter (noch) keinen Antrag auf Wohngeld gestellt hat. Dadurch kann sich die Relation zwischen Einkommen und Mietbelastung zugunsten des Vermieters verschieben. Liegt eine ungerechtfertigte Härte für den Mieter vor, ist er nicht zur Duldung verpflichtet. Eine Duldungsklage des Vermieters ist unbegründet.

Alternativen

Bei einer Modernisierung kommen auf Mieterseite vor allem zwei Belastungen in Betracht, nämlich die Bauarbeiten mit entsprechenden Beeinträchtigungen einerseits und eine Mieterhöhung andererseits. Der Vermieter hat vor allem ein Problem, wenn die Arbeiten sich verzögern. Das führt neben organisatorischen Schwierigkeiten mit den beauftragten Firmen regelmäßig zu Mehrkosten und gegebenen falls Konflikten mit den Mietern wegen der unabsehbaren Dauer der Arbeiten. Eine einstweilige Verfügung, die kurzfristig die

Baumaßnahmen stoppt, ist ein ernsthaftes Problem für den Vermieter. Zur Vermeidung von langen, möglicherweise gerichtlichen Auseinandersetzungen sollte in Erwägung gezogen werden, sich rechtzeitig zusammen an einen Tisch zu setzen.

Es könnte dabei zunächst überlegt werden, ob es auf Vermieter- und Mieterseite gemeinsame Modernisierungswünsche gibt. Damit ließe sich Streit über die Frage, ob eine Maßnahme vernünftig oder notwendig ist, vermeiden. Ebenso lassen sich bei der Gelegenheit auch finanzielle Aspekte erörtern, also etwa die Kosten eiiner Modernisierungsmaßnahme und eine damit verbundene Mieterhöhung. Möglicherweise lassen sich auch terminliche Vorüberlegungen treffen.

In manchen Situationen wird man auch Eigenleistungen eines Mieters erwägen können, die eine Mieterhöhung geringer ausfallen lassen. So kann vielleicht ein versierter Mieter selbst die erstmalige Verfliesung des Badezimmers vornehmen oder im Anschluss an die Neuverlegung von modernen Elektroleitungen werden vom Mieter die notwendigen Renovierungsarbeiten selbst ausgeführt.

DIE KLEINREPARATUREN

Der Fall

Im Mietvertrag steht folgende, vom Vermieter bei Vertragsabschluss vorgegebene Regelung: „Reparaturen bis zu 100 Euro führt der Mieter auf eigene Kosten durch."

In den vergangenen drei Monaten ließ der Mieter erst für 80 Euro die defekte Klingel in der Wohnung instand setzen. Dann rief er den Klempner, weil in der Toilettenspülung unentwegt das Wasser lief und zahlte für die Reparatur 90 Euro.

Als jetzt noch der Duschschlauch undicht wird und Wasser verliert, reicht es ihm: Jetzt sei aber doch mal der Vermieter dran. Er ruft ihn an und bittet ihn, einen Handwerker zu schicken und die Kosten zu übernehmen. Der Vermieter weigert sich und verweist auf den Mietvertrag.

Beharren Vermieter und Mieter im Beispiel auf ihren Positionen, kann folgender Streit entstehen:

Mieter verlangt von dem Vermieter, den defekten Duschschlauch auf seine Kosten zu reparieren.

§: Er beruft sich auf § 535 Absatz 1 BGB. Ein Vermieter muss die Wohnung während der Mietzeit in einem vertragsgemäßen Zustand erhalten. Instandsetzungen muss er grundsätzlich auf eigene Kosten vornehmen.

Vermieter weigert sich, weil im Mietvertrag stehe, dass der Mieter kleine Reparaturen auf eigene Kosten übernehme. Und der Duschschlauch sei nun wirklich eine ausgesprochene Kleinreparatur.

§: Er beruft sich auf den Mietvertrag. Mit einem Mietvertrag können Kosten für Kleinreparaturen auf den Mieter umgelegt werden.

Mieter erwidert, er kenne seinen Vertrag. Aber es könne doch nicht angehen, dass er sich dauernd um Handwerker kümmern und Kleinreparatur um Kleinreparatur bezahlen müsse. Kleinvieh mache schließlich auch Mist. Wofür zahle er denn die Miete? Wenn er gewusst hätte, was da auf ihn zukomme, hätte er das nicht unterschrieben.

§: Eine Umlage durch eine Kleinreparaturklausel ist nur in engen Grenzen zulässig. Die Klausel muss eine angemessene Obergrenze der Kosten pro Reparatur und der Gesamtkosten pro Jahr haben. Sie muss auf Teile beschränkt sein, die dem häufigen Zugriff eines Mieters ausgesetzt sind und darf keine Pflicht eines Mieters zur Vornahme der Reparaturen enthalten. Sonst ist die Klausel unwirksam (§ 307 Absatz 1 BGB).

Vermieter bleibt bei seiner Weigerung. Vertrag sei Vertrag. Und Aufwand und Kosten hielten sich für den Mieter bisher doch wirklich in Grenzen.

Mieter antwortet, er habe sich erkundigt. Die Klausel sei nicht rechtens. Deshalb müsse er weder Handwerker rufen noch irgendetwas zahlen. Er könne auch die bisher gezahlten 170 Euro von ihm erstattet verlangen.

§: Ist eine Kleinreparaturklausel unwirksam, bleibt ein Vermieter verpflichtet, die Kosten zu tragen (§ 306 Absatz 2 BGB, § 535 Absatz 1 BGB). Gezahlte Reparaturkosten kann ein Mieter von seinem Vermieter erstattet verlangen (§ 280 BGB, § 812 BGB).

Mieter setzt Vermieter eine angemessene Frist zur Reparatur des Duschschlauchs und zur Erstattung der schon gezahlten Reparaturkosten.

Vermieter bleibt bei seiner Weigerung. Und Kosten werde er auf keinen Fall erstatten.

ZUSPITZUNG:

Mieter verklagt den Vermieter auf Instandsetzung des Duschschlauchs.
und
Mieter verklagt den Vermieter auf Erstattung der von ihm bereits gezahlten Reparaturkosten.
§: Hat der Mieter Recht, ist er weder zur Vornahme von Kleinreparaturen noch zur Übernahme deren Kosten verpflichtet. Er kann vom Vermieter die Instandsetzung des Duschschlauchs verlangen (§ 535 Absatz 1 BGB).
Bereits gezahlte Reparaturkosten kann er von dem Vermieter erstattet verlangen (§ 280 BGB, § 812 BGB).

Vermieter verteidigt sich gegen seine Inanspruchnahme.
§: Hat der Vermieter Recht, kann der Mieter weder die Instandsetzung des Duschschlauchs noch die Erstattung der bereits gezahlten Reparaturkosten verlangen. Eine Klage des Mieters ist unbegründet.

Die Rechtslage

Nach § 535 Absatz 1 BGB ist der Vermieter verpflichtet, die Wohnung während der Mietzeit in einem vertragsgemäßen Zustand zu erhalten. Grundsätzlich muss er Reparaturen und Instandhaltungen durchführen lassen und bezahlen. Sie sind mit der Miete abgegolten. Eine Ausnahme bilden **Kleinreparaturen**. Deren Kosten kann der Vermieter in begrenztem Umfang auf den Mieter umlegen, wenn dies vereinbart wird. Oft enthält der Mietvertrag dazu eine sogenannte Formularklausel.

Als **Formularklausel** wird eine Regelung eines Vertrags bezeichnet, die von den Vertragspartnern nicht individuell ausgehandelt ist, sondern die für eine Vielzahl von Verträgen aufgestellt ist und von einer Vertragsseite für den Vertragsabschluss vorgegeben wird. Meist verwendet sie der Vermieter, zum Beispiel, wenn er für seine Mietverträge ein Vertragsformular oder ein Vertragsmuster benutzt. Der Mieter kann ebenfalls Formularklauseln beim Vertragsabschluss einsetzen. Dies ist jedoch eher selten. Weil Formularklauseln einseitig in den Vertrag eingeführt werden, unterliegen sie einer besonderen gesetzlichen Kontrolle. Deren Grundgedanke ist, dass der Gegenüber durch die Verwendung einer Formularklausel nicht unangemessen benachteiligt werden darf. Der juristische Fachbegriff für solche Klauseln lautet „Allgemeine Geschäftsbedingungen" (§§ 305 ff. BGB). Umgangssprachlich werden sie als „das Kleingedruckte" bezeichnet.

Kleinreparaturklauseln des Vermieters sind nur in engen Grenzen zulässig. Wer-

den sie nicht beachtet, ist die Klausel unwirksam. Die Umlage auf den Mieter scheitert, der Vermieter bleibt verpflichtet, die Reparaturkosten zu tragen (§ 307 Absatz 1 BGB, § 306 Absatz 2 BGB). Hat der Mieter in Unkenntnis der Unwirksamkeit schon Kosten bezahlt, kann er sie vom Vermieter erstattet verlangen (§ 280 BGB, § 812 BGB).

Um zulässig zu sein, muss eine Kleinreparaturklausel zunächst einen angemessenen **Höchstbetrag pro Reparatur** regeln. 75 bis 100 Euro pro Reparatur halten die Gerichte für zulässig (AG Braunschweig, Entscheidung vom 29.3. 2005, Az. 116 C 196/05, ZMR 2005, Seite 717; AG Brandenburg, Entscheidung vom 6.3. 2008, Az. 31 C 306/07, ZMR 2008, Seite 976). Mit dem Höchstbetrag wird festgelegt, bis zu welchen Kosten eine Reparatur als Kleinreparatur gilt. Ist sie teurer, muss der Mieter nichts, auch nicht anteilig zahlen, weil dann keine Kleinreparatur mehr vorliegt (OLG Düsseldorf, Entscheidung vom 11.6. 2002, Az. 24 U 183/01, WuM 2002, Seite 545). Eine Klausel, mit der eine Kostenbeteiligung an allen Reparaturen begründet werden soll, ist unwirksam (BGH, Entscheidung vom 7.6. 1989, Az. VIII ZR 91/88, NJW 1989, Seite 2247).

Für den Fall wiederholter Kleinreparaturen müssen außerdem die maximalen Kosten innerhalb eines Zeitraums beschränkt werden, üblicherweise als **Höchstkosten pro Jahr**. Der Mieter soll die Gesamtbelastung abschätzen können. Die Gerichte halten jedenfalls einen Kostenaufwand bis zu sieben Prozent der Jahresnettomiete für zulässig (AG Hannover, Entscheidung vom 9.7. 2008, Az. 564 C 16208/07, WuM 2008, Seite 721). Gesamtkosten bis zu einer Monatsnettomiete oder auch bis zu zehn Prozent der Jahresnettomiete seien zu hoch (OLG Hamburg, Entscheidung vom 10.4. 1991, Az. 5 U 135/90, WuM 1991, Seite 385; anderer Ansicht OLG Stuttgart, Entscheidung vom 12.2. 1988, Az. 2 U 159/87, WuM 1988,

Seite 149: 8 bis 10 Prozent der Jahresnettomiete sind zulässig).

Die Klausel muss außerdem erkennen lassen, dass der Mieter nur solche Reparaturen bezahlen soll, die dem **häufigen Zugriff des Mieters** ausgesetzte Teile betreffen wie zum Beispiel Steckdosen, Schalter, Klingeln, Wasserhähne, Wasch- und Toilettenbecken, Griffe und Stellhebel bei Fenster oder Türen. Deshalb fallen Reparaturen an Heizungs- und Wasserrohren, Elektroleitungen und Glasscheiben unabhängig vom Reparaturpreis nicht unter die umlagefähigen Kleinreparaturen (BGH, Entscheidung vom 7.6. 1989, Az. VIII ZR 91/88, NJW 1989, Seite 2247; LG Hamburg, Entscheidung vom 29.6. 1990, Az. 324 O 75/90, WuM 1990, Seite 416; OLG Frankfurt am Main, Entscheidung vom 25.9. 1997, Az. 1 U 41/96, WuM 1997, Seite 610).

Schließlich darf die Klausel auch **keine Vornahmepflicht** des Mieters begründen. Der Vermieter darf zwar Kosten auf den Mieter umlegen, ihm aber nicht die Durchführung selbst aufbürden. Darum muss sich der Vermieter kümmern. Eine Klausel, nach der der Mieter Kleinreparaturen selbst vornehmen muss, ist zu weitgehend und deshalb insgesamt unwirksam (BGH, Entscheidung vom 6.5. 1992, Az. VIII ZR 129/91, WuM 1992, Seite 355).

Übrigens: Auch für Formularklauseln des Vermieters über die Wartung von **dezentralen Heizthermen oder Warmwassergeräten** gilt, dass sie grundsätzlich nur die Wartungskosten, nicht jedoch die Wartungspflicht auf den Mieter verlagern dürfen. Auch müssen sie eine Obergrenze für die möglichen Kosten des Mieters enthalten, sonst sind sie unwirksam und der Mieter muss nichts zahlen (BGH Entscheidung vom 15.5. 1991, Az. VIII ZR 38/90, WuM 1991, Seite 381). Bei zentraler Heizung und Warmwasserversorgung erfolgt die Abrechnung der Wartungskosten mit den Betriebskosten, vorausgesetzt, sie sind wirksam auf den Mieter umgelegt.

Fazit

Im Beispielfall ist die **Bewertung der Regelung** über die Kleinreparaturen der zentrale Punkt. Die Regelung ist eine Formularklausel des Vermieters, weil sie bei Vertragsabschluss einseitig vom Vermieter vorgegeben wurde. Die Klausel ist aus mehreren Gründen unwirksam. Zwar dürfte der Höchstbetrag für die Einzelreparatur mit 100 Euro noch akzeptabel sein. Aber es fehlt bereits eine Obergrenze der Gesamtkosten pro Jahr. Außerdem lässt die Klausel keine Beschränkung auf solche Teile erkennen, die dem häufigen Zugriff des Mieters unterliegen. In der Klausel ist allein der Begriff „Reparatur" benutzt. Danach könnte jede Art von Reparatur eine Kostenpflicht des Mieters auslösen. Des Weiteren ist die Klausel auch so formuliert, dass der Mieter annehmen kann, er solle nicht nur Kosten tragen, sondern auch für die Durchführung der Reparaturen verantwortlich sein. Denn es heißt, dass der Mieter Reparaturen „durchführe".

Die Folge der Unwirksamkeit ist, dass der Mieter von dem Vermieter sowohl die Instandsetzung des Duschschlauchs als auch die Kosten für die bereits bezahlten Reparaturen verlangen kann. Welche Reparaturen mit welchen Kosten tatsächlich erfolgt sind oder noch erfolgen sollen, spielt dafür keine Rolle. Da die Klausel unwirksam ist, fehlt eine rechtliche Grundlage für die Umlage auf den Mieter. Eine Klage gegen den Vermieter ist damit begründet.

Alternativen

Ist eine Kleinreparaturklausel des Vermieters unwirksam, stimmt die Kalkulation des Vermieters nicht mehr. Denn er muss die Kleinreparaturen nun selbst zahlen. Die beabsichtigte finanzielle Entlastung durch eine Kostenbeteiligung des Mieters ist ihm genommen. Dies ist die zwangsläufige Folge davon, dass der Vermieter eine unzulässige Vertragsklausel verwendet hat. Tatsächlich wird ein Vermieter aber oftmals weder geahnt haben, dass er eine unwirksame Klausel im Vertrag eingesetzt hat, noch beabsichtigt haben, den Mieter über Gebühr zur Kasse zu bitten. Für die rechtliche Bewertung spielt dies keine Rolle, weil es nicht darauf ankommt, ob der Vermieter die Verwendung seiner unwirksamen Vertragsklausel auch zu vertreten hat. Sie ist und bleibt unwirksam.

Für den einzelnen Mieter könnte es aber einen Unterschied machen, zum Beispiel, wenn er eine günstige Miete hat und es deshalb für ihn grundsätzlich in Ordnung ist, in zumutbarem Maß Kleinreparaturen zu tragen. Hierauf war er bisher auch eingestellt.

In einem solchen Fall können Vermieter und Mieter eine neue Regelung für die Kleinreparaturen vereinbaren, die sich zum Beispiel an den gesetzlichen Grenzen für eine Formularklausel orientiert, also unter anderem sowohl einen Höchstbetrag pro Reparatur als auch einen Maximalbetrag pro Jahr enthält.

Die Vertragspartner können auch auf eine Neuregelung verzichten, sich aber zum Beispiel darauf verständigen, dass im Einzelfall bei einer anstehenden Reparatur über eine Kostenbeteiligung gesprochen wird und im Gegenzug der Vermieter eine Investition in die Wohnung vornimmt, die sich der Mieter wünscht. Es müssen ja nicht gleich die sprichwörtlichen goldenen Wasserhähne sein.

DER TV-EMPFANG

Der Fall

Der Mieter ist ausländischer Staatsbürger und lebt dauerhaft in Deutschland. Er spricht nur wenig deutsch. Seine Wohnung liegt in der zweiten von drei Etagen eines Wohnhauses mit sechs Mietparteien. Mit dem Breitbandkabelanschluss in seinem Haus empfängt er zwei Sender seines Heimatlands, was er zu wenig findet. Deshalb hat er sich vor einem Jahr eine Satellitenantenne gekauft und, ohne den Vermieter um Erlaubnis zu fragen, in Höhe seines Balkons an der Außenfassade des Hauses festgeschraubt. Zwei andere ausländischer Mieter haben in gleicher Weise installierte Satellitenantennen.

Der Vermieter fordert den Mieter auf, die Antenne zu entfernen. Sie sei ungefragt installiert und er wolle das nicht. Der Mieter weigert sich, er bekomme sonst nicht genug Programme seines Heimatlands.

Beharren Vermieter und Mieter im Beispiel auf ihren Standpunkten, kann folgender Konflikt entstehen:

Vermieter verlangt von dem Mieter, er solle die Satellitenantenne entfernen, weil sie unerlaubt installiert und überflüssig sei. Die Wohnung habe doch einen Breitbandkabelanschluss. Da habe der Mieter doch nicht das Gebäude beschädigen und den Anblick des Hauses verschandeln müssen.

§: Vermieter beruft sich auf § 541 BGB. Danach kann ein Vermieter von seinem Mieter verlangen, dass er eine vertragswidrige Nutzung unterlässt. Es ist vertragswidrig, weil das Eigentum des Vermieters über Gebühr beeinträchtigt wird, wenn ein Mieter trotz ausreichender Versorgung mit Fernsehsendern ohne die Erlaubnis seines Vermieters am Gebäude eine Satellitenantenne anbringt und dadurch das Gebäude beschädigt und dessen Optik beeinträchtigt (§ 535 Absatz 1 BGB, Artikel 14 Absatz 1 GG).

Mieter entgegnet, die Satellitenantenne stehe ihm zu, weil er über den vorhandenen Breitbandkabelanschluss nur zwei Sender seines Heimatlands empfangen könne. Das sei zu wenig.

§: Er beruft sich auf Artikel 5 Absatz 1 Satz 1 GG. Danach hat jeder einen Anspruch darauf, sich aus frei zugänglichen Quellen zu informieren und die dafür notwendigen technischen Voraussetzungen nutzen zu dürfen. Für einen ausländischen Mieter folgt daraus ein Anspruch auf eine ausreichende Versorgung mit Heimatsendern. Als ausreichend gilt jedenfalls eine Empfangsmöglichkeit von fünf bis sechs Sendern.

Vermieter erwidert, das ändere nichts. Er habe sich erkundigt, der Mieter könne mit wenig Geld mindestens zehn Heimatsender über Kabel bekommen, er müsse dazu nur eine Zusatzlizenz des Kabelanbieters für sein Heimatland kaufen. Außerdem erhalte man Fernsehen heute doch auch über das Internet, da brauche man keine Satellitenantenne mehr.

Mieter meint, es sei unzumutbar, ihm auch noch weitere Kosten aufzuerlegen, schon gar nicht für das Internet, er habe ja nicht einmal einen Computer. Und außerdem: Was sei denn mit den anderen Mietern und deren Antennen? Der Vermieter könne ihm doch nicht verbieten, was er anderen erlaube.

§: Ein Mieter kann die Erlaubnis für eine Satellitenantenne beanspruchen, wenn der Vermieter anderen Mietern bei gleichartigen Sachverhalten eine Erlaubnis gegeben hat. Sonst wäre eine Ablehnung willkürlich (§ 242 BGB).

Vermieter entgegnet, die Kosten seien so oder so zumutbar. Mit den anderen Antennen habe der Mieter natürlich grundsätzlich Recht. Aber er habe die Mieter bereits gebeten, die Antennen ebenfalls zu entfernen, damit alle gleich behandelt werden.
Vermieter mahnt den Mieter ab, die Antenne zu entfernen und setzt ihm eine angemessene Frist.

ZUSPITZUNG:

Mieter verteidigt sich gegen seine Inanspruchnahme.
§: Hat der Mieter Recht, hat er einen Anspruch auf die Erlaubnis des Vermieters zur Installation und zum Betrieb der Satellitenantenne. Dann kann der Vermieter die Entfernung der Antenne nicht verlangen, auch wenn der Mieter sie ohne Erlaubnis angebracht hat (§ 242 BGB).

Vermieter verklagt den Mieter auf Entfernung der Satellitenantenne.
§: Hat der Vermieter Recht, kann er von dem Mieter nach erfolgloser Abmahnung die Unterlassung und Entfernung der Antenne verlangen (§ 541 BGB). Gegebenenfalls kann auch die ordentliche fristgebundene Kündigung des Mietvertrags (§ 573 Absatz 2 Nr. 1 BGB) oder die außerordentliche fristlose Kündigung aus wichtigem Grund (§ 543 Absatz 2 Nr. 2 BGB) in Betracht kommen.

Die Rechtslage

Wann der Mieter eine eigene Satellitenantenne (Parabolantenne) unterhalten darf, ist nicht gesetzlich geregelt, sondern ergibt sich aus Grundsätzen, die die Gerichte entwickelt haben. Danach benötigt der Mieter für die Installation oder Aufstellung einer Satellitenantenne die **Erlaubnis des Vermieters**. Ob der Vermieter sie erteilt, steht grundsätzlich in seinem Ermessen. Unter Umständen nehmen die Gerichte aber an, dass die Nutzung einer Satellitenantenne zum vertragsgemäßen Gebrauch zählt, den der Vermieter ermöglichen muss (§ 535 Absatz 1 BGB). Dann kann der Mieter die Erlaubnis des Vermieters verlangen.

Für einen **Anspruch des Mieters auf die Erlaubnis** spielt die durch das Grundgesetz geschützte **Informationsfreiheit** des Mieters eine Rolle (Artikel 5 Absatz 1 Satz 1 GG). Sie gibt jedem das Recht, sich frei aus allgemein zugänglichen Quellen wie zum Beispiel Zeitungen, Fernsehen oder Internet zu informieren, seien es politische Nachrichten oder Unterhaltung. Das Recht betrifft nicht nur die Medien als solche, sondern umfasst auch die zur Nutzung notwendigen technischen Empfangsanlagen wie zum Beispiel Antennen. Für dauerhaft in Deutschland lebende Ausländer ergibt sich aus der Informationsfreiheit ein Recht auf den Empfang von Heimatsendern, um die Verbindung zum Heimatland, dessen Kultur und Sprache aufrecht zu erhalten (BVerfG, Entscheidung vom 9.2. 1994, Az. 1 BvR 1687/92, WuM 1994, Seite 251).

Die Informationsfreiheit gilt nicht uneingeschränkt, sondern stößt bei Gegenrechten Dritter an ihre Grenzen. Hier ist es das ebenfalls durch das Grundgesetz geschützte **Eigentumsrecht des Vermieters** (Artikel 14 Absatz 1 GG). Aus ihm ergibt sich, dass weder die Optik noch die Substanz des Hauses durch eine Satellitenantenne des Mieters über Gebühr beeinträchtigt werden dürfen (BVerfG, Entscheidung vom 10.3. 1993, Az. 1 BvR 1192/92, NJW 1993, Seite 1252).

Hiernach hat der Mieter Anspruch auf eine Erlaubnis, wenn **keine Eigentumsbeeinträchtigung** bewirkt wird, zum Beispiel, weil die Satellitenantenne ohne feste Verbindung zum Gebäude und so aufgestellt wird, dass weder die Gebäudesubstanz verletzt noch eine nennenswerte ästhetische Beeinträchtigung auftritt. Denn dann sind die Interessen des Vermieters nicht beeinträchtigt (BGH Entscheidung vom 16.5. 2007, Az. VIII ZR 207/04, NZM 2007, Seite 597).

Sonst hat der Mieter nur dann einen Anspruch auf eine Erlaubnis, wenn er noch **keine ausreichende Informationsversorgung** hat. Anderenfalls ist dem Informationsanspruch des Mieters bereits Genüge getan, sodass keine Notwendigkeit besteht, das Eigentum des Vermieters zu belasten. Dies gilt zum Beispiel, wenn ein Breitbandkabelanschluss oder eine gemeinschaftliche Satellitenanlage im Haus vorhanden ist, die der Mieter nutzen kann.

Dass mit einer Satellitenantenne mehr Programme empfangen werden können als mit dem vorhandenen Breitbandkabelanschluss, begründet keinen Versorgungsmangel. Das Informationsrecht gibt keinen Anspruch auf möglichst viele Programme, eine Mindestzahl genügt. Bei einem dauerhaft im Inland lebenden Mieter ausländischer Herkunft werden jedenfalls fünf bis sechs Heimatsender als ausreichend betrachtet (BGH, Entscheidung vom 2.3. 2005, Az. VIII ZR 118/04, ZMR 2005, Seite 436). Sie stehen ihm auch zu, wenn er nun eingebürgert ist (KG Berlin, Entscheidung vom 11.10. 2007, Az. 8 U 210/06, NZM 2008, Seite 39) oder zwar der Mieter Inländer ist, sein Ehe- oder Lebenspartner und gegebenenfalls dessen Kinder aber ausländischer Herkunft sind (LG Wuppertal, Entscheidung vom 9.4. 1997, Az. 8 S 11/97, WuM 1997, Seite 324).

Eine ausreichende Versorgung ist auch dann bereits vorhanden, wenn aktuell zwar noch kein ausreichender Empfang besteht, er aber von dem Mieter mit zumutbaren eigenen Kosten hergestellt werden kann. So etwa, wenn der Mieter sich ausreichenden Empfang schaffen kann, indem er einen Receiver und eine zusätzliche Nutzungslizenz kauft, wenn der Receiver nicht teurer ist als der Kauf und die Montage einer Satellitenantenne und die zusätzliche Lizenz 8 Euro monatlich kostet (BVerfG, Entscheidung vom 24.1. 2005, Az. 1 BvR 1953/00, NZM 2005, Seite 252). Auch ein möglicher Senderempfang per Internet kann als Alternative in Betracht zu ziehen sein, die einen Anspruch auf die Erlaubnis einer Satellitenantenne ausschließt. Die Kosten technischer Maßnahmen für die Einrichtung müssen aber zumutbar sein. Müsste der Mieter dazu einen Computer anschaffen, rechnen die Anschaffungskosten mit (AG Hamburg-Bergedorf, Entscheidung vom 18.8. 2009, Az. 409 C 150/09, ZMR 2010, Seite 45).

Ein Anspruch auf die Erlaubnis bleibt danach zum einen, wenn weder ein Breitbandkabelanschluss noch eine Gemeinschaftssatellitenantenne vorhanden ist, noch das Internet eine zumutbare Alternative darstellt. Zum anderen kommt er bei einer Unterversorgung aus sonstigen Gründen in Betracht, wenn diese nicht mit zumutbaren Kosten für den Mieter behebbar ist. Der Vermieter kann dann aber die Nutzung einer möglichst unauffälligen Antenne verlangen, ferner, dass sie von einem Fachmann und dort installiert wird, wo sie die geringsten optischen Beeinträchtigungen bewirkt (OLG Frankfurt, Entscheidung vom 22.7. 1992, Az. 20 RE-Miet 1/91, NJW 1992, Seite 2490). Genügt es, dass die Antenne am Balkon befestigt oder auf ihm aufgestellt wird, muss der Vermieter eine Montage an der Hauswand nicht akzeptieren. Der Vermieter kann auch verlangen, dass der Mieter ihn von allen mit einer Installation verbundenen Kosten und Gebühren sowie von der Haftung für durch die Antenne verursachte Schäden und von Aufwand und Kosten einer zukünftigen Beseitigung freistellt, außerdem, dass der Mieter den Abschluss einer Haftpflichtversicherung für die Antenne nachweist und eine Sicherheit, zum

Beispiel eine Kaution, für den späteren Beseitigungsaufwand leistet (OLG Karlsruhe, Entscheidung vom 24.8. 1993, Az. 3 RE-Miet 2/93, NJW 1993, Seite 2815).

Die Möglichkeiten des Mieters, eine eigene Satellitenantenne zu halten, sind also begrenzt. Weitere Beschränkungen kann der Vermieter nicht anordnen. Insbesondere geht eine Formularklausel des Vermieters (siehe Seite 74) zu weit, wenn sie ein **generelles Verbot** vorsieht, weil damit eine Antenne zum Beispiel auch untersagt würde, wenn der Vermieter in keiner Weise beeinträchtigt wird. Eine solche Klausel ist unwirksam (BGH, Entscheidung vom 16.5. 2007, Az. VIII ZR 207/04, NZM 2007, Seite 597).

Auch kann der Vermieter eine Verbreitung nicht in der Weise begrenzen, dass er einem Mieter die Erlaubnis verweigert, nachdem er anderen Mietern bei gleicher Interessenlage eine Erlaubnis gegeben hat. Hier kann der Mieter nach dem Grundsatz von Treu und Glauben (§ 242 BGB) verlangen, gleich behandelt zu werden und ebenfalls eine Erlaubnis beanspruchen (KG Berlin, Entscheidung vom 11.10. 2007, Az. 8 U 210/06, NZM 2008, Seite 39). Eine einmal erteilte Erlaubnis kann der Vermieter aber widerrufen, wenn der Mieter nun auch ohne Satellitenantenne ausreichend Informationen erhalten kann, weil zwischenzeitlich beispielsweise eine gemeinschaftliche Satellitenanlage angeschafft (LG Krefeld, Entscheidung vom 10.3. 2010, Az. 2 S 68/09, WuM 2010, Seite 293) oder die technischen Möglichkeiten im Haus soweit fortentwickelt wurden, dass der Mieter sich nun mit zumutbaren eigenen Kosten eine ausreichende Versorgung herstellen kann (AG Frankfurt am Main, Entscheidung vom 18.3.2010, Az. 33 C 3756/09–26).

Hat der Mieter einen Anspruch auf eine Erlaubnis, erteilt der Vermieter sie aber nicht, kann der Mieter auf die Erteilung der Erlaubnis klagen. Auf keinen Fall sollte er eine Satellitenantenne ohne eine Erlaubnis installieren und betreiben. Auch wenn die Erlaubnis hätte erteilt werden müssen, bedeuten unerlaubte Installation und Betrieb eine Pflichtverletzung, deretwegen der Vermieter die Kündigung des Mietvertrags aussprechen kann, außerordentlich fristlos aus wichtigem Grund (§ 543 Absatz 1 BGB) oder ordentlich fristgebunden (§ 573 Absatz 2 Nr. 1 BGB; siehe Seite 92). Aber der Vermieter kann dann nach dem Grundsatz von Treu und Glauben (§ 242 BGB) nicht verlangen, dass der Mieter die Antenne nur deshalb entfernt, weil er nicht um Erlaubnis gefragt wurde (AG Braunschweig, Entscheidung vom 4.10. 1999, Az. 120 C 1726/99, WuM 2000, Seite 413). Installiert und betreibt der Mieter die Antenne ohne einen Anspruch auf eine Erlaubnis, kann der Vermieter nach einer erfolglosen Abmahnung die Unterlassung und Entfernung der Antenne verlangen (§ 541 BGB) oder die Kündigung des Mietvertrags aussprechen.

Übrigens: Neben der Informationsfreiheit kann auch die durch das Grundgesetz geschützte **Freiheit der Religionsaus-**

übung (Artikel 4 Absatz 2 GG) beim Mieter ins Gewicht fallen, wenn es um die Möglichkeit zur Teilnahme an Gottesdiensten oder den Empfang religiöser Sendungen per Fernsehen geht (BGH, Entscheidung vom 10.10. 2007, Az. VIII ZR 260/06, WuM 2007, Seite 678; OLG München, Entscheidung vom 6.11. 2007, Az. 32 Wx 146/07, ZMR 2008, Seite 659).

Fazit

Der Mieter hat seine Satellitenantenne an der Hauswand des Gebäudes befestigt, ohne die notwendige Erlaubnis des Vermieters einzuholen. Er ist deshalb zur Entfernung verpflichtet, es sei denn, er hat einen **Anspruch auf eine Erlaubnis**. Dann müsste er geltend machen können, dass er über den im Haus vorhandenen Breitbandkabelanschluss keine ausreichende Informationsversorgung erhalten kann. Als ausländischer Staatsbürger kann er sich darauf berufen, aus dem Grundrecht der Informationsfreiheit eine angemessene Versorgung mit Sendern seines Heimatlands beanspruchen zu können.

Ob dies gegeben ist, ist unklar. Der Mieter kann mit seinen aktuellen technischen Voraussetzungen nur zwei Sender empfangen, was wohl zu wenig ist. Aber eine ausreichende Versorgung liegt auch vor, wenn der Mieter aufgrund der bestehenden technischen Möglichkeiten mit zumutbarem Aufwand und zumutbaren eigenen Kosten eine ausreichende Versorgung schaffen kann. Ergibt sich, dass Aufwand und Kosten für zusätzliche Maßnahmen zum Breitbandkabelempfang oder zum Internetempfang als zumutbar anzusehen sind, besteht eine **ausreichende Informationsversorgung** im Haus. Der Mieter muss seine Satellitenantenne dann abbauen.

Etwas anderes kann sich noch daraus ergeben, dass zwei weitere ausländische Mieter ebenfalls entsprechend installierte Satellitenantennen am Haus haben. Dies müsste näher geprüft werden. Wären auch sie unerlaubt installiert und würden bei ebenfalls ausreichender Versorgung vom Vermieter weiterhin geduldet, kommt unter dem Gesichtpunkt der **Gleichbehandlung** ein Anspruch auf eine Erlaubnis des Vermieters in Betracht. Allerdings hat der Vermieter mitgeteilt, er habe auch von den anderen Mietern verlangt, die Antennen zu entfernen. Werden auch diese Antennen entfernt, hat der Mieter keinen Anspruch auf eine Erlaubnis und muss er seine Satellitenantenne ebenfalls entfernen. Eine Klage des Vermieters auf Entfernung ist dann begründet.

Alternativen

Mieter und Vermieter können, statt auf eine gerichtliche Auseinandersetzung zuzusteuern, gemeinsam die technischen Voraussetzungen klären, unter denen eine ausreichende Informationsversorgung gewährleistet ist. Soweit dazu Investitionen notwendig sind, bei deren Kosten sich das Problem stellt, dass sie für den Mieter allein nicht zumutbar sein könnten, kann sich der Vermieter an den Kosten beteiligen. Insbesondere kann er etwaige einmalig anfallende Kosten übernehmen, zum Beispiel die Kosten für die Anschaffung eines technischen Zusatzgeräts wie eines Receivers. Oder er schafft das Gerät selbst an, sodass er es später gegebenenfalls auch anderen Mietern zur Verfügung stellen kann. Dieser Weg kann sowohl kostengünstiger als auch erfolgversprechender sein als die Führung eines Rechtsstreits mit unklarem Ausgang.

DIE TIERHALTUNG

Der Fall

Der Mieter bewohnt mit Frau und zwei Kindern eine Vierzimmerwohnung in einem Haus mit drei weiteren Mietparteien. Nach dem Mietvertrag ist eine Tierhaltung in der Wohnung nicht erlaubt. Dennoch schafft der Mieter für seine vierjährige Tochter einen Wellensittich, kurz darauf um des Familienfriedens Willen für seinen achtjährigen Sohn einen jungen Schäferhund an. Beide Male wurde der Vermieter vorher nicht gefragt.

Als der Vermieter von der Tierhaltung erfährt, verlangt er, dass beide Tiere abgeschafft werden. Die Tierhaltung sei verboten. Der Mieter weigert sich und will die Tiere für seine Kinder behalten.

Bleiben Vermieter und Mieter bei ihren Positionen, kann sich folgende Auseinandersetzung entwickeln:

Vermieter verlangt von dem Mieter, dass er Wellensittich und Schäferhund abschafft.
§: Er beruft sich auf den Mietvertrag. Durch den Mietvertrag kann die Tierhaltung in der Wohnung eingeschränkt werden.

Mieter weigert sich. Der Vermieter müsse die Tierhaltung hinnehmen, denn sie gehöre zur üblichen Nutzung der Wohnung. Das Verbot im Mietvertrag sei nicht rechtens, eine Tierhaltung dürfe nicht generell untersagt werden.
§: Eine mietvertragliche Tierhaltungsklausel erlaubt nur begrenzt Einschränkungen. Ein generelles Verbot ist unwirksam (§ 307 Absatz 1 BGB).

Vermieter entgegnet, Vertrag sei Vertrag. Das Verbot gelte für alle Mieter, da könne er keine Ausnahme machen. Und die Tiere des Mieters könnten nun einmal die anderen Mieter stören, deshalb sei ein Verbot auch gerechtfertigt.

Mieter bleibt bei seiner Weigerung und weist darauf hin, die Wohnung sei doch groß genug und die Tiere störten nicht. Bislang habe sich auch noch kein anderer Mieter beschwert.
§: Ist eine Tierhaltungsklausel unwirksam, beurteilt sich die Zulässigkeit einer Tierhaltung nach der gesetzlichen Regelung. Die Tierhaltung ist als ver-

tragsgemäßer Gebrauch zulässig und von einem Vermieter zu dulden, wenn sie keine Beeinträchtigung der Wohnung oder Störungen oder Gefährdungen anderer Personen bewirkt.

Vermieter erwidert, er dürfe wohl vorbeugen und müsse nicht warten, bis erst etwas passiert sei.
Vermieter mahnt den Mieter ab, dass er die Tiere abschafft und setzt ihm eine angemessene Frist dazu.

ZUSPITZUNG:

Mieter verteidigt sich gegen seine Inanspruchnahme.
§: Hat der Mieter Recht, muss der Vermieter die Tierhaltung dulden. Eine Klage des Vermieters ist unbegründet.
Eine etwaige Kündigung des Vermieters geht ins Leere.

Vermieter verklagt den Mieter auf Entfernung der Tiere.
§: Hat der Vermieter Recht, ist die Tierhaltung vertragswidrig. Nach erfolgloser Abmahnung kann er von dem Mieter verlangen, dass er die Tierhaltung unterlässt und die Tiere aus der Wohnung entfernt (§ 541 BGB).
Gegebenenfalls kommt auch die ordentliche fristgebundene Kündigung (§ 573 Absatz 2 Nr. 1 BGB) oder die außerordentliche fristlose Kündigung des Mietvertrags aus wichtigem Grund (§ 543 Absatz 2 Nr. 1 BGB) in Betracht.

Die Rechtslage

Das Mietrecht des BGB hat keine speziellen Vorschriften zur Tierhaltung. Wenn der Mietvertrag keine besondere Vereinbarung enthält (siehe Seiten 86 f.), gilt eine **gesetzliche Regelung**, die die Gerichte aus § 535 Absatz 1 BGB entwickelt haben. Danach muss der Vermieter dem Mieter den vertragsgemäßen Gebrauch der Wohnung ermöglichen. Hierzu gehört die Tierhaltung und der **Vermieter muss die Tierhaltung dulden, wenn** sie keine Beeinträchtigung der Wohnung oder Störung oder Gefährdung anderer Personen bewirkt. Die Feststellung setzt eine Interessenabwägung voraus. Dabei spielen insbesondere eine Rolle: Art, Größe, Zahl und Verhalten des oder der Tiere, Art, Größe, Lage und Zustand der Wohnung und des Hauses, die persönlichen Verhältnisse des Mieters, insbesondere sein Alter, die Interessen anderer Mieter und Nachbarn sowie der bisherige Umgang des Vermieters mit der Tierhaltung (BGH, Entscheidung vom 14.11. 2007, Az. VIII ZR 340/06, WuM 2008, Seite 23). Danach dürfen

Kleintiere, das sind Tiere, die nach ihrer Art regelmäßig keine Beeinträchtigungen oder Gefährdungen bewirken können, grundsätzlich gehalten werden. Dazu zählen unter anderem Zierfische, Ziervögel, Hamster und Zwergkaninchen (AG Aachen, Entscheidung vom 24.2. 1989, Az. 6 C 500/88, WuM 1989, Seite 236) und auch ungiftige Schlangen in einem Terrarium (AG Bückeburg, Entscheidung vom 12.10 1999, Az. 73 C 353/99, NZM 2000, Seite 238). Etwas anderes kann sich aus den näheren Umständen einer Kleintierhaltung ergeben, zum Beispiel bei übermäßig vielen Tieren (LG Karlsruhe, Entscheidung vom 12.1. 2001, Az. 9 S 360/00, NZM 2001, Seite 891: 100 frei fliegende Vögel in einer Zweizimmerwohnung).

Bei Katzen und Hunden ist eine differenzierte Betrachtung erforderlich. Vor allem, wenn das Tier größer ist oder als gefährlich gilt, neigt sich die Waage zur Unzulässigkeit (LG Krefeld, Entscheidung vom 17.7. 1996, Az. 2 S 89/96, WuM 1996, Seite 533: Bullterrier; AG Bergisch-Gladbach, Entscheidung vom 13.2 1991, Az.60 C 506/90, WuM 1991, Seite 341: Rottweiler; AG Kassel, Entscheidung vom 17.10. 1986, Az. 806 C 4228/86, WuM 1987, Seite 144: Schäferhund). Im Übrigen sind auch hier die näheren Umstände der Haltung bedeutsam. So wurden zum Beispiel sieben Katzen in einer Dreizimmerwohnung (AG Lichtenberg, Entscheidung vom 31.7. 1996, Az. 8 C 185/96, NJW-RR 1997, Seite 774) oder vier Katzen in einer Einzimmerwohnung (KG Berlin, Entscheidung vom 3.6. 1991, Az. 24 W 6272/90, NJW-RR 1991, Seite 1116) für zuviel gehalten oder ein Hund als Störfaktor in einem Mehrfamilienhaus stärker gewichtet als in einem Einfamilienhaus (LG Karlsruhe, Entscheidung vom 4.2. 2002, Az. 5 S 121/01, NZM 2002, Seite 246; LG Hildesheim, Entscheidung vom 11.2. 1987, Az. 7 S 472/86, WuM 1989, Seite 9).

Zählt die Tierhaltung danach zum vertragsgemäßen Gebrauch, muss der Vermieter sie dulden. Sonst ist eine **Erlaubnis des Vermieters** erforderlich, anderenfalls ist die Tierhaltung unzulässig. Ob der Vermieter die Erlaubnis erteilt, steht grundsätzlich in seinem Ermessen. Im Einzelfall kann sich hier ein Anspruch des Mieters auf die Erlaubnis ergeben, zum Beispiel, wenn der Vermieter oder andere Mieter in einer gleichartigen Situation bereits Tiere halten und es deshalb willkürlich wäre, dem Mieter keine entsprechende Erlaubnis zu geben (AG Dormund, Entscheidung vom 21.6. 1989, Az. 119 C 110/89, WuM 1989, Seite 495).

In Mietverträgen finden sich oftmals formularmäßige **Tierhaltungsklauseln** des Vermieters (siehe Seite 74). Mit ihnen will der Vermieter einheitliche Verhältnisse

schaffen. Ordnet er damit ein **Verbot** der Tierhaltung an, ist dies zulässig, soweit die Kleintierhaltung dabei ausgenommen ist. Ein generelles Verbot geht zu weit und ist unwirksam (§ 307 Absatz 1 BGB). Der Vermieter darf stattdessen auch einen **Erlaubnisvorbehalt** festlegen, das heißt die Zulässigkeit der Tierhaltung von seiner Erlaubnis abhängig machen. Auch dies aber nur, wenn die Kleintierhaltung außen vor bleibt. Ein Vorbehalt, der den Eindruck erweckt, jede Tierhaltung, auch die Kleintierhaltung setze eine Erlaubnis des Vermieters voraus, ist unwirksam (BGH, Entscheidung vom 14.11. 2007, Az. VIII ZR 340/06, WuM 2008, Seite 23). Unwirksam ist auch die Vorgabe, die Erlaubnis müsse schriftlich eingeholt werden (AG München, Entscheidung vom 2.5. 2002, Az. 453 C 2425/01, NZM 2003, Seite 23). Erteilt der Vermieter im Mietvertrag die **Erlaubnis zur Tierhaltung**, dürfen übliche Tiere wie Vögel, Katzen oder Hunde gehalten werden, gefährliche Tiere fallen aber nicht unter die Erlaubnis (AG Charlottenburg, Entscheidung vom 21.7. 1988, Az. 10 C 166/88, GE 1988, Seite 1051: Giftschlangen).

Beinhaltet der Mietvertrag eine unwirksame Tierhaltungsklausel, ist die Tierhaltung noch nicht erlaubt. Ihre Zulässigkeit richtet sich dann nach der gesetzlichen Regelung (siehe Seite 85). Hat der Mietvertrag aber eine wirksame Verbotsklausel oder einen wirksamen Erlaubnisvorbehalt, sind die sich hieraus ergebenden Beschränkungen maßgeblich. Dennoch kann sich im Einzelfall ein Anspruch des Mieters auf die Erlaubnis zur Tierhaltung ergeben. Er kommt unter dem Gesichtspunkt des Verbots einer willkürlichen Ungleichbehandlung in Betracht, aber zum Beispiel auch, wenn der Mieter einen Blindenhund benötigt (AG Hamburg-Blankenese, Entscheidung vom 23.5. 1984, Az. 508 C 568/83, WuM 1985, S.256) oder die Tierhaltung aus gesundheitlichen Gründen erforderlich ist (LG Karlsruhe, Entscheidung vom 4.2. 2002, Az. 5 S 121/01, NZM 2002, Seite 246). Eine erteilte Erlaubnis kann aus wichtigem Grund widerrufen werden, so etwa, wenn der Mieter zwar grundsätzlich Hauskatzen haben darf, dann aber gleich 15 davon hält (LG Aurich, Entscheidung vom 5.11. 2009, Az. 1 S 275/09, Info M 2010, Seite 167).

Der Vermieter kann bei unzulässiger Tierhaltung jedenfalls deren Unterlassung und die Entfernung des Tiers verlangen (§ 541 BGB). Ob und wann dem Mieter deswegen auch gekündigt werden kann, beurteilen die Gerichte unterschiedlich. Zum Teil wird angenommen, der Vermieter könne kündigen, wenn der Mieter trotz Abmahnung die Tierhaltung fortsetze (Amtsgericht Spandau, Entscheidung vom

22.3. 2002, Az. 36 C956/01, GE 2002, Seite 670). Zum Teil wird eine Kündigung nur für zulässig gehalten, wenn außerdem von dem Tier eine Gefahr oder Belästigung ausgeht oder es Schäden anrichtet (Landgericht Berlin, Entscheidung vom 1.10. 1992, Az. 62 S 276/92, GE 1993, Seite 97; Amtsgericht München, Entscheidung vom 18.12. 1998, Az. 462 C 27294–98, NZM 1999, Seite 616).

Fazit

Im Beispielsfall enthält der Mietvertrag ein **unwirksames Tierhaltungsverbot**. Es handelt sich um eine formularmäßige Tierhaltungsklausel, weil die Regelung vom Vermieter bei Vertragsabschluss vorgegeben wurde. Sie ist unwirksam, weil sie ein generelles Verbot ausspricht, das auch die Haltung von Kleintieren umfasst. Auf das vertragliche Verbot kann der Vermieter sich deshalb nicht stützen.

Ob er den Wellensittich und den jungen Schäferhund dennoch untersagen kann, hängt damit von der **gesetzlichen Regelung** ab. Soweit die Tierhaltung zum vertragsgemäßen Gebrauch rechnet, muss der Vermieter sie dulden und kann sie nicht untersagen. Das gilt jedenfalls für den Wellensittich als typisches Kleintier. Ob die Haltung des jungen Schäferhunds darunter fällt, hängt von den Umständen des Einzelfalls ab, die im Streitfall das Gericht beurteilt. Hier werden vor allem die Wohnungsgröße, die Nähe zu den anderen Mietern sowie das Gefährdungspotential des Hundes eine Rolle spielen. Kommt das Gericht zu dem Schluss, die Hundehaltung sei vertragsgemäß, geht eine Klage des Vermieters auch in diesem Punkt verloren. Anderenfalls kann der Vermieter die Entfernung des Schäferhunds verlangen.

Alternativen

Die Tierhaltung in einer Mietwohnung ist ein sensibles Thema. Vielleicht befürchtet der Vermieter, dass er selbst durch ein Tier beeinträchtigt wird, jedenfalls aber fürchtet er, dass andere Mieter gestört werden. Denn dies kann auf ihn zurückfallen, zum Beispiel, wenn die Mieter bemängeln, durch permanentes Hundegebell gestört zu werden und deshalb vielleicht ihre Miete mindern. Möchte der Mieter ein Tier anschaffen, und ist es nicht gerade ein typisches Kleintier wie zum Beispiel ein Wellensittich, sollte er nicht darauf vertrauen, der Vermieter müsse das Tier dulden und er brauche keine Erlaubnis. Dies und damit auch der Ausgang eines Rechtsstreits vor Gericht kann unsicher sein. Außerdem kann sich der Vermieter übergangen fühlen, weil er in seinem Haus nicht gefragt wurde. Das mag rechtlich nicht stimmen, wenn er nicht gefragt werden musste, aber das Gefühl genügt, um das Mietver-

hältnis zu belasten. Der Mieter sollte deshalb vor der Anschaffung des Tieres das Gespräch mit dem Vermieter suchen und dessen Erlaubnis zur Tierhaltung einholen. Der Vermieter kann informiert werden, um welches Tier es sich handelt und sich ein Bild machen, wie eine Tierhaltung in der Wohnung aussähe. Nicht selten stehen hinter den Bedenken des Vermieters schlechte frühere Erfahrungen. Sie können angesprochen werden, und Mieter und Vermieter überlegen gemeinsam, mit welchen Vorkehrungen bei der Tierhaltung den Bedenken Rechnung getragen werden kann, sodassder Vermieter seine Erlaubnis gibt. Und nicht zuletzt sollten die anderen Mieter mit einbezogen werden, damit auch deren Bedenken gegebenenfalls berücksichtigt und ausgeräumt werden können. Denn der Vermieter kann umso eher bereit sein die Tierhaltung zu erlauben, als er keine Beschwerden anderer Mieter fürchten muss. Erst recht sollte der Vermieter natürlich um seine Genehmigung gebeten werden, wenn das Tier bereits ohne Erlaubnis angeschafft ist oder wenn der Mieter eine Ausnahme von einem Verbot oder einer Beschränkung der Tierhaltung im Mietvertrag erreichen möchte.

DIE UNTERVERMIETUNG

Der Fall

Der allein erziehende Mieter bewohnt mit seiner achtjährigen Tochter eine großzügige Wohnung mit drei Zimmern, Küche und Bad. Als er unerwartet seinen Arbeitsplatz verliert und eine schlechter bezahlte Arbeit annehmen muss, wird es eng mit der Miete. Er fragt den Vermieter, ob er untervermieten dürfe. Der lehnt ab. Dennoch inseriert der Mieter in der Zeitung und findet einen Musikstudenten, an den er ein Zimmer sowie Küche und Bad zur Mitbenutzung untervermieten möchte.

Der Mieter bittet den Vermieter nun, an den Musikstudenten untervermieten zu dürfen und nennt ihm dessen Namen und Ausbildungsstatus. Der Vermieter lehnt wiederum ab. Ein Musikstudent sei kein geeigneter Untermieter und ihm werde die Wohnung mit einem Untermieter auch zu voll.

Beharren Vermieter und Mieter im Beispiel auf ihren Positionen, kann der Konflikt folgende Entwicklung nehmen:

Mieter bittet den Vermieter um die Erlaubnis zur Untervermietung an den Musikstudenten. Da er jetzt weniger verdiene, die Wohnung aber halten wolle, wolle er ein Zimmer sowie Küche und Bad zur Mitbenutzung an ihn untervermieten.
§: Er beruft sich auf § 553 Absatz 1 Satz 1 BGB. Danach kann ein Mieter von seinem Vermieter die Erlaubnis zur Untervermietung verlangen, wenn sich nach Mietvertragsabschluss ein berechtigtes Interesse dazu ergibt, unter anderem, weil sich das Einkommen des Mieters verringert hat.

Vermieter weigert sich. Ein Student? Da wisse man nicht, ob die Untermiete regelmäßig gezahlt werde. Und Musik!
Da seien Störungen anderer Mieter durch Musiklärm doch programmiert. Außerdem werde ihm die Wohnung zu voll, wenn eine weitere Person einziehe.

§: Er verweist auf § 553 Absatz 1 Satz 2 BGB, der besagt, dass ein Vermieter die Erlaubnis verweigern kann, wenn in der Person des potentiellen Untermieters ein wichtiger Grund zur Ablehnung vorliegt, die Wohnung überlegt wird oder die beabsichtigte Untervermietung aus sonstigen Gründen unzumutbar ist.

Mieter erwidert, der Vermieter solle sich um seine Miete mal keine Sorgen machen, dafür müsse er als Mieter ja gerade stehen. Und das seien doch alles auch nur Vorurteile und Unterstellungen. Außerdem werde die Wohnung doch nicht übermäßig voll, wenn in drei Räumen drei Personen lebten.
Mieter setzt dem Vermieter eine angemessene Frist, die Erlaubnis zu erteilen.

ZUSPITZUNG:

Mieter verklagt den Vermieter auf Erteilung der Erlaubnis zur Untervermietung.
§: Hat der Mieter Recht, kann er von dem Vermieter die Erlaubnis zur Untervermietung verlangen (§ 553 Absatz 1 Satz 1 BGB).
Stattdessen kann er das Mietverhältnis wegen der Weigerung des Vermieters außerordentlich fristgebunden kündigen (§ 540 Absatz 1 BGB, § 573 d BGB).

Vermieter verteidigt sich gegen seine Inanspruchnahme.
§: Hat der Vermieter Recht, kann er die Erlaubnis verweigern, weil er berechtigte Gegeninteressen hat. Eine Klage des Mieters ist unbegründet. Vermietet der Mieter dennoch eigenmächtig unter, kann der Vermieter nach erfolgloser Abmahnung die Unterlassung und Entfernung des Untermieters verlangen (541 BGB). Gegebenenfalls kommt auch die ordentliche fristgebundene Kündigung (§ 573 Absatz 2 Nr. 1 BGB) oder die außerordentliche fristlose Kündigung des Mietvertrags aus wichtigem Grund (§ 543 Absatz 2 Satz 1 Nr. 2 BGB) in Betracht.

Die Rechtslage

Ob und wann ein Mieter die Wohnung teilweise untervermieten darf, ergibt sich aus § 553 BGB. Die Vorschrift ist eine Sonderregelung zu § 540 BGB, der die Überlassung der gesamten Mietsache an einen Dritten betrifft und vorschreibt, dass dazu die Erlaubnis des Vermieters notwendig ist. § 553 BGB regelt den Sonderfall der (nur) teilweisen Überlassung von Wohnraum und betrifft die unentgeltliche Aufnahme in die Wohnung wie auch die Untervermietung. Danach besteht ein **Anspruch des Mieters auf eine Erlaubnis** des Vermieters zu einer teilweisen Gebrauchsüberlassung an einen Dritten, wenn nach Mietvertragsabschluss ein **berechtigtes Interesse des Mieters entsteht** (§ 553 Absatz 1 Satz 1 BGB). Dritte im Sinn der Vorschrift sind alle Personen bis auf Ehepartner oder Partner einer eingetragenen Lebensgemeinschaft, Kinder und Eltern, für deren Aufnahme keine Erlaubnis des Vermieters nötig ist (BayObLG Entscheidung vom 6.10. 1997, Az. RE-Miet 2/96, NJW 1998, Seite 1324).

Anerkannte Gründe des Mieters für eine Untervermietung sind zum Beispiel die Aufnahme eines Lebensgefährten (AG Fürth, Entscheidung vom 28.6. 1990, Az. 1 C 713/90, WuM 1991, Seite 32), verringerte Einkünfte des Mieters (LG Hamburg, Entscheidung vom 6.2. 1989, Az. 16 T 150/88, WuM 1989, Seite 510) oder der Wunsch des Mieters, bei einer beruflich notwendigen doppelten Haushaltsführung Kosten zu reduzieren (BGH, Entscheidung vom 23.11. 2005, Az. VIII ZR 4/05, NJW 2006, Seite 1200).

Bei einem berechtigten Interesse des Mieters muss der Vermieter die Erlaubnis zur Untervermietung erteilen, es sei denn, es gibt ein **berechtigtes Gegeninteresse des Vermieters**, weil der potentielle Untermieter einen wichtigen Grund zur Ablehnung liefert, die Wohnung überbelegt würde oder dem Vermieter die Erteilung der Erlaubnis aus sonstigen Gründen unzumutbar ist (§ 553 Absatz 1 Satz 2 BGB). Der potentielle Untermieter liefert zum Beispiel einen wichtigen Grund zur Ablehnung, wenn begründeter Anlass für die Annahme besteht, er könne Hausbewohner belästigen oder stören.

Hat der Vermieter Zweifel an der Kreditwürdigkeit des Untermieters, berechtigt ihn dies in der Regel nicht zur Ablehnung (LG Berlin, Entscheidung vom 15.1. 2002, Az. 65 S 339/00, GE 2002, Seite 332). Der Vermieter kann auch nicht verlangen, dass ihm die Einkommensverhältnisse des Interessenten mitgeteilt werden (LG Hamburg, Entscheidung vom 20.12. 1990, Az. 334 S 111/90, WuM 1991, Seite 585).

Ob eine Untervermietung wegen Überbelegung der Wohnung abgelehnt werden darf, hängt von der Belegungssituation im Einzelfall ab. Anhaltspunkte dafür können das Verhältnis der Zahl der Bewohner zur Zahl der Räume wie auch die Vorschriften der Wohnungsaufsichtsgesetze der Bundesländer liefern (OLG Hamm, Entscheidung vom 2.12. 1992, Az. 30 REMiet 3/92, WuM 1993, Seite 31).

Eine Ablehnung wegen sonstiger Unzumutbarkeit betrifft zum Beispiel den Fall, dass der Untermieter nicht näher bekannt ist. Die Erlaubnis ist personenbezogen und muss nicht erteilt werden, solange der Mieter nur allgemein um eine Erlaubnis bittet und jedenfalls der Name des Untermieters, gegebenenfalls auch sein Beruf noch nicht bekannt ist (KG Berlin, Entscheidung vom 11.6. 1992, Az. 8 REMiet 1946/92, WuM 1992, Seite 350; LG Hamburg, Entscheidung vom 20.12.1990, Az. 334 S 111/90, NJW-RR 1992, Seite 13). Die Erlaubnis kann auch als unzumutbar versagt werden, wenn die Räume anders genutzt werden sollen und damit ihr Verwendungszweck wesentlich verändert wird (OLG Köln, Entscheidung vom 12.4. 1996, Az. 20 U 166/95, WuM 1997, Seite 620).

Kann sich der Vermieter nicht auf ein berechtigtes Gegeninteresse im Sinn des Gesetzes berufen, muss er die Untervermietung erlauben. Es ist für den Vermieter nicht möglich, im Mietvertrag leichtere Ablehnungsgründe oder ein Untervermietungsverbot zu regeln. Vom Gesetz abweichende Vereinbarungen zum Nachteil des Mieters sind unwirksam (§ 553 Absatz 3 BGB).

Liegen die Voraussetzungen für eine Erlaubnis des Vermieters vor, erteilt er sie jedoch nicht, bestehen folgende **Mieterrechte**: Der Mieter kann die Erlaubnis einklagen oder das Mietverhältnis außerordentlich mit dreimonatiger Frist kündigen (§ 540 Absatz 1 Satz 2 BGB, § 573 d BGB; siehe Seiten 107 f.). Außerdem kommt in Betracht, dass der Mieter Schadenersatz verlangen kann, zum Beispiel wegen entgangener Untermieteinnahmen (LG Berlin, Entscheidung vom 12.2. 1999, Az. 65 S 361/98, MM 1999, Seite 169).

Auf keinen Fall aber sollte der Mieter Fakten schaffen und ohne eine Erlaubnis untervermieten. Denn auch wenn der Vermieter die Erlaubnis hätte erteilen müssen, bedeutet die unerlaubte Untervermietung eine Pflichtverletzung, die der Vermieter zum Anlass nehmen kann, eine Kündigung des Mietvertrags auszusprechen, ordentlich fristgebunden (§ 573 Absatz 2 Nr. 1 BGB; siehe Seite 114) oder außerordentlich fristlos aus wichtigem Grund (§ 543 Absatz 2 Satz 1 Nr. 2 BGB; siehe Seite 124). Ob eine Kündigung Erfolg hat, hängt letztlich davon ob, wie schwerwiegend das Übergehen des Vermieters konkret zu bewerten ist (LG Berlin, Entscheidung vom 10.4. 2003, Az. 67 S 383/02, GE 2003, Seite 880; BayObLG, Entscheidung vom 26.4. 1995, Az. RE-Miet 3/94, WuM 1995, Seite 378). Aber die Auseinandersetzung droht und ist vermeidbar, indem die Erlaubnis eingeholt wird. Erst recht kann der Vermieter eine Kündigung erklären, wenn eine Untervermietung erfolgt, die der Vermieter weder erlaubt hat noch erlauben muss. Will er hier nicht zum Äußersten greifen, kann er statt einer Kündigung nach erfolgloser Abmahnung des Mieters Unterlassung und die Entfernung des Untermieters verlangen (§ 541 BGB).

Übrigens: Ist dem Vermieter die Untervermietung nur zumutbar, wenn die Miete angemessen erhöht wird, kann er eine solche Erhöhung verlangen und seine Erlaubnis davon abhängig machen, dass der Mieter der Erhöhung zustimmt (§ 553 Absatz 2 BGB). Der Untermietzuschlag ist kein Teil der Miete, sondern soll nach überwiegender Auffassung gegebenenfalls höhere Betriebskosten und Abnutzung ausgleichen (LG München I, Entscheidung vom 28.7. 1999, Az. 14 S 7728/99, WuM 1999, Seite 575). Für preisgebundenen Wohnraum ist seine Höhe gesetzlich geregelt (§ 26 NMV; siehe Seite 46).

Fazit

Entscheidend ist das Ergebnis der **Interessenabwägung**. Der Mieter hat nach Vertragsabschluss seinen Arbeitsplatz wechseln müssen und dadurch nur noch ein geringeres Einkommen. Er kann sich damit auf ein berechtigtes Untervermietungsinteresse berufen.

Die Einwände des Vermieters greifen dagegen nicht durch. Die erste Erlaubnisanfrage hatte noch keinen Bezug zu einem konkreten Untermietinteressenten, sodass der Vermieter keine Erlaubnis erteilen musste. Nun sind Name und Beruf beziehungsweise Ausbildungsstatus des potentiellen Untermieters bekannt, sodass insoweit kein Ablehnungsgrund mehr besteht.

Die Befürchtung, der Student könne die Untermiete nicht zahlen, begründet in der Regel kein Ablehnungsinteresse des Vermieters, weil der Vermieter seine Miete nicht von dem Untermieter, sondern von dem Mieter erhält, der damit auch allein das Zahlungsrisiko des Untermieters trägt. Anders ließe sich vielleicht argumentieren, wenn der Mieter erkennbar auf das Geld des Untermieters angewiesen wäre und dieser offensichtlich nicht zahlungsfähig ist. Dafür bestehen aber keine Anhaltspunkte, der Vermieter äußert seine Befürchtung lediglich pauschal.

Ebenso verhält es sich mit der Störung anderer Mieter durch Musikgeräusche des Studenten. Zwar können befürchtete Beeinträchtigungen anderer Mieter eine Ablehnung des Untermieters rechtfertigen. Dann aber müssen konkrete Anhaltspunkte bestehen wie zum Beispiel negative Vorerfahrungen mit dem Untermieter. Dies gilt umso mehr als das Musizieren in der Wohnung grundsätzlich erlaubt ist. Ledig-

lich allgemeine Befürchtungen genügen nicht, um einen Untermieter abzulehnen. Darüber hinaus ist die Wohnung mit drei Personen bei drei Räumen, darunter noch ein achtjähriges Kind, nicht überbelegt.

Da der Vermieter keinen gesetzlichen Ablehnungsgrund für sich anführen kann, hat der Mieter einen Anspruch auf die Erteilung einer Erlaubnis zur Untervermietung an den Musikstudenten. Eine Klage des Mieters gegen den Vermieter ist begründet.

Alternativen

§ 553 BGB dient dem Interesse des Mieters und beschränkt die Möglichkeit des Vermieters, eine Untervermietung abzulehnen auf Fälle objektiv feststellbarer Unzumutbarkeit. Liegt ein solcher nicht vor, möchte der Vermieter aber dennoch keine Untervermietung, hat er nur wenig Spielraum. Wenn es dem Mieter wie im Beispiel allein um eine Kostenreduzierung geht, kann die Alternative sein, dass sich der Vermieter und der Mieter darauf verständigen, die finanzielle Belastung des Mieters zu senken. Wird die Miete wieder tragbar, wird eine Untervermietung überflüssig. Dies wird im Zweifel auch im Interesse des Mieters liegen, wenn er sich nur aus Kostengründen gezwungen sieht, jemand anderen mit in die Wohnung zu nehmen.

Denkbar ist, dass der Mieter einen Teil der Miete in Form von geldwerten Dienstleistungen für den Vermieter, zum Beispiel Hausmeisterdiensten erbringt, sodass sich die Miete zum Teil aus einem dann geringeren Zahlbetrag und zum Teil aus dem Geldwert der Dienstleistungen des Mieters zusammensetzt. Dadurch entsteht eine finanzielle Entlastung des Mieters bei grundsätzlich gleichbleibendem Gegenwert für den Vermieter. Die konkrete Ausgestaltung muss aber die rechtlichen und versicherungstechnischen Rahmenbedingungen der geplanten Dienste berücksichtigen.

Denkbar ist auch, dass die Vertragspartner vereinbaren, dass dem Mieter ein Teil der Miete für einen bestimmten Zeitraum erlassen oder gestundet wird. Diese Lösung wird aber nur in Betracht kommen, wenn die Aussicht besteht, dass sich die Einkommensverhältnisse des Mieters in absehbarer Zeit wieder bessern werden. Denn hier nimmt der Vermieter eine finanzielle Einbuße in Kauf. Beim Erlass verzichtet er auf sein Geld. Bei der Stundung wird die Zahlung des gestundeten Teils der Miete bis zum Ende des Zeitraums aufgeschoben. Dann ist die Miete nachzuzahlen. Über den gestundeten Betrag kann eine Ratenzahlungsvereinbarung getroffen werden, wenn der Rückstand neben der dann wieder regulären Miete nicht in einer Summe gezahlt werden kann.

DER WECHSEL DER VERTRAGSPARTEIEN

Der Fall

Die Mieter, ein Ehepaar, leben getrennt und werden sich scheiden lassen. Der Ehemann ist aus der gemeinsamen Mietwohnung ausgezogen. In der Ehewohnung lebt die Ehefrau mit den beiden gemeinsamen schulpflichtigen Kindern. Aus Anlass der bevorstehenden Scheidung einigen sich die Mieter, dass die Wohnung auch nach der Scheidung allein von der Ehefrau und den Kindern bewohnt werden und der Mietvertrag allein mit ihr fortgesetzt werden soll.

Die Mieter teilen dem Vermieter schriftlich mit, sie hätten sich darauf verständigt, dass die Ehefrau nach der Scheidung alleinige Mieterin sein werde. Der Mietvertrag werde sich also entsprechend ändern.

Der Vermieter widerspricht. Der Vertrag sei von beiden unterschrieben. Ihn allein mit der Ehefrau fortzusetzen, sei ihm vor allem finanziell zu unsicher.

Beharren Vermieter und Mieter im Beispiel auf ihren Positionen, kann sich folgender Streit entwickeln:

Vermieter widerspricht einer Änderung des Mietvertrags. Da beide Ehepartner den Mietvertrag unterschrieben hätten, seien beide in der Pflicht. Der Vertrag könne gegen seinen Willen nicht geändert werden.
§: Er beruft sich auf den Grundsatz „Vertrag ist Vertrag". Eingegangene Verpflichtungen können nicht einseitig geändert werden. Dies gilt auch für den Wechsel des Vertragspartners. Einseitige Veränderungen sind nur möglich, wenn gesetzliche Vorschriften sie erlauben oder anordnen.

Mieter erwidern, das sei in ihrem Fall anders. Als Ehepartner könnten sie für den Fall der Scheidung vereinbaren, mit wem von ihnen der Mietvertrag fortgesetzt werden solle. Das solle bei ihnen die Ehefrau sein. Mit der Mitteilung an den Vermieter ändere sich dann automatisch der Mietvertrag zum Zeitpunkt der Scheidung.

§: Sie berufen sich auf § 1568 a Absatz 3 Satz 1 Nr. 1 BGB. Danach können Ehepartner sich darauf einigen, wer von ihnen den Mietvertrag nach der Scheidung fortsetzen soll. Der Mietvertrag ändert sich mit dem Zugang der entsprechenden Mitteilung bei ihrem Vermieter. Die Änderung gilt ab der Rechtskraft der Scheidung.

Vermieter ist empört. In was für eine Lage komme er denn jetzt? Ihm sei die Fortsetzung des Vertrags allein mit der Ehefrau nicht zumutbar. Sie arbeite nur halbtags. Ob er seine Miete noch bekomme, wenn der Mann aus dem Vertrag entlassen sei, sei deshalb zu unsicher.

Mieter antworten, die Ehefrau lebe auch jetzt mit den Kindern allein in der Wohnung und zahle allein die Miete. Der Vermieter habe seine Miete bisher immer bekommen. Es gebe keinen Grund anzunehmen, dass sich das ändern werde.

Vermieter meint, für ihn sei das Risiko genug. Er müsse doch nicht warten, bis tatsächlich die erste Zahlung ausbleibe. Wenn der Ehemann nicht im Mietvertrag bleibe, werde er den Vertrag nicht fortsetzen.

§: Wenn in der Person des verbleibenden Mieters ein wichtiger Grund besteht, kann ein Vermieter das Mietverhältnis außerordentlich fristgebunden kündigen. Ein wichtiger Grund liegt insbesondere bei Zahlungsunfähigkeit vor. Die Kündigung muss innerhalb eines Monats ab Erhalt der Mitteilung der Ehepartner erklärt werden und beendet das Mietverhältnis in der gesetzlichen Kündigungsfrist (§ 1568 a Absatz 3 Satz 2 BGB, § 563 Absatz 4 BGB).

ZUSPITZUNG:

Mieter halten dies für eine leere Drohung.
§: Haben die Mieter Recht, muss der Vermieter die Änderung des Mietvertrags hinnehmen. Er kann weder den Verbleib des Ehemanns im Mietvertrag verlangen noch den Mietvertrag mit der Ehefrau kündigen, weil ein Kündigungsgrund nicht besteht.

Vermieter droht den Mietern die Kündigung des Mietvertrags an.
§: Hat der Vermieter Recht, kann er den Mietvertrag mit der Ehefrau kündigen, weil in ihrer Person ein wichtiger Kündungsgrund besteht (§ 1568 a Absatz 3 Satz 2 BGB, 563 Absatz 4 BGB).

Die Rechtslage

Wird ein Mietvertrag abgeschlossen, kommt darin Vertrauen zum Ausdruck: Die Vertragsparteien gehen davon aus, dass zwischen ihnen die wechselseitigen Rechte und Pflichten korrekt erfüllt werden. Deshalb sind die **Vertragspartner** später **nicht frei austauschbar**. Eine Änderung ist nur möglich, wenn sie zwischen den Parteien vereinbart oder gesetzlich vorgesehen ist. So zum Beispiel bei einem Eigentümerwechsel: Veräußert der bisherige Vermieter und Eigentümer das Haus oder die Wohnung, tritt der Erwerber kraft Gesetzes in die Rechte und Pflichten aus dem Mietverhältnis. Er übernimmt es, wie sein Vorgänger es hinterlassen hat, und setzt es zu denselben Bedingungen fort (§ 566 Absatz 1 BGB). Dasselbe gilt, wenn der bisherige Vermieter stirbt, für die Fortsetzung des Mietverhältnisses mit seinen Erben (§ 1922 Absatz 1 BGB, § 1942 Absatz 1 BGB). Umgekehrt bestehen für den Fall des Todes des Mieters Sondervorschriften für die Fortsetzung mit dem Ehe- oder Lebenspartner oder anderen Familienangehörigen (§§ 563 ff. BGB) beziehungsweise treten die Erben des verstorbenen Mieters in dessen Rechte und Pflichten, wenn sie das Erbe nicht ausschlagen (§§ 1944 ff. BGB).

Einen weiteren Fall regelt § 1568 a BGB. Er betrifft die Fortsetzung des Mietverhältnisses **nach der Scheidung** von

Ehepartnern und gilt auch für die eingetragene Lebenspartnerschaft (§ 17 LPartG). Die Vorschrift regelt, in welcher Form entschieden werden muss, welcher Partner nach der Scheidung in der ehelichen Wohnung bleiben darf. Die Vorschrift ist am 1. September 2009 in Kraft getreten und hat die bis dahin geltende Regelung der HausratsVO abgelöst. Nach § 5 HausratsVO konnte das Familiengericht den Mietvertrag aus Anlass einer Scheidung umgestalten und die Wohnung einem der Partner allein zusprechen, der bislang nur Mitmieter oder noch gar nicht Mieter war. Der Vermieter war zwar nach § 7 HausratsVO an dem Verfahren zu beteiligen, die Entscheidung des Gerichts konnte jedoch auch gegen seinen Willen getroffen werden. Der Partner, der die Wohnung nicht mehr bewohnen sollte, wurde von seinen Mieterpflichten befreit. Aber das Gericht ordnete im Interesse des Vermieters an, dass der ausscheidende Partner weiterhin für die Miete haften musste oder eine Sicherheit dafür zu leisten war.

§ 1568 a BGB sieht nun Wege vor, durch die der **Mietvertrag mit der Scheidung einseitig geändert** wird, ohne dass der Vermieter wegen des Mieterwechsels eine Sicherung für die Miete erhält. Ein Weg zur Änderung des Mietvertrags führt über die **Einigung der Ehepartner**, wer die Wohnung nach der Scheidung bewohnen soll. In diesem Fall genügt es für eine Änderung des Mietvertrags, dass die Ehepartner dem Vermieter mitteilen, wer nach der Scheidung Mieter sein wird (§ 1568 a Absatz 3 Satz 1 Nr. 1 BGB). Der Mietvertrag ändert sich mit dem Zugang der Mitteilung beim Vermieter, die Änderung gilt aber frühestens ab der Scheidung. Das Gesetz schreibt für die Mitteilung keine besondere Form vor, sie sollte aber schriftlich und so erfolgen, dass ihr Zugang nachweisbar ist (siehe Seite 108). Es genügt nicht, dass lediglich der Auszug eines Mieters angezeigt wird, vielmehr muss deutlich werden, dass einer der Mieter allein den Vertrag fortsetzt. Können sich die Ehepartner nicht einigen, kann der Partner, der die Wohnung dringender benötigt, beim Familiengericht eine **Überlassungsentscheidung durch das Gericht** beantragen (§ 1568 a Absatz 1 BGB). Der Vertrag ändert sich mit der Rechtskraft der Entscheidung des Gerichts (§ 1568 a Absatz 3 Satz 1 Nr. 2 BGB). Die Änderung des Mietvertrags können die Ehepartner auch noch nach der Scheidung geltend machen, jedoch spätestens bis zu einem Jahr nach der Rechtskraft der Scheidung (§ 1568 a Absatz 6 BGB).

Der Mietvertrag wird mit dem bleibenden Partner fortgesetzt, während der ausscheidende Partner endgültig aus der Verantwortung gegenüber dem Vermieter entlassen wird. Diese Regelung gilt auch, wenn der bleibende Partner bisher nicht Mieter war, er tritt dann anstelle des ausscheidenden Partners in den Mietvertrag ein (§ 1568 a Absatz 3 Satz 1 BGB).

Eine Sicherung für die zukünftige Miete kann der Vermieter nicht mehr verlangen. Die Nachhaftung des alten Rechts entfällt. An ihre Stelle tritt ein **außerordentliches fristgebundenes Kündigungsrecht** des Vermieters. Es setzt voraus, dass die Person des eintretenden Mieters einen wichtigen Grund zur Kündigung gibt (§ 1568 a Absatz 3 Satz 2 BGB). Dies kann zum Beispiel die Zahlungsunfähigkeit des eintretenden Mieters sein, die Befürchtung, er könne den Hausfrieden stören, oder auch eine Feindschaft im Verhältnis zum Vermieter. Der Vermieter muss die Kündigung innerhalb eines Monats nach Erhalt der Mitteilung der Ehepartner aussprechen. Sie beendet dann das Mietverhältnis in der gesetzlichen Kündigungsfrist, das heißt bei einer Kündigung bis spätestens zum dritten Werktag eines Monats zum Ablauf des übernächsten Monats, danach zum Ablauf des Folgemonats (§ 569 Absatz 3 BGB, § 573 d BGB; siehe Seiten 107 f.).

Übrigens: § 1568 a BGB betrifft die Zeit nach der Scheidung. Besteht vor einer Scheidung während der Zeit des Getrenntlebens die Notwendigkeit, die Nutzung der Ehewohnung zu regeln, gilt § 1361 b BGB. Die Vorschrift erlaubt dem Familiengericht, vorläufige Maßnahmen zu treffen, welcher Ehepartner wie die Wohnung nutzen darf. Eine Änderung des Mietvertrags ist mit ihnen nicht verbunden.

Fazit

Im Beispielfall haben die Ehepartner sich darauf verständigt, dass allein die Ehefrau nach der Scheidung die Wohnung bewohnen soll und dies dem Vermieter mitgeteilt. Mit Erhalt der Mitteilung ist der Mietvertrag dadurch geändert. Der bisher gemeinsame Mietvertrag wird **allein mit der Ehefrau fortgesetzt**, der Ehemann scheidet aus dem Vertrag aus.

Der Vermieter, der damit den Wegfall eines Mietschuldners hinnehmen muss, kann nach der neuen gesetzlichen Regelung wegen des Wechsels außerordentlich kündigen, wenn in der Person des verbleibenden Mieters ein **wichtiger Grund zur Kündigung** besteht. Insoweit kommt allein eine **Zahlungsunfähigkeit** der Ehefrau in Betracht, auf andere Umstände hat sich der Vermieter nicht berufen. Für eine Zahlungsunfähigkeit der Ehefrau bestehen aber keine Anhaltspunkte. Die Miete wurde gezahlt. Die Ehefrau, die die Wohnung bereits jetzt allein mit ihren Kindern bewohnt, hat die Miete nach ihrer Darstel-

lung allein bezahlt. Anhaltspunkte dafür, dass dies nicht stimmt oder sich in Zukunft ändern könnte, sind nicht genannt. Die Befürchtung des Vermieters ist pauschal geäußert. Eine Zahlungsunfähigkeit der Ehefrau ist demnach nicht anzunehmen, sodass der Vermieter auch keinen Kündigungsgrund hat und eine Kündigung unberechtigt ist. Der Mietvertrag wird mit der Ehefrau fortgesetzt.

Das außerordentliche Kündigungsrecht erlischt innerhalb eines Monats, nachdem der Vermieter die Mitteilung erhalten hat. Sollten künftig tatsächlich Mietrückstände auftreten, stehen dem Vermieter gegebenenfalls die allgemeinen Kündigungsrechte zur Verfügung (siehe Seiten 121 ff.).

Alternativen

Die gesetzliche Neuregelung über die Zuordnung der Ehewohnung entlässt den ausscheidenden Ehepartner aus der finanziellen Verantwortung. Der Vermieter verliert einen Mietschuldner, bekommt aber anders als nach dem alten Recht dafür keine finanzielle Sicherung. Diese Konsequenz ist die notwendige Folge der gesetzlichen Regelung, zu ihr gibt es keine Alternative.

In seltenen Fällen sind die Ehepartner noch bereit, den Vermieter ähnlich abzusichern wie nach dem alten Recht, zum Beispiel, indem der ausscheidende Ehepartner oder ein Dritter eine zusätzliche Mietsicherheit anbietet.

DIE BERUFLICHE NUTZUNG DER WOHNUNG

Der Fall

Der Mieter ist Architekt und arbeitet freiberuflich für ein Architekturbüro. Er hat eine 100 qm große Vierzimmerwohnung gemietet und zahlt 800 Euro Miete (zuzüglich Betriebskosten). Nach dem Mietvertrag ist die Wohnung als Wohnraum vermietet. Der Mieter arbeitet in der Wohnung, ohne dass die berufliche Tätigkeit nach außen erkennbar ist. Er entwirft und zeichnet Planungen am Computer. Besprechungen etwa mit Bauherren oder Kollegen finden nicht beim ihm, sondern ausschließlich in dem Architekturbüro statt.

Als der Vermieter erfährt, dass der Mieter in der Wohnung arbeitet, verlangt er, dass dieser das unterlässt. Die Wohnung sei zum Wohnen, nicht als Büro vermietet.

Der Mieter weigert sich. Beharren Vermieter und Mieter im Beispiel auf ihren Positionen, kann sich folgender Streit entwickeln:

Vermieter verlangt von dem Mieter, dass er die berufliche Tätigkeit einstellt.
§: Er beruft sich auf den Mietvertrag. Ist nach dem Mietvertrag nur eine Wohnnutzung erlaubt, darf keine andere Nutzung erfolgen. Nutzt ein Mieter die Wohnung vertragswidrig, kann ein Vermieter die Einstellung der Nutzung verlangen (§ 541 BGB).

Mieter weigert sich. Es bestehe doch gar kein Unterschied zur Wohnnutzung. Er arbeite bloß am Computer, Bauherren oder Kollegen kämen nicht in die Wohnung. Alles verliefe ohne andere zu stören.
§: Er beruft sich darauf, dass auch berufliche Tätigkeiten zur Wohnnutzung rechnen können, wenn sie in Bezug auf Schädigungen der Wohnung oder Störungen anderer Personen keine anderen Auswirkungen haben als eine übliche Wohnnutzung.

Vermieter erwidert, der Vertrag sei eindeutig. Wohnung sei Wohnung, Büro sei Büro. Und ein Büro dulde er nicht.

Mieter entgegnet, er betreibe ja gar kein Büro. Seine berufliche Tätigkeit falle gar nicht auf. Es gebe keine Besucher, er habe weder ein Klingel- noch ein Türschild als Architekt und auch keine Büroadresse unter seiner Wohnanschrift.
§: Eine berufliche Tätigkeit darf, wenn sie zur Wohnnutzung zählen soll, auch nicht nach außen in Erscheinung treten.

Vermieter mahnt den Mieter ab, die Tätigkeit einzustellen und setzt ihm eine angemessene Frist dazu.

ZUSPITZUNG:

Mieter verteidigt sich gegen seine Inanspruchnahme.
§: Hat der Mieter Recht, darf er seine berufliche Tätigkeit fortsetzen, weil sie zur Wohnnutzung rechnet. Der Vermieter muss sie dulden. Eine Klage des Vermieters ist unbegründet, ebenso eine Kündigung.

Vermieter verklagt den Mieter auf Einstellung der beruflichen Tätigkeit.
§: Hat der Vermieter Recht, ist die berufliche Tätigkeit des Mieters vertragswidrig. Nach erfolgloser Abmahnung kann der Vermieter verlangen, dass der Mieter die Tätigkeit einstellt (§ 541 BGB). Sonst kommt auch die ordentliche fristgebundene Kündigung (§ 573 Absatz 2 Nr. 1 BGB) oder die außerordentliche fristlose Kündigung aus wichtigem Grund (§ 543 Absatz 1 BGB) in Betracht.

Die Rechtslage

Zu welchem Zweck Mieträume genutzt werden dürfen, richtet sich nach dem Mietvertrag. Vermieter und Mieter vereinbaren, ob Räume zum Wohnen oder zum Betrieb eines Gewerbes genutzt werden dürfen oder ein sogenanntes Mischmietverhältnis begründet werden soll, bei dem beides erlaubt ist. Entscheidend ist die tatsächliche Vereinbarung, nicht die Überschrift des Mietvertrags.

Die Berufsausübung in einer Wohnung ist kein Problem, wenn der Vermieter sie **mit dem Mietvertrag** erlaubt hat. Ist die Berufsausübung wie üblich auf einen bestimmten Rahmen, eine Art der Tätigkeit oder einen gewissen Umfang beschränkt, muss der Mieter diese Grenzen einhalten.

Konflikte können aber entstehen, wenn Räume allein als Wohnraum vermietet sind und der Mieter darin einer beruflichen Tätigkeit nachgehen will oder ohne eine Erlaubnis des Vermieters bereits nachgeht. Hier besteht eine **Duldungspflicht des Vermieters** und eine Erlaubnis ist nicht erforderlich, wenn die Berufsausübung noch dem Bereich des Wohnens zuzuordnen ist und sie keine Schädigung der Wohnung und Störung anderer Bewohner mit sich bringt. Dazu können zum Beispiel gelegentliche Büroarbeiten in der Wohnung gehören (LG Stuttgart, Entscheidung vom 20.2. 1992, Az. 16 S 327/91, WuM 1992, Seite 250), Heimarbeitsplätze mit der Nutzung von Computer, Telefon und Telefax (AG Charlottenburg, Entscheidung vom 13.1. 1992, Az. 3 C 548/91, MM 1992, Seite 357: Versicherungsvertreter), die Unterrichtsvorbereitungen eines Lehrers oder schriftstellerische Tätigkeiten. In einem Fall wurden auch Goldschmiedearbeiten der Wohnnutzung zugerechnet (LG Hamburg, Entscheidung vom 3.4. 1998, Az. 311 S 245/97, WuM 1998, Seite 491).

Allerdings darf die geschäftliche Tätigkeit in der Wohnung nicht nach außen in Erscheinung treten. Tätigkeiten, die regelmäßigen Kundenverkehr nach sich ziehen oder nach der Vorstellung des Mieters nach sich ziehen sollen, muss der Vermieter nicht dulden (LG Stuttgart, Entscheidung vom 22.9. 1994, Az. 6 S 266/94, WuM 1997, Seite 215). Das Gleiche gilt, wenn der Mieter die Wohnung als Geschäftsadresse angibt oder Mitarbeiter beschäftigt (BGH, Entscheidung vom 14.7. 2009, Az. VIII ZR 165/08, NZM 2009, Seite 658).

Muss der Vermieter die berufliche Tätigkeit nicht dulden, schließt dies die Tätigkeit zwar nicht aus, aber der Mieter benötigt eine Erlaubnis des Vermieters. Ob der Vermieter sie gibt, liegt in seinem Ermessen. Er kann sie von Bedingungen abhängig machen, zum Beispiel dafür einen Mietzuschlag verlangen. Die Gerichte räumen dem Mieter aber nach dem Grundsatz von Treu und Glauben (§ 242 BGB) einen **Anspruch auf eine Erlaubnis** des Vermieters ein, wenn die geschäftliche Tätigkeit nur geringen Kundenverkehr mit sich bringt und ohne Mitarbeiter ausgeübt wird, zum Beispiel bei einem Mieter, der

Existenzgründer oder überwiegend am Schreibtisch tätig ist (BGH, Entscheidung vom 14.7. 2009, Az. VIII ZR 165/08, NZM 2009, Seite 658).

Hat der Mieter einen Anspruch auf eine Erlaubnis, erteilt der Vermieter sie aber nicht, kann der Mieter auf die Erteilung der Erlaubnis klagen. Auf keinen Fall sollte er die Tätigkeit ohne eine Erlaubnis einfach aufnehmen. Denn auch wenn die Erlaubnis hätte erteilt werden müssen, ist die unerlaubte berufliche Nutzung der Wohnung eine Pflichtverletzung, wegen der der Vermieter die Kündigung des Mietvertrags aussprechen kann, außerordentlich fristlos (§ 543 Absatz 1 BGB) oder ordentlich fristgebunden (§ 573 Absatz 2 Nr. 1 BGB; siehe Seite 92). Erst recht kann der Vermieter eine Kündigung aussprechen, wenn der Mieter eine erlaubnispflichtige Tätigkeit ohne die erforderliche Erlaubnis ausübt. Will er nicht so weit gehen, kann er statt einer Kündigung nach erfolgloser Abmahnung des Mieters die Unterlassung und Einstellung der Tätigkeit verlangen (§ 541 BGB).

Fazit

Im Beispielfall kommt es entscheidend darauf an, ob eine **Duldungspflicht des Vermieters** besteht. Die Räume sind nach dem Mietvertrag allein zur Wohnnutzung vermietet, und der Mieter hat seine berufliche Tätigkeit bereits aufgenommen, ohne den Vermieter zu fragen. Damit hat er gegen den Vertrag verstoßen, wenn er eine Erlaubnis benötigt hätte, nicht aber, wenn der Vermieter die Tätigkeit dulden muss, was hier anzunehmen ist. Der Mieter arbeitet am Computer und hat in der Wohnung keinen Geschäftsverkehr. Besprechungen finden anderorts statt. Im Übrigen sind Beschädigungen der Wohnung oder Störungen anderer Personen vom Architektenberuf nicht zu erwarten. Außerdem tritt die berufliche Nutzung der Wohnung nach außen auch nicht in Erscheinung. Der Vermieter kann deshalb die berufliche Tätigkeit nicht untersagen. Eine Klage des Vermieters gegen den Mieter ist unbegründet.

Alternativen

Möchte der Mieter eine nur als Wohnraum vermietete Wohnung auch beruflich nutzen, erscheint dies zunächst einmal gegen die Abmachung. Die Befürchtungen des Vermieters gelten in erster Linie den anderen Mietern. Denn werden sie gestört, kann das auf ihn zurückfallen. So zum Beispiel, wenn der „Heimschreiner" unentwegt sägt, bohrt und hämmert und die anderen Mieter wegen der Störungen die Miete mindern.

Aber die Erlaubnis zu einer beruflichen Nutzung muss nicht nur ein risikoreiches Zugeständnis an den Mieter sein. In der modernen Arbeitswelt haben sich viele Formen der Berufausübung entwickelt, die für Nachbarn nicht mehr oder weniger störend sind als das Wohnen auch. Außerdem wird die Verbindung von Wohnen und Arbeiten nicht selten auch als Gewinn an Lebensqualität geschätzt, Stichwort:

„kurze Wege". Ein Vermieter, der dies ermöglicht, bietet damit attraktive Räumlichkeiten und kann die Chancen steigern, seine Wohnung zu vermieten.

So betrachtet kann sich auch die Frage stellen, warum die berufliche Nutzung nicht nach außen in Erscheinung treten darf. Ein dezentes Büroschild kann ein Hinweis darauf sein, dass hier „modernes" Wohnen möglich ist.

Will der Mieter seine Wohnung auch beruflich nutzen, sollte er vor der Aufnahme der Tätigkeit die Erlaubnis des Vermieters dazu einholen und sich nicht darauf verlassen, der Vermieter müsse die Tätigkeit dulden oder er werde einen Anspruch auf eine Erlaubnis haben. Denn abgesehen davon, dass dies – und deshalb auch der Ausgang eines Rechtsstreits – unklar sein kann, kann der Vermieter sich übergangen fühlen, wenn er in seinem Haus nicht gefragt wird. Eine frühzeitige Information darüber, was geplant ist, kann dazu beitragen, Bedenken auszuräumen. Macht der Plan des Mieters Vorkehrungen erforderlich, um Störungen auszuschließen, zum Beispiel einen besseren Schallschutz, damit Telefonate im Heimbüro nicht stören, kann vereinbart werden, dass die Wohnung auf Kosten des Mieters oder des Vermieters hergerichtet wird. Im Gegenzug erwartet der Vermieter vielleicht eine angemessene Mieterhöhung. Dann kann der Vermieter die Erlaubnis erteilen. Erst recht sollte der Vermieter um seine Genehmigung gebeten werden, wenn die Tätigkeit ohne eine Erlaubnis begonnen wurde.

ZUM ENDE DER MIETZEIT

Neigt sich das Mietverhältnis dem Ende zu, denken die Vertragsparteien oft schon an die Zeit danach. Aber auch die Kündigung und die Vertragsabwicklung sollten sorgfältig erfolgen. Denn hier lauern noch zahlreiche Fallstricke, die den Parteien aufwendige Streitigkeiten bescheren können – lange über das Vertragsende hinaus. Die richtige Weichenstellung kann viele Probleme vermeiden.

DIE KÜNDIGUNG DURCH DEN MIETER

Der Fall

Der Mieter wohnt seit dem 1. Januar 2001 in seiner Wohnung. Der Mietvertrag wurde auf einem Vertragsformular des Vermieters am 15. Dezember 2000 unterschrieben. Der zeitlich unbefristete Mietvertrag besagt, dass der Mieter und der Vermieter das Mietverhältnis spätestens zum dritten Werktag eines Monats zum Ablauf des übernächsten Monats kündigen können und sich die Kündigungsfrist für beide Vertragspartner nach einer Vertragsdauer von fünf, acht und zehn Jahren um jeweils drei Monate verlängert. Der Mieter möchte zum 1. Januar 2011 in eine neue Wohnung ziehen, für die er bereits einen Mietvertrag unterschrieben hat.

Am Montag, den 4. Oktober 2010 verfasst der Mieter einen eigenhändig unterschriebenen Brief an den Vermieter und teilt ihm mit, er kündige das Mietverhältnis zum 31. Dezember 2010. Den Brief wirft er am selben Tag um 20 Uhr persönlich in den Hausbriefkasten des Vermieters. Am nächsten Tag ruft ihn der Vermieter an. Die Kündigung akzeptiere er so nicht. Der Mieter habe sie nicht begründet, deshalb sei sie schon formal nicht in Ordnung. Außerdem habe der Mieter eine Kündigungsfrist bis Ende Juli 2011. Der Mieter zieht am 31. Dezember 2010 aus und zahlt keine Miete mehr. Der Vermieter verlangt weiterhin die Miete, zunächst die Miete für Januar 2011.

Beharren Vermieter und Mieter im Beispiel auf ihren Positionen, nimmt der Konflikt zwischen ihnen häufig folgende Entwicklung:

Vermieter verlangt vom Mieter die Miete für Januar 2011. Der Mietvertrag bestehe fort. Die Kündigung sei bereits unwirksam, weil der Mieter in seiner Kündigung keinen Kündigungsgrund genannt habe.
§: Vermieter beruft sich auf § 535 Absatz 2 BGB. Wird ein Mietvertrag abgeschlossen, hat ein Vermieter als Gegenleistung für die Überlassung der Wohnung einen Anspruch auf die Miete bis der Vertrag endet. Ein unbefristeter Mietvertrag kann durch eine Kündigung beendet werden (§ 542 BGB).

Mieter entgegnet, als Mieter müsse er für eine Kündigung mit Kündigungsfrist keinen Grund haben und somit in der Kündigung auch keinen Begründung angegeben.
§: Für eine ordentliche fristgebundene Kündigung braucht der Mieter keinen Kündigungsgrund. Eine Begründung der Kündigung ist deshalb auch nicht erforderlich (vergleiche § 568 Absatz 1 BGB).

Vermieter erwidert, der Mieter habe aber auch die Kündigungsfrist nicht eingehalten. Da der Vertrag schon länger als acht Jahre dauere, gelte eine Frist von neun Monaten. Eine Kündigung zum Jahresende sei auch deshalb nicht möglich gewesen.
§: Der Vermieter beruft sich auf die Kündigungsfristen des Mietvertrags.

Mieter antwortet, als Mieter habe er nur eine Kündigungsfrist von drei Monaten. Längere Kündigungsfristen seien nicht zulässig.
§: Nach § 573 c Absatz 1 BGB kann eine ordentliche fristgebundene Kündigung spätestens am dritten Werktag eines Monats zum Ablauf des übernächsten Monats ausgesprochen werden. Eine anders lautende Vereinbarung zum Nachteil des Mieters ist unwirksam (§ 573 c Absatz 4 BGB).

Vermieter bleibt bei seiner Meinung und ergänzt, der Mieter habe auch nicht rechtzeitig gekündigt. Er habe die Kündigung nicht wie vorgeschrieben am dritten Werktag erhalten, sondern sie erst am Morgen des 5. Oktober in seinem Briefkasten gefunden. Das sei aber schon der vierte Werktag im Oktober. Deshalb verlängere sich die Frist um einen Monat. Der Vertrag bestehe jedenfalls bis Ende Juli 2011 fort.
§: Erfolgt eine ordentliche fristgebundene Kündigung später als am dritten Werktag, verlängert sich die Kündigungsfrist um einen weiteren Monat. Entscheidend ist der Zugang des Kündigungsschreibens beim Vermieter. Es muss so in den Herrschaftsbereich des Vermieters gelangen, dass der unter normalen Umständen vom Inhalt des Schreibens Kenntnis nehmen kann (§ 130 Absatz 1 BGB).

Mieter erwidert, natürlich sei seine Kündigung rechtzeitig. Er habe den Brief doch am 4. Oktober um 20 Uhr in den Briefkasten geworfen. Wann der Vermieter ihn dann lese, sei nicht mehr seine Sache.

Vermieter bleibt bei seiner Meinung. Um 20 Uhr schaue er nicht mehr in den Briefkasten. Um die Uhrzeit müsse doch niemand mehr mit Post rechnen.
Vermieter fordert den Mieter zur Zahlung der Januarmiete auf.

ZUSPITZUNG:

Mieter verteidigt sich gegen seine Inanspruchnahme **§**: Hat der Mieter Recht, ist das Mietverhältnis durch seine Kündigung zum 31. Dezember 2010 beendet. Er muss keine weitere Miete zahlen. Die Zahlungsklage des Vermieters ist unbegründet.	**Vermieter** verklagt den Mieter auf Zahlung der Miete für Januar 2011. **§**: Hat der Vermieter Recht, ist das Mietverhältnis noch nicht beendet. Der Vermieter kann die Miete für Januar 2011 verlangen.

Die Rechtslage

Ein **Mietvertrag** kann zeitlich befristet vereinbart werden (siehe Seite 110). Meist wird er aber **zeitlich unbefristet** geschlossen. Er endet nicht automatisch, sondern muss beendet werden. Dies kann einvernehmlich geschehen, wenn Vermieter und Mieter eine Vertragsaufhebung vereinbaren.

Will aber nur eine Seite einen Schlusspunkt setzen, muss sie die **Kündigung** aussprechen (§ 542 BGB). Wenn der Mieter kündigen will, ist zu unterscheiden zwischen einer ordentlichen fristgebundenen Kündigung und einer außerordentlichen Kündigung aus wichtigem Grund. Weitere Kündigungsrechte des Mieters können sich bei besonderen Konstellationen ergeben, wenn das Gesetz dem Mieter die Möglichkeit zur Kündigung einräumt, zum Beispiel bei einer angekündigten Wohnungsmodernisierung (siehe Seite 67) oder wenn ihm keine Untervermietung erlaubt wird (siehe Seite 92).

Eine **ordentliche fristgebundene Kündigung** bedeutet, dass der Mieter das Mietverhältnis zum Ablauf einer durch die Kündigung in Gang gesetzten Frist beenden kann. Das Wort „Kündigung" muss dabei nicht fallen, es genügt, wenn deutlich wird, dass das Mietverhältnis beendet werden soll. Ein **Kündigungsgrund** ist nicht erforderlich, sodass der Vermieter den Verlust seines Mieters auch hinnehmen muss, wenn es aus seiner Sicht keinen Anlass dafür gibt.

Für die Kündigung ist die **Schriftform** vorgeschrieben, das heißt sie muss schriftlich verfasst und eigenhändig unterschrieben sein, sonst ist sie unwirksam (§ 568 Absatz 1 BGB, § 126 BGB; siehe Seite 48). Sind mehrere Personen Mieter, müssen alle unterschreiben, sind mehrere Personen Vermieter, muss die Kündigung an alle gerichtet werden. Sonst ist die Kündigung unwirksam.

Die **Kündigungsfrist** ist gesetzlich geregelt. Es gilt, dass eine Kündigung, die bis spätestens zum dritten Werktag eines Monats erklärt wird, das Mietverhältnis zum Ablauf des übernächsten Monats beendet (§ 573 c Absatz 1 BGB). Man spricht vereinfachend von einer „Dreimonatsfrist", genau genommen sind es drei Monate abzüglich der Zeit bis zum dritten Werktag. Erfolgt die Kündigung nicht mehr am dritten Werktag, wird sie nicht unwirksam, die Frist verlängert sich aber bis zum Ablauf eines weiteren Monats. Zum Beispiel: Bei einer Kündigung am dritten Werktag des März endet der Mietvertrag am 31. Mai, bei einer Kündigung am vierten Werktag des März erst am 30. Juni. Auch ein Samstag ist ein Werktag und zählt bei der Berechnung der Werktage mit (BGH, Entscheidung vom 27.4. 2005, Az. VIII ZR 206/04, WuM 2005, Seite 465). Für den Fall, dass der dritte Werktag ein Samstag wäre, wird zum Teil angenommen, dass dann der Samstag nicht zähle und erst der folgende Werktag als dritter gilt, in der Regel der Montag (LG Aachen, Entscheidung vom 22.10. 2003, Az. 6 T 67/03, WuM 2004, Seite 32). Der BGH hat die Frage offen gelassen, sodass sie noch nicht höchstrichterlich entschieden ist (BGH, Entscheidung vom 27.4. 2005, Az. VIII ZR 206/04, WuM 2005, Seite 465). Wer als Mieter den Samstag als Werktag rechnet, ist auf der sicheren Seite und schafft klare Verhältnisse.

Der Mieter hat keinen Anspruch, dass die Kündigungsfrist entfällt oder verkürzt wird, wenn er einen oder mehrere **Nachmieter** stellt. Die Einhaltung der gesetzlichen Kündigungsfrist wird als zumutbar für den Mieter betrachtet, der Vermieter ist nicht verpflichtet, einen Nachmieter zu akzeptieren. Dies kann erst bei längeren Vertragsbindungen in Betracht gezogen werden, zum Beispiel bei einem langfristigen Kündigungsverzicht (BGH, Entscheidung vom 22.12. 2003, Az. VIII ZR 81/03, NZM 2004, Seite 216; siehe Seite 109).

Entscheidend für den Lauf der Frist ist der **Zugang des Kündigungsschreibens** beim Vermieter (§ 130 Absatz 1 BGB). Bei einer persönlichen Übergabe ist dessen Zeitpunkt kein Problem. Sonst geht die Kündigung zu, wenn sie so in den **Herrschaftsbereich** des Vermieters gelangt, dass er unter normalen Umständen von ihr Kenntnis nehmen kann; ob er sie am selben Tag liest, ist nicht entscheidend. Wird die Kündigung mit der Post geschickt oder in den Hausbriefkasten geworfen, kommt es auf den Zeitpunkt des Eingangs an. Geht sie so rechtzeitig ein, dass noch mit Post gerechnet werden muss, ist die Kündigung am Tag des Einwurfs zugegangen, anderenfalls erst am nächsten Tag. Die Bewertung kann bei den Gerichten unterschiedlich ausfallen. Ein nach 18 Uhr eingeworfener Brief wird jedenfalls , wenn keine besonderen Umstände vorliegen, als für den Tag zu spät gelten, sodass er erst am nächsten Tag zugegangen ist (BVerfG, Entscheidung vom 15.10. 1992, Az. Vf.117-VI-91, NJW 1993, Seite 518). Der Zugang der Kündigung sollte nachweisbar dokumentiert sein, zum Beispiel durch die Versendung per Einschreiben mit Rückschein, eine Übergabe gegen Empfangsquittung des Vermieters oder Übergabe durch einen Boten, der im Streitfall den Zugang bezeugen kann. Auch kann ein Gerichtsvollzieher mit der Zustellung beauftragt werden.

Die gesetzliche Kündigungsfrist darf nicht zu Lasten des Mieters verlängert werden, anderslautende Vereinbarungen sind unwirksam (§ 573 Absatz 4 BGB). Sie gilt **auch für Altmietverträge**, das heißt für Verträge, die vor der Mietrechtsreform zum 1. September 2001 nach dem bis dahin geltenden Recht abgeschlossen wurden. Nach dem alten Recht (§ 565 Absatz 2 BGB) konnten der Mieter wie auch der Vermieter den Vertrag bis spätestens zum dritten Werktag eines Monats zum Ablauf des übernächsten Monats kündigen, und verlängerte sich die Kündigungsfrist nach einer Vertragsdauer von fünf, acht und zehn Jahren um jeweils drei Monate. Diese längeren Fristen sind nicht mehr zulässig. Etwas anderes gilt nur noch, wenn damals eine längere Frist ausnahmsweise individuell vereinbart wurde, also ohne Formular-Mietvertrag. In diesen sehr seltenen Fällen sind die alten Fristen weiterhin maßgeblich (Artikel 229 § 3 Absatz 10 EGBGB).

Im Übrigen kann sich eine längere Bindung des Mieters aber daraus ergeben, dass zwischen den Vertragspartnern ein **befristeter Kündigungsverzicht** vereinbart wurde. Liegt dem eine Formularklausel des Vermieters zugrunde (siehe Seite 74), darf ein Verzicht bis zu maximal vier Jahren vereinbart werden und muss die Kündigung sowohl für den Mieter als auch für den Vermieter ausgeschlossen sein; sonst ist der Verzicht unwirksam (BGH, Entscheidung vom 6.4. 2005, Az. VIII ZR 27/04, NJW 2005, Seite 1574). Ist eine Staffelmiete vereinbart (siehe Seite 47), kann ein entsprechender Verzicht durch eine Formularklausel auch einseitig nur für den Mieter geregelt werden (BGH, Entscheidung vom 23.11. 2005, Az. VIII ZR 154/04, WuM 2006, Seite 97). Aufgrund einer individuellen Vereinbarung kann ein Kündigungsverzicht bis zu fünf Jahren verabredet werden (BGH, Entscheidung vom 22.12. 2003, Az. VIII ZR 81/03, NZM 2004, Seite 216).

Eine **außerordentliche fristlose Kündigung** aus wichtigem Grund beendet das Mietverhältnis mit sofortiger Wirkung. Auch sie muss, um wirksam zu sein, schriftlich erfolgen (§ 568 Absatz 1 BGB, § 126 BGB; siehe Seite 48) und dem Vermieter zugehen (§ 130 Absatz 1 BGB; siehe Seite 108). Sind mehrere Personen Mieter, müssen alle unterschreiben, sind mehrere Personen Vermieter, muss die Kündigung an alle gerichtet werden, sonst ist die Kündigung ebenfalls unwirksam.

Anders als bei der ordentlichen fristgebundenen Kündigung muss hier der **Grund der Kündigung** genannt werden (§ 569 Absatz 4 BGB). Ein wichtiger Grund liegt vor, wenn es dem Mieter unter Berücksichtigung aller Umstände des Einzelfalls und der berechtigten Interessen des Vermieters nicht zugemutet werden kann, das Mietverhältnis fortzusetzen, nicht einmal bis zum Ablauf der Kündigungsfrist (§ 543 Absatz 1 BGB). Beispielhaft nennt das Gesetz den Fall, dass der Vermieter dem Mieter trotz einer Fristsetzung den vertragsgemäßen Gebrauch der Wohnung ganz oder teilweise nicht rechtzeitig einräumt oder wieder entzieht (§ 543 Abs. 2 Satz 1 Nr. 1 BGB; siehe Seiten 16 und 42) oder die Wohnung so beschaffen ist, dass ihre Benutzung eine erhebliche Gesundheitsgefährdung des Mieters mit sich bringt (§ 569 Absatz 1 BGB).

Geht es wie in den genannten Beispielen um die Verletzung vertraglicher Pflichten durch den Vermieter, setzt eine Kündigung des Mieters voraus, dass er dem Vermieter zuvor erfolglos eine angemessene Frist zur Abhilfe gesetzt oder er ihn erfolglos abgemahnt hat (§ 543 Absatz 3 Satz 1 BGB). Dies ist entbehrlich, wenn eine Fristsetzung oder Abmahnung offensichtlich keinen Erfolg verspricht, weil der Vermieter sich zum Beispiel ernsthaft und endgültig weigert, freiwillig Abhilfe zu schaffen oder wenn es aus sonstigen Gründen selbst unter Berücksichtigung der berechtigten Interessen des Vermieters gerechtfertigt erscheint, dass der Mieter sofort kündigt (§ 543 Absatz 3 Satz 2 BGB). Ob eine solche Situation vorliegt, kann unklar sein, sodass hier Vorsicht geboten ist. Im Zweifel sollte der Mieter eine Frist setzen oder eine Abmahnung erteilen, um sicher zu gehen.

Übrigens: Ein **befristeter Mietvertrag** ist nur zulässig, wenn der Vermieter einen Grund für die Befristung hat und er dem Mieter den Grund bei Vertragsabschluss schriftlich mitteilt. Gründe können sein, dass der Vermieter die Räume nach Vertragsablauf für sich, seine Familienangehörigen oder Angehörige seines Haushalts nutzen will, dass er die Räume dann in rechtlich zulässiger Weise beseitigen oder so verändern will, dass eine Fortsetzung des Mietverhältnisses erheblich erschwert würde oder eine Werkmietwohnung nach Vertragsablauf an einen Werkangehörigen vermietet werden soll (§ 575 BGB). Ist ein Vertrag wirksam befristet, ist eine ordentliche Kündigung während der Vertragslaufzeit ausgeschlossen, aber außerordentliche Kündigungen bleiben möglich, ob als Kündigung aus wichtigem Grund (§ 543 BGB), oder wenn das Gesetz aus anderen Gründen eine außerordentliche Kündigung zulässt wie zum Beispiel bei einer angekündigten Wohnungsmodernisierung (siehe Seite 67) oder wenn dem Mieter keine Untervermietung erlaubt wird (siehe Seite 92).

Ist eine Befristung nicht wirksam, liegt ein unbefristetes Mietverhältnis vor und gelten die Kündigungsregeln für unbefristete Mietverhältnisse. Befristete **Altmietverträge**, die vor dem 1. September 2001 abgeschlossen wurden (siehe Seite 109), sind weiterhin gültig. Nach altem Recht konnte zum Beispiel vereinbart werden, dass ein Mietvertrag für die Zeit von zehn Jahren geschlossen wird. Er läuft ohne die Möglichkeit zur ordentlichen Kündigung bis zum Ende der Vertragszeit. Das Gleiche gilt für einen Altmietvertrag, der vorsieht, dass sich der Vertrag nach Ablauf der Vertragszeit um jeweils einen bestimmten Zeitraum verlängert, wenn er nicht gekündigt wird (BGH, Entscheidung vom 23.6. 2010, Az. VIII ZR 230/09, WuM 2010,

Seite 508: Zeitmietvertrag von fünf Jahren mit einer Verlängerung um fünf Jahre). Er kann nur zum Ende des vertraglichen Verlängerungszeitraums gekündigt werden, auch wenn dieser länger ist als die Kündigungsfrist nach neuem Recht.

Fazit

Im Beispielfall ist die **Kündigung wirksam**. Mit dem eigenhändig unterschriebenen Schreiben vom 4. Oktober 2010 hat der Mieter in schriftlicher Form erklärt, das Mietverhältnis beenden zu wollen. Eine Begründung war nicht erforderlich.

Der entscheidende Punkt ist der **Zeitpunkt der Beendigung** des Mietvertrags. Es gilt die **gesetzliche Kündigungsfrist**, nicht die Regelung des Mietvertrags. Denn der Vertrag unterliegt dem neuen Recht, auch wenn er vor dem 1. September 2001 abgeschlossen wurde. Und danach dürfen keine längeren Kündigungsfristen zum Nachteil des Mieters vereinbart werden. Die Ausnahme, dass vor dem 1. September 2001 eine individuelle Vereinbarung über eine längere Kündigungsfrist getroffen wurde, greift hier nicht. Die Regelung entspricht inhaltlich der gesetzlichen Kündigungsregelung des alten Mietrechts, und sie ist in einem Formularmietvertrag enthalten. Sie ist deshalb als formularmäßige Wiedergabe der Kündigungsvorschrift des alten Rechts, nicht aber als eine gesonderte individuelle Vereinbarung zu sehen. Deshalb gilt die aktuelle gesetzliche Kündigungsfrist.

Danach beendet eine Kündigung das Mietverhältnis zum Ablauf des übernächsten Monats, wenn die Kündigung bis zum dritten Werktag des Monats erfolgt. Entscheidend ist der **Zugang der Kündigung** beim Vermieter. Das Mietverhältnis endet demnach am 31. Dezember 2010, wenn die Kündigung dem Vermieter am dritten Werktag des Oktobers, das heißt am 4. Oktober zugegangen ist. Das ist nicht der Fall. Zwar hat der Mieter die Kündigung an diesem Tag in den Hausbriefkasten des Vermieters geworfen. Aber für den rechtzeitigen Zugang genügt nicht allein der Einwurf in den Briefkasten. Er muss auch zu einer Zeit erfolgen, zu der der Vermieter noch mit Post rechnen musste, wenn der Zugang noch für den Einwurftag gelten soll. Der Mieter warf die Kündigung erst um 20 Uhr in den Briefkasten. Um diese Uhrzeit muss grundsätzlich niemand mehr mit einem Posteingang rechnen. Auch sind keine besonderen Umstände ersichtlich, die ausnahmsweise hier eine Pflicht der Vermieters ergäben, auch um 20 Uhr noch in den Briefkasten zu schauen, ob er Post von seinem Mieter erhalten hat. Deshalb wird die Kündigung so behandelt, dass sie dem Vermieter erst am 5. Oktober, also am vierten Werktag zugegangen ist. Die Kündigungsfrist verlängert sich dadurch um einen Monat. Das Mietverhältnis endet demnach am 31. Januar 2011, sodass der Mieter die Januarmiete noch zahlen muss. Eine Zahlungsklage des Vermieters ist begründet.

Alternativen

Möchte der Mieter den Mietvertrag ohne die Einhaltung der Kündigungsfrist beenden, sodass er keine Miete mehr zahlen muss, benötigt er das Einverständnis des Vermieters. Die „Nachmieterfrage" ist rechtlich geklärt: Der Vermieter muss keinen Mietinteressenten akzeptieren, den der Mieter als Nachmieter vorschlägt. Aber natürlich kann er es, wenn er dem Wunsch des Mieters entsprechen möchte. Die Vertragspartner können deshalb vereinbaren, dass der Mieter früher aus dem Vertrag entlassen wird, wenn er dem Vermieter einen geeigneten Nachmieter stellt. Stattdessen ist auch denkbar, dass der Vermieter eine geldwerte Gegenleistung erhält, zum Beispiel, dass der Mieter nicht geschuldete Schönheitsreparaturen übernimmt. Kann er sie preiswerter ausführen als die anderenfalls noch zu zahlende Miete wäre und müsste andererseits der Vermieter sonst einen Handwerker beauftragen, kann sich dies für beide Seiten rechnen.

DIE KÜNDIGUNG DURCH DEN VERMIETER

Fall 1
Die Kündigung wegen Eigenbedarfs

Der Mieter bewohnt mit seiner Familie seit zwei Jahren eine 100 qm große Vierzimmerwohnung. Der Mietvertrag ist unbefristet. Am 1. April bekommt er ein Schreiben seines Vermieters, in dem dieser das Mietverhältnis wegen Eigenbedarfs zum 30. Juni kündigt. In dem Schreiben führt der Vermieter aus, dass er die Wohnung an seinen Neffen vermieten möchte, der nach Abschluss seiner Ausbildung nun mit seiner Lebensgefährtin dort einziehen wolle. Die Überlegung habe es schon vor drei Jahren zu Beginn der Ausbildung des Neffen gegeben. Nun solle sie in die Tat umgesetzt werden. Derzeit lebe der Neffe in einer Zweizimmerwohnung mit nur 40 qm Größe, was nicht mehr akzeptabel sei. Einer Fortsetzung des Mietverhältnisses nach § 545 BGB widerspreche er bereits jetzt.

Am 1. Mai wird eine 70 qm große Dreizimmerwohnung im selben Haus frei. Der Mieter schlägt vor, der Neffe solle dort einziehen, was der Vermieter ablehnt. Der Mieter solle seine Wohnung zum 30. Juni räumen. Der Mieter weigert sich.

Vermieter verlangt von dem Mieter die Räumung der Wohnung zum 30 Juni. Das Mietverhältnis ende, weil er wegen Eigenbedarfs gekündigt habe.

§: Er beruft sich auf § 546 BGB, wonach ein Mieter verpflichtet ist, die Wohnung nach Beendigung des Mietverhältnisses an seinen Vermieter zurückzugeben. Ein unbefristetes Mietverhältnis kann durch eine Kündigung beendet werden (§ 542 BGB). Will der Vermieter eine ordentliche fristgebundene Kündigung aussprechen, benötigt er ein berechtigtes Interesse an der Kündigung. Ein Grund dafür ist Eigenbedarf des Vermieters (§ 573 Absatz 2 Nr. 2 BGB).

Mieter erwidert, die Kündigung sei unwirksam, weil der Vermieter keinen Eigenbedarf habe. Er wolle die Wohnung weder für sich noch für einen nahen Verwandten, sondern „nur" für seinen Neffen. Und der brauche, wenn er mit seiner Lebensgefährtin dort wohne, doch nun wirklich keine so große Wohnung.

§: Nach § 573 Absatz 2 Nr. 2 BGB liegt Eigenbedarf vor, wenn der Vermieter die Wohnung für sich, seine Familienangehörigen oder Angehörige seines Haushalts benötigt.

Vermieter erwidert, ein Neffe zähle durchaus zur nahen Verwandtschaft. Und außerdem könne ihm doch nicht vorgeschrieben werden, wem er seine Wohnung geben dürfe. Immerhin sei er der Eigentümer, da werde er das doch wohl selbst entscheiden dürfen. Zumal der Plan schon vor drei Jahren ins Auge gefasst worden sei.

Mieter kontert, Eigentum gebe dem Vermieter aber doch nicht das Recht, beliebig über seine Mieter hinweg zu handeln. Er dürfe doch nicht einfach ohne etwas zu sagen einen unbefristeten Mietvertrag abschließen, wenn er wisse, dass er die Wohnung schon bald wieder zurück haben wolle. Und er könne einen Mieter auch nicht vor die Tür setzen, wenn er eine Ersatzwohnung habe, dann müsse er diese doch jedenfalls anbieten.

§: Er beruft sich auf den Grundsatz von Treu und Glauben (§ 242 BGB). Danach kann es einem Vermieter verwehrt sein, sich auf Eigenbedarf zu berufen, wenn er vermietet hat, obwohl er wusste, dass er die Wohnung in absehbarer Zeit zurück haben will und er den Mieter darüber vorher nicht informiert hat. Das Gleiche gilt, wenn der Vermieter in demselben Haus oder derselben Wohnanlage eine vergleichbare Ersatzwohnung hat, sie dem Mieter aber nicht anbietet.

Vermieter entgegnet, er habe aber auch nicht gesagt, dass er die Wohnung nicht mehr benötige. Und die andere Wohnung habe er nicht anbieten müssen, weil sie für den Mieter und seine Familie nicht geeignet gewesen sei.
Vermieter fordert den Mieter zur Räumung der Wohnung bis zum 30. Juni auf.

ZUSPITZUNG:

Mieter verteidigt sich gegen seine Inanspruchnahme.
§: Hat der Mieter Recht, ist die Kündigung des Vermieters unwirksam und der Mietvertrag endet nicht. Der Vermieter kann keine Räumung verlangen, sodass eine Klage unbegründet ist.

Vermieter verklagt den Mieter auf Räumung der Wohnung.
§: Hat der Vermieter Recht, endet der Mietvertrag zum 30. Juni und kann der Vermieter die Rückgabe der Wohnung beanspruchen (§ 546 BGB).

Beharren Vermieter und Mieter auf ihren Positionen, kann sich folgender Konflikt entwickeln:

Die Rechtslage

Will der Vermieter einen unbefristeten Mietvertrag beenden (zum befristeten Mietvertrag siehe Seite 110), kann er mit dem Mieter die Aufhebung des Mietvertrags vereinbaren, sonst muss er die Kündigung aussprechen. Dabei ist zu unterscheiden zwischen der ordentlichen fristgebundenen Kündigung und der außerordentlichen fristlosen Kündigung aus wichtigem Grund (siehe Seite 124).

Eine **ordentliche fristgebundene Kündigung** bedeutet, dass der Vermieter das Mietverhältnis zum Ablauf einer durch die Kündigung in Gang gesetzten Frist beenden kann. Das Wort „Kündigung" muss dabei nicht fallen, es genügt, wenn deutlich wird, dass das Mietverhältnis beendet werden soll. Für die Kündigung ist die **Schriftform** vorgeschrieben, das heißt sie muss schriftlich verfasst und eigenhändig unterschrieben sein, sonst ist sie unwirksam (§ 568 Absatz 1 BGB, § 126 BGB; siehe Seite 48). Sind mehrere Personen Vermieter, müssen alle unterschreiben, sind mehrere Personen Mieter, muss die Kündigung an alle gerichtet werden. Sonst ist die Kündigung unwirksam.

Die **Kündigungsfrist** ist gesetzlich geregelt und zeitlich gestaffelt. Maßgeblich ist der Zeitraum von der Überlassung der Wohnung an den Mieter bis zum Zugang der Kündigung beim Mieter. Beträgt er bis zu fünf Jahre, gilt, dass eine Kündigung bis spätestens zum dritten Werktag eines Monats das Mietverhältnis zum Ablauf des übernächsten Monats beendet (§ 573 c Absatz 1 Satz 1 BGB). Man spricht vereinfachend von einer „Dreimonatsfrist", genau genommen sind es drei Monate abzüglich der Zeit bis zum dritten Werktag.

Beträgt der Zeitraum mehr als fünf Jahre, verlängert sich die Frist um weitere drei Monate, beträgt er mehr als acht Jahre, kommen weitere drei Monate hinzu (§ 573 c Absatz 1 Satz 2 BGB). Ein Beispiel: Bei einer Überlassungszeit bis zu fünf Jahren beendet eine Kündigung, die dem Mieter am dritten Werktag des März zugeht, das Mietverhältnis zum 31. Mai. Dieselbe Kündigung beendet das Mietverhältnis erst zum 31. August, wenn die Überlassung bereits zwischen fünf und acht Jahre dauert, bei einer Zeitspanne von mehr als acht Jahren endet der Mietvertrag erst zum 30. November. Erfolgt die Kündigung nicht mehr am dritten Werktag, bleibt sie wirksam, die Frist verlängert sich aber jeweils bis zum Ablauf eines weiteren Monats (zur Berechnung der Werktage und zum rechtzeitigen Zugang der Kündigung siehe Seite 108). Fristverkürzungen zum Nachteil des Mieters sind unzulässig, anders lautende Vereinbarungen sind unwirksam (§ 573 c Absatz 4 BGB).

Im Gegensatz zum Mieter kann der Vermieter das Mietverhältnis nur dann ordentlich kündigen, wenn er einen **Kündigungsgrund** hat. Ausnahmen gelten bei der Kündigung von Einliegerwohnungen und Einliegerwohnraum (§ 573 a BGB) und der Teilkündigung von Nebenräumen, die nicht zum Wohnen bestimmt sind (§ 573 b BGB). Das Gesetz fordert, dass der Vermieter ein **berechtigtes Interesse** an der Beendigung des Mietverhältnisses haben muss (§ 573 Absatz 1 Satz 1 BGB). Es besteht vor allem, wenn der Mieter seine Pflichten aus dem Mietvertrag schuldhaft nicht unerheblich verletzt hat, zum Beispiel, weil er die Miete nicht ordnungsgemäß zahlt (§ 573 Absatz 2 Nr. 1 BGB; siehe Seite 128) oder wenn der Vermieter Eigenbedarf an den Räumen hat (§ 573 Absatz 2 Nr. 2 BGB). Es kann auch bestehen, weil der Vermieter durch die Fortsetzung des Mietverhältnisses daran gehindert wäre, sein Grundstück angemessen wirtschaftlich zu verwerten und dadurch erhebliche Nachteile erleiden würde. Dass der Vermieter bei einer Neuvermietung eine höhere Miete erzielen kann oder die Wohnung als Eigentumswohnung verkaufen will, rechtfertigt aber keine Kündigung (§ 573 Absatz 2 Nr. 3 BGB).

Der Vermieter muss den Kündigungsgrund, auf den er sich stützen will, in seinem Kündigungsschreiben nennen, seine **Kündigung** also gegenüber dem Mieter **begründen** (§ 573 Absatz 3 BGB). Die Tatsachen, aus denen sich der Kündigungsgrund ergibt, muss er so ausführlich bezeichnen, dass der Mieter erkennen kann, auf welchen Sachverhalt die Kündigung gestützt wird und ob und gegebenenfalls wie er sich dagegen verteidigen kann (BGH, Entscheidung vom 11.1. 2006, Az. VIII ZR 364/04, NJW 2006, Seite 1585). Sonst ist die Kündigung unwirksam. Bei einer Kündigung wegen Eigenbedarfs etwa muss die Kündigung erkennen lassen, für wen die Wohnung gekündigt werden soll, falls es nicht der Vermieter ist, in welcher Beziehung die Person zum Vermieter steht und warum die Person ein Interesse an der Wohnung hat, insbesondere auch, wie deren aktuelle Wohnsituation ist (BGH, Entscheidung vom 17.3. 2010, Az. VIII ZR 70/09, WuM 2010, Seite 301; BGH, Entscheidung vom 27.6. 2007, Az. VIII ZR 271/06, NZM 2006, Seite 679). Es genügt nicht, wenn es lediglich heißt: „Ich benötige die Wohnung für meine Tochter.", oder wenn der Vermieter nur mitteilt, er brauche die Wohnung dringend zur eigenen Nutzung (LG Berlin, Entscheidung vom 8.9. 1988, Az. 61 S 195/88, ZMR 1988, Seite 466). Die konkreten Anforderungen hängen letztlich vom Einzelfall ab.

Die **Kündigung wegen Eigenbedarfs** ist besonders konfliktträchtig. Eigenbedarf liegt vor, wenn der Vermieter die Wohnung für sich, seine Familienangehörigen oder Angehörige seines Haushalts benötigt (§ 573 Absatz 2 Nr. 2 BGB). Zum **Personenkreis**, für den der Vermieter die Wohnung frei machen kann, gehören neben ihm selbst Ehegatten, Lebenspartner und Verlobte, außerdem als „nahe Verwandte" Eltern, Kinder, Enkel und Geschwister sowie nun auch Nichten und Neffen (BGH, Entscheidung vom 27.1. 2010, Az. VIII ZR 159/09, WuM 2010, Seite 163). Bei diesen Verwandten wird bereits aus der verwandtschaftlichen Nähe eine Verbundenheit angenommen, die den Vermieter berechtigt, ihnen zu Lasten des Mieters Wohnraum zur Verfügung zu stellen. Bei anderen Verwandten muss hinzukommen, dass eine konkrete persönliche oder soziale Bindung zwischen dem Vermieter und dem jeweiligen Angehörigen besteht und nachgewiesen wird (BGH, Entscheidung vom 27.1. 2010, Az. VIII ZR 159/09, WuM 2010, Seite 163). Die Entwicklung der Rechtsprechung ist hier aber im Fluss. Sie führt möglicherweise dazu, dass sich der Kreis der Angehörigen erweitert, für die der Vermieter auch ohne näher belegte Bindung eine Kündigung wegen Eigenbedarfs erklären kann.

Der Vermieter muss die **Wohnung benötigen**, sonst liegt kein Eigenbedarf vor. Dies setzt nicht voraus, dass auf der Seite des Vermieters ein Notfall oder eine Zwangslage bestehen muss. Aber er muss **vernünftige und nachvollziehbare Gründe** haben, die Wohnung an sich ziehen zu wollen (BVerfG, Entscheidung vom 11.11. 1993, Az. 1 BvR 696/93, NJW 1994, Seite 309).

Die Gründe für den Eigenbedarf müssen nicht nur bei der Kündigung, sondern noch **bis zum Ablauf der Kündigungsfrist** bestehen. Entfallen sie dazwischen, muss der Vermieter den Mieter nach dem Gebot der Rücksichtnahme informieren und ihm die Fortsetzung des Mietverhältnisses anbieten. Der Mieter kann dann in der Wohnung bleiben (BGH, Entscheidung vom 9.11. 2005, Az. VIII ZR 339/04, NZM 2006, Seite 50). Entfallen die Gründe nach Ablauf der Kündigungsfrist, darf der Vermieter aber an der Kündigung festhal-

ten, auch wenn dann kein Eigenbedarf mehr besteht und auch, wenn der Mieter noch nicht ausgezogen ist. Der Mieter kann dann also nicht mehr einwenden, es bestehe nun kein Eigenbedarf mehr und er müsse nicht ausziehen.

Eigenbedarf kann zum Beispiel **gerechtfertigt** sein, wenn sich die persönlichen Verhältnisse des Vermieters ändern wie zum Beispiel bei einer Heirat, bei Geburt oder Auszug eines Kindes, einem Arbeitsplatzwechsel oder Arbeitsplatzverlust. Auch ein Kinderwunsch kann den Eigenbedarf rechtfertigen, ohne dass bereits eine Schwangerschaft bestehen muss (BVerfG, Entscheidung vom 20.2. 1995, Az. 1 BvR 665/04, NJW 1995, Seite 1480). Ebenso kann ein Vermieter anführen, einen Bruder in die Wohnung aufzunehmen oder seine Kinder in getrennten Zimmern unterbringen zu wollen (LG Hamburg, Entscheidung vom 25.10. 1990, Az. 307 S 231/90, WuM 1991, Seite 38) oder eine Unterkunft für ein Au-pair-Mädchen zu benötigen (BVerfG, Entscheidung vom 31.1. 1994, Az. 1 BvR 1465/93, NJW 1994, Seite 994). Als vernünftig und nachvollziehbar wurde auch der Wunsch gewertet, für längeren Besuch von Angehörigen und Freunden ein Zimmer mehr und deshalb eine größere Wohnung haben zu wollen (LG Hamburg, Entscheidung vom 17.6. 1994, Az. 311 S 93/93, WuM 1994, Seite 683). Aber auch der Wunsch nach weniger Wohnraum aufgrund veränderter Familienverhältnisse ist beachtlich (LG Braunschweig, Entscheidung vom 14.10. 1992, Az. 9 S 119/92, NJW-RR 1993, Seite 400).

Dagegen ist Eigenbedarf zum Beispiel **ungerechtfertigt**, wenn die Person, für die gekündigt wird, die Wohnung gar nicht beziehen will oder sie nicht als Wohnung nutzen will. Es genügt jedoch, wenn die Wohnung nur noch teilweise als Wohnung genutzt werden soll, selbst wenn die berufliche Nutzung überwiegt (BGH, Entscheidung vom 5.10. 2005, Az. VIII ZR 127/05, NJW 2005, Seite 3782). Eigenbedarf ist jedoch nicht gerechtfertigt, wenn eine ungeeignete Wohnung gekündigt werden soll, zum Beispiel eine Dachgeschosswohnung in einem Haus ohne Aufzug für einen gehbehinderten Angehörigen (OLG Karlsruhe, Entscheidung vom 26.10. 1982, Az. 3 REMiet 4/82, WuM 1983, Seite 9) oder wenn überhöhter Wohnbedarf reklamiert wird, so eine 120 qm große Vierzimmerwohnung für einen siebzehnjährigen Sohn in der Ausbildung (LG München, Entscheidung vom 23.5. 1990, Az. 14 S 25530/89, WuM 1990, Seite 352).

Als ungerechtfertigt wird es auch gewertet, wenn der Eigenbedarf bereits bei Mietvertragsabschluss vorhersehbar war und der Vermieter dennoch einen Mietvertrag auf unbestimmte Zeit abgeschlossen hat (LG Hamburg, Entscheidung vom 25.9. 1992, Az. 311 S 156/92, WuM 1993, Seite 50). Die Rechtsprechung verlangt von einem Vermieter, dass er bei Vertragsabschluss einen Zeitraum von ungefähr fünf Jahren überblickt und gegebenenfalls

einen befristeten Mietvertrag abschließt. Bei einem unbefristeten Mietvertrag muss er damit rechnen, dass eine innerhalb der ersten fünf Jahre ausgesprochene Kündigung wegen Eigenbedarfs als unberechtigt betrachtet wird, wenn er absehen konnte, dass er die Wohnung in diesem Zeitraum an sich ziehen wird (BVerfG, Entscheidung vom 14.2. 1989, Az. 1BvR 356/88, NJW 1989, Seite 970).

Ungerechtfertigt kann es auch sein, dass der Vermieter kündigt, obwohl in seinem Haus eine oder mehrere Wohnungen frei sind. Dies gilt allerdings nicht, wenn er vernünftige und nachvollziehbare Gründe hat, gerade die gekündigte Wohnung wegen Eigenbedarfs zurückerhalten zu wollen (BVerfG, Entscheidung vom 14.2. 1989, Az. 1BvR 336/88, NJW 1989, Seite 970). Aber dann muss der Vermieter dem Mieter eine imselben Haus oder derselben Wohnanlage freie oder bis zum Ablauf der Kündigungsfrist frei werdende vergleichbare Wohnung anbieten, wenn er sie wieder vermieten will. Sonst handelt er treuwidrig und ist seine Kündigung unwirksam (BGH, Entscheidung vom 9.7. 2003, Az. VIII ZR 276/02, WuM 2003, Seite 464).

Wird **Eigenbedarf vorgetäuscht**, um einen unliebsamen Mieter los zu werden, kann dies zu einem **Schadenersatzanspruch des Mieters** führen (BGH, Entscheidung vom 18.5. 2005, Az. VIII ZR 368/03, NZM 2005, Seite 580). Als Schäden kommen zum Beispiel Umzugskosten, Maklerkosten, die Differenzkosten einer höheren Miete oder auch die Prozesskosten eines Räumungsrechtsstreits in Betracht. Schadenersatz kommt auch in Frage, wenn der Mieter nicht prozessiert, sondern sich mit dem Vermieter über den Auszug einigt, weil er davon ausgeht, die Kündigung sei rechtmäßig (BGH, Entscheidung vom 8.4. 2009, Az. VIII ZR 231/07, NZM 2009, Seite 429). Anders aber, wenn der Mieter die Kündigung für unberechtigt hält, sich aber dennoch auf den Auszug verständigt und dafür eine finanzielle Gegenleistung erhält (OLG Frankfurt, Entscheidung vom 6.9. 1994, Az. 20 REMiet 1/93, ZMR 1995, Seite 67).

Hat der Vermieter wirksam gekündigt, endet das Mietverhältnis zum Ablauf der Kündigungsfrist. Etwas anderes gilt bei einem **Widerspruch** des Mieters **wegen unbilliger Härte**. Ist er begründet, wird das Mietverhältnis fortgesetzt, in der Regel aber nur zeitlich befristet (§ 574 a BGB). Voraussetzung ist, dass der Mieter sich darauf berufen kann, dass die Beendigung des Mietverhältnisses für ihn, seine Familie oder einen anderen Angehörigen seines Haushalts eine Härte bedeutet, die auch unter Berücksichtigung der berechtigten Interessen des Vermieters nicht zu rechtfertigen ist. Besteht eine Situation, die den Vermieter auch zu einer außerordentlichen fristlosen Kündigung berechtigt (siehe Seite 124), hat der Mieter kein Widerspruchsrecht (§ 574 Absatz 1 BGB). Als **Härtegrund** kommen wirtschaftliche und persönliche Gründe in Betracht. Ausdrücklich nennt das Gesetz, dass der Mieter sich zu zumutbaren Bedingungen keinen angemessenen Ersatzwohnraum beschaffen kann (§ 574 Absatz 2 BGB). Hier kann zum Beispiel die Lage zum Arbeitsplatz oder zu einer Schule eine Rolle spielen, vor allem aber auch die Höhe der Miete. Dabei muss als Ersatzwohnraum auch Wohnraum in Betracht gezogen werden, der teurer ist als die aktuelle Wohnung. Eine höhere Miete wird jedenfalls bis zur ortsüblichen Vergleichsmiete für zumutbar gehalten (LG Bremen, Entscheidung vom 22.5. 2003, Az. 2 S 315/02, WuM 2003, Seite 333). Ob die wirtschaftlichen Verhältnisse des Mieters reichen, beurteilt sich nach dem Gesamteinkommen des Mieterhaushalts, wobei auch eine Wohngeldberechtigung geprüft werden muss (LG Hamburg, Entscheidung vom 17.6. 1994, Az. 311 S 93/93, WuM 1994, Seite 683).

Persönliche Härtegrunde können zum Beispiel ein hohes Alter und eine schwere Erkrankung des Mieters sein (BGH, Entscheidung vom 20.10. 2004, Az. VIII ZR 246/03, NZM 2005, Seite 143), die Entwurzelung aus dem Wohnumfeld nach langer Wohndauer (LG Bremen, Entscheidung vom 22.5. 2003, Az. 2 S 315/02, WuM 2003, Seite 333), eine Suizidgefahr bei dem Mieter (LG Bonn, Entscheidung vom 16.8. 1999, Az. 6 S 150/98, NZM 2000, Seite 331) oder auch die Pflege eines Angehörigen in der Nachbarwohnung (AG Lübeck, Entscheidung vom 26.9. 2002, Az. 27 C 1621/02, WuM 2003, Seite 214). Sind das Kündigungsinteresse des Vermieters und das Fortsetzungsinteresse des Mieters als gleichwertig zu beurteilen, geht das Vermieterinteresse vor (LG Hannover, Entscheidung vom 5.9. 1991, Az. 16 S 180/91, WuM 1992, Seite 609).

Für den Widerspruch ist die **Schriftform** vorgeschrieben (§ 574 b Absatz 1 Satz 1 BGB, § 126 BGB; siehe Seite 48). Er sollte begründet werden. Zur **Widerspruchsfrist** gilt, dass der Widerspruch dem Vermieter spätestens zwei Monate vor Beendigung des Mietverhältnisses zugehen muss (siehe Seite 108), aber die Frist läuft nur, wenn der Vermieter den Mieter rechtzeitig vor Ende der Widerspruchsfrist auf die Möglichkeit des Widerspruchs und dessen Form und Frist hingewiesen hat; sonst kann der Mieter noch bis zum ersten Gerichtstermin eines Räumungsprozesses widersprechen (§ 574 b Absatz 2 BGB). Einen verspäteten

Widerspruch kann der Vermieter im Prozess zurückweisen, er ist dann unbeachtlich. Beruft er sich aber nicht auf die Verspätung, sind die Widerspruchgründe des Mieters vom Gericht zu berücksichtigen.

Eine Fortsetzung des Vertrags trotz an sich wirksamer Kündigung kann sich auch ergeben, wenn der Mieter **nach Ablauf der Kündigungsfrist nicht auszieht** und die Wohnung weiter bewohnt. Dies wird als zeitlich unbefristete Fortsetzung des Mietverhältnisses gewertet, wenn der Vermieter der Fortsetzung des Mietverhältnisses nicht rechtzeitig widerspricht. Der **Widerspruch des Vermieters** muss dem Mieter innerhalb von zwei Wochen zugehen, nachdem der Vermieter von der Fortsetzung, dass heißt dem Nichtauszug Kenntnis erhalten hat (§ 545 BGB). Will der Vermieter der Fortsetzung widersprechen, sollte er den Widerspruch bereits in dem Kündigungsschreiben erklären. Dies ist zulässig und vermeidet Probleme mit der Zweiwochenfrist. Eine schnelle Räumungsklage hilft in der Regel nicht. Zwar bringt sie zum Ausdruck, dass eine Fortsetzung nicht gewünscht ist. Aber die Erklärung muss dem Mieter zugehen (siehe Seite 108), das heißt, sie muss ihm nach der Einreichung der Klage bei Gericht von dort erst noch zugestellt werden. Das dauert in der Regel länger als zwei Wochen, sodass die Frist dann nicht eingehalten werden kann. In vielen Mietverträgen finden sich Formularklauseln (siehe Seite 74), durch die die Fortsetzung des Mietverhältnisses bei Nichtauszug des Mieters von vornherein ausgeschlossen werden soll. Damit soll ein Widerspruch im Einzelfall überflüssig werden. Dies ist grundsätzlich zulässig, allerdings muss die Klausel so formuliert sein, dass sie für den Mieter verständlich ist. Allein der Hinweis, § 545 BGB finde keine Anwendung, genügt nicht, wenn nicht auch der Inhalt der Vorschrift wiedergegeben ist (OLG Schleswig, Entscheidung vom 27.3. 1995, Az. 4 RE-Miet 1/93, NJW 1995, Seite 2858). Eine unverständliche Klausel ist unwirksam (§ 307 Absatz 1 Satz 2 BGB). Der Vermieter, der einer Fortsetzung des Mietverhältnisses widersprechen will, kann sich dann nicht auf seinen Vertrag verlassen, sondern muss im Einzelfall ausdrücklich einen Widerspruch erklären.

Fazit

Im Beispielfall meldet der Vermieter den Eigenbedarf nicht für sich, sondern für seinen Neffen an. Dies ist möglich, weil nach der jüngsten Rechtsprechung des BGH auch ein Neffe zum **Kreis der Familienangehörigen** zählt, für die der Vermieter seine Wohnung zurück verlangen kann. Dies ist unabhängig davon, ob im Einzelfall tatsächlich eine enge persönliche Beziehung des Vermieters zu seinem Neffen besteht.

Die **Kündigung** ist **nicht gerechtfertigt**. Das ergibt sich aber nicht schon daraus, dass der Neffe und seine Lebensgefährtin für zwei Personen 100 qm Wohnfläche beanspruchen möchten. Eigenbedarf setzt keine Not- oder Zwangslage voraus, sondern erfordert lediglich vernünftige und nachvollziehbare Gründe auf der Seite des Vermieters. Vor diesem Hintergrund ist die Entscheidung des Vermieters nicht zu beanstanden, seinem Neffen für sich und dessen Lebensgefährtin 100 qm Wohnfläche zu überlassen, auch wenn viele andere Menschen weniger Wohnraum zur Verfügung haben.

Die Kündigung wird wohl auch nicht daran scheitern, dass der Vermieter dem Mieter die frei gewordene Dreizimmerwohnung nicht angeboten hat. Zwar muss der Vermieter dem Mieter eine freie Wohnung in demselben Haus oder derselben Wohnanlage grundsätzlich anbieten, aber dies gilt nur für vergleichbaren Wohnraum. Die Dreizimmerwohnung jedoch hat nicht nur einen Raum weniger, sondern ist mit 70 qm auch erheblich kleiner, sodass es an der Vergleichbarkeit fehlen dürfte. Dann ist es ohne Bedeutung, dass der Vermieter sie dem Mieter nicht zur Anmietung angeboten hat.

Die Kündigung ist aber deshalb nicht gerechtfertigt, weil der **Vermieter** den Plan, dem Neffen die Wohnung zu überlassen, schon vor drei Jahren gefasst hat, er also **bei der Vermietung** an den Mieter **wusste, dass er die Wohnung zurück haben will**. Er hätte deshalb gegebenenfalls nur einen befristeten Mietvertrag mit dem Mieter abschließen dürfen. Die Kündigung ist daher ungerechtfertigt.

Das Mietverhältnis ist mangels wirksamer Kündigung nicht beendet. Die Räumungsklage des Vermieters hat keinen Erfolg. Der Mieter darf in der Wohnung bleiben.

Alternativen

Kann der Vermieter keinen Eigenbedarf geltend machen, bleibt ihm nur die Einigung mit dem Mieter, wenn er die Wohnung zurück haben will. Für den Mieter kann es eine Überlegung sein, ob sich das Klima zwischen ihm und dem Vermieter verschlechtert, wenn er nicht auszieht. Wenn sich Vermieter und Mieter einig werden, wird üblicherweise vereinbart, dass der Vermieter an den Mieter eine Abstandssumme zahlt. Sie dient jedenfalls zur Deckung der Kosten des Umzugs, nicht selten wird eine darüber hinaus gehende „Bereitschaftsprämie" vereinbart. Auch wird dem Mieter meist eine etwaige erforderliche Renovierung erlassen (siehe Seiten 131 ff.).

Fall 2
Die Kündigung wegen Zahlungsverzugs

Der Mieter bewohnt seine Wohnung seit drei Jahren. Er muss monatlich 400 Euro Miete zuzüglich jeweils 50 Euro Vorauszahlung für die Betriebskosten zahlen. Laut Mietvertrag ist die Miete im Voraus bis zum dritten Werktag des jeweiligen Monats zu zahlen. Wegen einer kurzfristigen Arbeitslosigkeit zahlt der Mieter im Februar und März jeweils nur 200 Euro.

Am 30. März erteilt er seiner Bank einen Überweisungsauftrag über 450 Euro für die Aprilmiete. Aufgrund eines Bankversehens wird die Überweisung aber nicht ausgeführt und der Vermieter erhält im April keine Miete.

Am 15. April erhält der Mieter ein Kündigungsschreiben des Vermieters. Darin kündigt der Vermieter dem Mieter wegen Zahlungsverzugs mit der Miete außerordentlich fristlos, außerdem ist hilfsweise die ordentliche Kündigung zum 31. Juli ausgesprochen. Zur Begründung sind die Zahlungsrückstände für die Monate Februar bis April angeführt sowie eine ebenfalls noch unbezahlte Nachforderung aus der letzten Betriebskostenabrechnung in Höhe von 150 Euro. Einer Fortsetzung des Mietverhältnisses nach § 545 BGB widerspreche er bereits jetzt. Nachdem der Mieter die Kündigung erhalten hat, zahlt er die Mietrückstände für die Monate Februar bis April sofort nach, die Betriebskostennachforderung nicht.

Der Vermieter verlangt, dass der Mieter die Wohnung räumt. Der Mieter weigert sich. Beharren Vermieter und Mieter im Beispiel auf ihren Positionen, kann der Konflikt zwischen ihnen folgende Entwicklung nehmen:

Vermieter verlangt von dem Mieter, dass er die Wohnung räumt. Das Mietverhältnis sei beendet oder ende jedenfalls am 31. Juli, weil er wegen Zahlungsverzugs mit der Miete außerordentlich fristlos gekündigt habe, hilfsweise ordentlich fristgebunden.

§: Er beruft sich auf § 546 BGB, wonach ein Mieter verpflichtet ist, die Wohnung nach Beendigung des Mietverhältnisses an seinen Vermieter zurückzugeben. Ein unbefristetes Mietverhältnis kann durch eine Kündigung beendet werden (§ 542 BGB). Ein Vermieter kann außerordentlich fristlos kündigen, wenn sein Mieter bei zwei aufeinander folgenden Zahlungsterminen mit mehr als einer Miete oder über einen längeren Zeitraum als zwei Zahlungstermine mit jedenfalls zwei Mieten in Verzug ist (§ 543 Absatz 2 Satz 1 Nr. 3 BGB).

Ein Vermieter kann in einem solchen Fall auch eine ordentliche fristgebundene Kündigung aussprechen (§ 573 Absatz 2 Nr. 1 BGB).

Mieter erwidert, der Mietvertrag bestehe fort, weil die Kündigung unwirksam sei. Der Rückstand mit der Nebenkostennachzahlung spiele keine Rolle, weil sie nicht zur Miete gehöre. Und mit dem restlichen Rückstand sei er nicht in Verzug gewesen. Denn er sei arbeitslos geworden beziehungsweise seine Bank habe einen Fehler gemacht habe. Für beides könne er doch nichts.

§: Er meint, Zahlungsverzug mit der Miete betreffe nur einen Rückstand mit der laufenden Miete, nicht auch sonstige Rückstände.Er beruft sich zudem auf § 286 Absatz 4 BGB. Danach kommt ein Schuldner nicht in Verzug, wenn er die Verspätung nicht zu vertreten hat (§ 276 BGB).

Vermieter entgegnet, selbst wenn man die Betriebskostennachzahlung außen vor lasse, sei noch genug offen gewesen. Und wie der Mieter seine Zahlungspflichten erfülle, sei seine Sache. Arbeitslosigkeit entlaste den Mieter nicht. Ebenso wenig ein Fehler seiner Bank, schließlich sei es seine Bank.

Mieter meint, der Vermieter habe sich vor einer Kündigung aber doch erst einmal melden und ihn anmahnen müssen.
§: Nach § 286 Absatz 1 BGB setzt der Verzug voraus, dass dem Schuldner eine Mahnung erteilt wurde.

Vermieter antwortet, der Mieter wisse aus dem Mietvertrag, dass die Miete zum dritten Werktag eines Monats zu zahlen sei, da brauche er keine Aufforderung mehr.
§: Eine Mahnung ist nicht erforderlich, wenn die Leistungszeit so vereinbart ist, dass ein Termin festgelegt ist oder die Zeit nach dem Kalender bestimmt werden kann (§ 286 Absatz 2 Nr.1 BGB, § 543 Absatz 3 Satz 2 Nr.3 BGB).

Mieter meint, jedenfalls mit seiner Zahlung habe sich doch alles erledigt. Der Kündigungsgrund sei nun ja aufgehoben, sodass er die Wohnung nun nicht mehr räumen müsse.
§: Nach § 569 Absatz 3 Nr. 2 BGB kann ein Mieter die außerordentliche fristlose Kündigung des Mietverhältnisses nachträglich abwenden, indem er die Mietrückstände spätestens zwei Monate nach Zustellung der Räumungsklage vollständig ausgleicht. Die Vorschrift findet keine Anwendung, wenn wegen Zahlungsverzugs eine ordentliche fristgebundene Kündigung ausgesprochen wird. Sie bleibt trotz späterer Zahlung wirksam.

Vermieter erklärt, für ihn sei die Angelegenheit mitnichten erledigt. Die Zahlung ändere doch nichts daran, dass er habe kündigen dürfen.
Vermieter fordert den Mieter zur Räumung auf.

ZUSPITZUNG:

Mieter verteidigt sich gegen seine Inanspruchnahme.
§: Hat der Mieter Recht, ist die Kündigung des Vermieters wegen Zahlungsverzugs unwirksam, sodass das Mietverhältnis nicht beendet ist. Der Vermieter kann dann keine Räumung verlangen. Seine Klage ist unbegründet.

Vermieter verklagt den Mieter auf Räumung der Wohnung.
§: Hat der Vermieter Recht, ist das Mietverhältnis beendet, jedenfalls endet es zum 31. Juli, sodass der Vermieter die Räumung der Wohnung verlangen kann.

Die Rechtslage

Will der Vermieter das Mietverhältnis beenden, kommt außer einer ordentlichen fristgebundenen Kündigung eine **außerordentliche fristlose Kündigung** aus wichtigem Grund in Betracht. Sie beendet das Mietverhältnis mit sofortiger Wirkung. Auch sie muss, um wirksam zu sein, schriftlich erfolgen (§ 568 Absatz 1 BGB, § 126 BGB; siehe Seite 48) und dem Mieter zugehen (siehe Seite 108). Sind mehrere Personen Vermieter, müssen alle unterschreiben, sind mehrere Personen Mieter, muss die Kündigung an alle gerichtet werden. Sonst ist die Kündigung unwirksam.

In der Kündigung muss der Vermieter den **Grund der Kündigung** nennen (§ 569 Absatz 4 BGB). Ein wichtiger Grund liegt vor, wenn es dem Vermieter unter Berücksichtigung aller Umstände des Einzelfalls und der berechtigten Interessen des Mieters nicht zugemutet werden kann, das Mietverhältnis fortzusetzen, nicht einmal bis zum Ablauf der Kündigungsfrist (§ 543 Absatz 1 BGB). Beispielhaft nennt das Gesetz den Fall, dass der Mieter die Rechte des Vermieters dadurch in erheblichem Maße verletzt, dass er die Wohnung durch Vernachlässigung der ihm obliegenden Sorgfalt erheblich gefährdet oder sie unbefugt einem Dritten überlässt (§ 543 Absatz 2 Satz 1 Nr. 2 BGB; siehe Seite 92) oder der Mieter mit der Miete in Zahlungsverzug ist.

Geht es um die Verletzung vertraglicher Pflichten durch den Mieter, setzt eine Kündigung des Vermieters voraus, dass er dem Mieter zuvor erfolglos eine angemessene Frist zur Abhilfe gesetzt oder er ihn erfolglos abgemahnt hat (§ 543 Absatz 3 Satz 1 BGB). Dies ist entbehrlich, wenn eine Fristsetzung oder Abmahnung offensichtlich keinen Erfolg verspricht, weil der Mieter sich zum Beispiel ernsthaft und endgültig weigert, freiwillig Abhilfe zu schaffen (§ 543 Absatz 3 Satz 2 Nr. 1 BGB) oder wenn es aus sonstigen Gründen auch unter Berücksichtigung der berechtigten Interessen des Mieters gerechtfertigt erscheint, dass der Vermieter sofort kündigt, zum Beispiel, wenn der Mieter den Vermieter beleidigt oder verleumdet (§ 543 Absatz 3 Satz 2 Nr. 2 BGB). Ob eine solche Situation vorliegt, kann unklar sein, sodass Vorsicht geboten ist. Im Zweifel sollte der Vermieter eine Frist setzen oder eine Abmahnung erteilen, um sicher zu gehen.

Klar ist die Situation aber, wenn der Vermieter seine Kündigung darauf stützt, dass der Mieter mit der Miete in Zahlungsverzug ist. Hier sieht das Gesetz ausdrücklich vor, dass zur außerordentlichen fristlosen Kündigung keine vorherige Fristsetzung oder Abmahnung erforderlich ist (§ 543 Absatz 3 Satz 2 Nr. 3 BGB).

Die außerordentliche fristlose Kündigung **wegen Zahlungsverzugs** mit der Miete ist in zwei Fällen möglich. Zum einen kann der Vermieter kündigen, wenn der Mieter bei zwei aufeinander folgenden Zahlungsterminen, bei monatlicher Mietzahlung: bei zwei aufeinander folgenden Monaten, mit der Miete ganz oder mit je-

denfalls einem Betrag von mehr als einer Miete in Verzug ist (§ 543 Absatz 2 Satz 1 Nr. 3 a BGB; § 569 Absatz 3 Nr. 1 BGB). Zum anderen ist eine Kündigung möglich, wenn der Mieter über einen Zeitraum von mehr als zwei Zahlungsterminen, bei monatlicher Mietzahlung: mehr als zwei Monate, mit der Miete in Höhe von jedenfalls zwei Mieten in Verzug ist. Die Miete meint die laufende Miete. Muss der Mieter neben der Miete eine Betriebskostenpauschale oder -vorauszahlung leisten (siehe Seiten 56 f.), gehört sie zur Miete und zählt bei der Berechnung des Rückstands mit (LG Köln, Entscheidung vom 12.7. 1979, Az. 9 T 91/79, WuM 1980, Seite 255). Nicht berücksichtigt wird aber eine offene Nachforderung des Vermieters aus einer Betriebskostenabrechnung, weil sie keine laufende Zahlung ist (OLG Koblenz, Entscheidung vom 26.7. 1984, Az. 4 W-RE 386/84, NJW 1984, Seite 2369).

Den **Zahlungszeitpunkt** für die Miete können Vermieter und Mieter mit dem Mietvertrag vereinbaren, sonst gilt, dass die Miete im Voraus spätestens bis zum dritten Werktag der abzugeltenden Zeit zu zahlen ist, bei monatlicher Zahlweise: bis spätestens zum dritten Werktag des Wohnmonats (§ 556 b Absatz 1 BGB). Anders als bei der Kündigung gilt der Samstag hier nicht als Werktag (BGH, Entscheidung vom 13.7. 2010, Az. VIII ZR 129/09 und VIII ZR 291/09, WuM 2010, Seite 495; siehe Seite 108), da er kein Bankarbeitstag ist.

Ob eine **Zahlung rechtzeitig** erfolgt ist, ist unproblematisch feststellbar, wenn der Mieter die Miete bar bezahlt oder bei der Bank des Vermieters einzahlt. Sonst, insbesondere bei der Überweisung, kann es zu Unstimmigkeiten kommen. So, wenn der Mieter zum Beispiel den Überweisungsauftrag vor dem Zahlungstermin erteilt, die Zahlung aber bei ausreichender Kontodeckung und banküblicher Bearbeitung erst nach dem Zahlungstermin dem Konto des Vermieters gutgeschrieben wird. Nach der **gesetzlichen Regelung** über die Rechtzeitigkeit einer Zahlung kommt es darauf an, dass der Mieter den Überweisungsauftrag rechtzeitig erteilt hat (§ 565 b Absatz 1 BGB; § 270 BGB; OLG Naumburg, Entscheidung vom 5.11. 1998, Az. 8 U 4/98, WuM 1999, Seite 160; LG Berlin, Entscheidung vom 18.8. 1988, Az. 61 S 16/88, WuM 1988, Seite 401). Erfolgt die Gutschrift später, ist das unschädlich. Zum Teil wird in der juristischen Literatur gefordert, dass wegen der Zahlungsverzugsrichtlinie der Europäischen Gemeinschaft und der Rechtsprechung des EuGH eine Korrektur erfolgen müsse. Entscheidend müsse der Zeitpunkt der Gutschrift auf dem Konto des Gläubigers, hier: des Vermieters, sein. Die Gerichte haben darüber noch nicht entschieden, der BGH hat die Frage offen gelassen (vergleiche BGH, Entscheidung vom 13.07. 2010, Az. VIII ZR 129/09, WuM S. 495). Allerdings können die Vertragspartner eine **Vereinbarung treffen**, dass in ihrem Fall die Miete am Zahlungstag bereits beim Vermieter gutgeschrieben sein muss. Oft soll dies durch eine formularmäßige Rechtzeitigkeitsklausel im Mietvertrag festgelegt werden (siehe Seite 74). Hier ist Vorsicht geboten. Ob es genügt, wenn es dort heißt, für die Rechtzeitigkeit der Zahlung sei der Eingang der Zahlung beim Vermieter entscheidend, wird von den Gerichten unterschiedlich beurteilt. Im Kern geht es dabei um die Frage, ob und in welchem Umfang es dem Mieter überhaupt zumutbar ist, das Risiko zu tragen, dass seine Bank die Überweisung nicht rechtzeitig ausführt (bejahend: LG Duisburg, Entscheidung vom 15.9. 1987, Az. 7 S 233/87, ZMR 1988, Seite 99; verneinend AG Berlin-Wedding, Entscheidung vom 6.12. 1989, Az. 6 C 538/89, MM 1990, Seite 259). Sicherheitshalber sollte der Mieter dafür sorgen, seine Überweisung so früh in Auftrag zu geben, dass die Zahlung bei normalem Verlauf zum Zahlungstermin auf dem Konto des Vermieters gutgeschrieben ist.

Zahlungsverzug bedeutet mehr als nur Zahlungsrückstand. Im Regelfall setzt der Verzug zunächst eine Mahnung an den Schuldner voraus (§ 286 Absatz 1 BGB). Sie ist nicht notwendig, wenn für die Leistung ein Termin vereinbart ist oder der Leistungszeitpunkt sonst so vereinbart ist, dass er nach dem Kalender bestimmbar ist (§ 286 Absatz 2 Nr. 1 BGB). So ist es bei der Miete. Der Zeitpunkt, zu dem die Miete gezahlt werden soll, ist aus dem Mietvertrag, sonst nach dem Gesetz bestimmbar (siehe Seite 125). Der Vermieter muss rückständige Mieten also nicht anmahnen. Zahlungsverzug setzt aber voraus, dass der Mieter die **verspätete Zahlung zu vertreten** hat. Im Streitfall muss der Mieter sich entlasten und beweisen, dass er die Verspätung nicht zu vertreten hat (§ 286 Absatz 4 BGB, § 276 BGB). Auf **mangelnde Zahlungsfähigkeit** kann sich der Mieter dabei aber nicht berufen. Bei Geldschulden gilt, dass ein Schuldner dafür sorgen muss, seine Zahlungsverpflichtungen erfüllen zu können. Auch eine unverschuldete Zahlungsunfähigkeit befreit den Mieter deshalb nicht davon, die Miete pünktlich und vollständig zu zahlen. Arbeitslosigkeit (AG Düren, Entscheidung vom 21.5. 1981, Az. 8 C 198/81, WuM 1981, Seite 210) oder Krankheit schützen nicht vor Zahlungsverzug (LG Kiel, Entscheidung vom 10.10. 1983, Az. 1 S 183/83, WuM 1984, Seite 55).

Auch eine vom Mieter gestellte **Mietsicherheit bedeutet keine Entlastung**. Weil die Sicherheit regelmäßig zur Sicherung des Vermieters bis zur Abwicklung nach Vertragsende dient (siehe Seite 151), muss sich der Vermieter ohne eine besondere Abrede nicht darauf verweisen lassen, er könne die Sicherheit doch für die laufenden Mieten nehmen. Ein solches „Abwohnen" der Kaution, das die Sicherheit vorzeitig aufzehrt, kann der Mieter nicht verlangen. Es bleibt beim Anspruch des Vermieters auf die laufenden Mieten und beim Verzug des Mieters, wenn sie nicht gezahlt werden (LG München I, Entscheidung vom 17.7. 1996, Az. 14 S 1538/96, WuM 1996, Seite 541).

Einen **Fehler der Bank des Mieters** hat der Mieter nicht zu vertreten, wenn er bei ausreichender Kontodeckung den Überweisungsauftrag rechtzeitig erteilt hat, seine Bank den Auftrag jedoch verzögert oder falsch ausführt und dies für den Mieter nicht ersichtlich ist (LG München I, Entscheidung vom 21.9. 1994, Az. 14 S 24586/93, WuM 1994, Seite 608). Wenn für ihn aber erkennbar ist oder wird, dass ein Bankfehler geschehen ist und der Vermieter die Miete nicht erhalten hat, muss er umgehend tätig werden und die Zahlung nachholen. Unterlässt er dies, hat er die Verspätung zu vertreten und kann sich nicht darauf berufen, eigentlich sei die Bank an allem Schuld (LG Düsseldorf, Entscheidung vom 26.2. 1991, Az. 24 S 638/90, WuM 1992, Seite 369; AG Gronau, Entscheidung vom 11.8. 1994, Az. 3 C 54/94, WuM 1994, Seite 538).

Ist ein **Fehler des Sozialamts** (Jobcenters) Grund für eine verspätete Mietzahlung, hat der Mieter einen Fehler des Amts nicht zu vertreten, wenn er alles Erforderliche getan hat, um eine rechtzeitige Zahlung der Miete durch das Amt möglich zu machen. Dies gilt unabhängig davon, ob das Amt an den Mieter oder unmittelbar an den Vermieter zahlen soll (BGH, Entscheidung vom 21.10. 2009, Az. VIII ZR 64/09, NJW 2009, Seite 3781).

Bei Kündigungen wegen Zahlungsverzugs kann auch zu prüfen sein, in welchem Umfang der Mieter zur Zahlung der Miete überhaupt verpflichtet ist. Dies nicht, weil die Miete als solche unklar wäre. Aber die Mietschuld kann **wegen Gegenansprüchen** des Mieters **erloschen** sein, zum Beispiel im Fall einer Aufrechnung (siehe Seite 61) oder einer Minderung (siehe Seite 33). Oder sie kann zurzeit nicht durchsetzbar sein, weil der Mieter ein **Zurückbehaltungsrecht** geltend macht (siehe Seite 34).

Bei einer außerordentlichen fristlosen Kündigung aus wichtigem Grund muss der Vermieter zügig handeln, sonst kann sie scheitern. Weil der **Vermieter** sich darauf beruft, dass der Kündigungsgrund so schwerwiegend sei, dass eine Fortsetzung des Mietverhältnisses nicht mehr zumutbar sei, muss er tatsächlich auch **in angemessener Frist kündigen**, wenn er Kenntnis von den Tatsachen hat, die seine Kündigung rechtfertigen sollen (§ 314 Absatz 3 BGB, § 242 BGB). Wartet er zu lange, ist eine fristlose Kündigung wegen dieses Grunds nicht mehr möglich. Wie lange die Frist ist, hängt vom Einzelfall ab. Bei einem Zahlungsverzug können zwei, vier oder auch knapp sechs Monate noch rechtzeitig sein (OLG Düsseldorf, Entscheidung vom 20.9. 2007, Az. 10 U 46/07, NZM 2009, Seite 281; BGH, Entscheidung vom 21.3. 2007, Az. XII ZR 36/05, NJW-RR 2007, Seite 886; BGH,

Entscheidung vom 11.3. 2009, Az. VIII ZR 115/08, NZM 2009, Seite 314). Im Übrigen kann der Mieter keinen Widerspruch wegen unbilliger Härte erheben und so die Fortsetzung des Mietverhältnisses verlangen. Dies scheidet aus, wenn es um einen Grund geht, der den Vermieter zur fristlosen Kündigung berechtigt (§ 574 BGB; siehe Seiten 118 ff.). Die Kündigung kann aber letztlich fehlschlagen, wenn der Mieter ohne rechtzeitigen Widerspruch des Vermieters in der Wohnung bleibt, sodass das Mietverhältnis unbefristet fortgesetzt wird (§ 545 BGB; siehe Seite 120).

Vor allem aber kann der **Mieter** die **Kündigung nachträglich abwenden**, indem er alle Mietrückstände nachzahlt oder nachträglich eine öffentliche Stelle wie zum Beispiel das Sozialamt (Jobcenter) sich verpflichtet, die Mietrückstände auszugleichen. Dies muss bis spätestens zum Ablauf von zwei Monaten nach der Rechtshängigkeit einer Räumungsklage, das heißt nach deren gerichtlicher Zustellung an den Mieter geschehen (§ 261 ZPO, § 253 ZPO, § 167 ZPO). Dann wird die Kündigung nachträglich unwirksam (§ 569 Absatz 3 Nr. 2 Satz 1 BGB). Die Heilungsmöglichkeit hat der Mieter aber nicht mehr, wenn ihm innerhalb der letzten zwei Jahre schon einmal wegen Zahlungsverzugs außerordentlich fristlos gekündigt wurde und er schon damals die Möglichkeit der Nachzahlung genutzt hat, um die Kündigung vom Tisch zu bekommen (§ 569 Absatz 3 Nr. 2 Satz 2 BGB).

Zahlungsverzug des Mieters kann auch eine **ordentliche fristgebundene Kündigung** des Vermieters rechtfertigen. Sie kann ausgesprochen werden, wenn der Mieter schuldhaft seine Vertragspflichten in erheblicher Weise verletzt (§ 573 Absatz 2 Nr.1 BGB; siehe Seite 115). Das ist immer der Fall, wenn ein Mietrückstand in der Höhe besteht, wie er für eine außerordentliche fristlose Kündigung notwendig wäre, aber auch denkbar bei geringeren Rückständen, wenn besondere Umstände hinzu kommen. Auch wiederholte unpünktliche Mietzahlungen können eine fristgemäße oder sogar eine fristlose Kündigung rechtfertigen (LG Berlin, Entscheidung vom 28.1. 1986, Az. 65 S 191/85, GE 1986, Seite 909). Eine Abmahnung des Mieters vor der ordentlichen fristgebundenen Kündigung ist nicht erforderlich (BGH, Entscheidung vom 28.11. 2007, Az. VIII ZR 145/07, NZM 2008, Seite 121).

Der Mieter kann die ordentliche fristgebundene **Kündigung nicht nachträglich abwenden**, indem er die Mietrückstände zahlt. Die Möglichkeit besteht nur bei einer außerordentlichen fristlosen Kündigung (§ 569 Absatz 3 Nr. 2 BGB). Spricht der Vermieter wegen Zahlungsverzugs sowohl eine ordentliche fristgebundene als auch eine außerordentliche fristlose Kündigung aus oder eine außerordentliche fristlose und hilfsweise eine ordentliche fristgebundene Kündigung, erledigt eine rechtzeitige nachträgliche Zahlung des Mieters zwar die außerordentliche fristlose Kündigung. Die ordentliche fristgebundene Kündigung bleibt aber im Raum, sodass der Mieter die Wohnung räumen muss, wenn er sich nicht auf andere Argumente stützen kann, zum Beispiel eine Fortsetzung des Vertrags wegen einer Fortsetzung des Gebrauchs ohne rechtzeitigen Widerspruch des Vermieters (§ 545 BGB; siehe Seite 120).

Fazit

Im Beispielfall hat der Vermieter zwei Kündigungen ausgesprochen. Er hat zum einen wegen Zahlungsverzugs des Mieters außerordentlich fristlos gekündigt. Zum anderen hat er hilfsweise, das heißt, falls die außerordentliche fristlose Kündigung nicht durchgreift, ordentlich mit der gesetzlichen Kündigungsfrist gekündigt.

Die **außerordentliche fristlose Kündigung** hat das Mietverhältnis nicht beendet. Allerdings befand sich der Mieter in **Zahlungsverzug**. Er war in zwei aufeinander folgenden Monaten mit mehr als einer Miete im Rückstand. Die monatliche Miete beträgt 400 Euro zuzüglich einer Vorauszahlung für die Betriebskosten in Höhe von 50 Euro, also insgesamt 450 Euro. Davon hatte der Mieter im Februar und März jeweils nur 200 Euro gezahlt, sodass sich ein monatlicher Rückstand von 250 Euro ergibt. In zwei Monaten ist damit ein Rückstand von 500 Euro, das heißt von mehr als einer Monatsmiete entstanden. Den Rückstand hat der Mieter auch zu vertreten. Seine Arbeitslosigkeit entlastet ihn nicht. Außerdem kommt in Betracht, dass der Mieter wegen der ausgebliebenen Aprilmiete über mehr als zwei Monate mit mehr als zwei Mieten in Verzug war, nämlich mit insgesamt 950 Euro. Voraussetzung dafür ist, dass der Mieter es zu vertreten hat, dass seine Bank die Überweisung für April nicht rechtzeitig zum dritten Werktag ausgeführt hat. Da er jedoch bereits am 30. April den Überweisungsauftrag erteilt hat, hat er so rechtzeitig gehandelt, dass er bei normalem Verlauf von einem rechtzeitigen Zahlungseingang beim Vermieter ausgehen durfte. Der Fehler liegt allein bei seiner Bank, sodass er in diesem Punkt entlastet ist.

Es bleibt aber dabei, dass der Mieter in zwei aufeinander folgenden Monaten, nämlich im Februar und im März, mit einem Betrag in Verzug war, der insgesamt mehr als eine Miete beträgt. Die Betriebskostennachforderung über 150 Euro spielt für einen Rückstand keine Rolle, weil sie nicht zur laufenden Miete zählt.

Damit liegt ein für eine Kündigung ausreichender Rückstand vor. Wegen dieses seit dem dritten Werktag des März bestehenden Rückstands hat der Vermieter am 15. April gekündigt. Damit dürfte die **ausserordentliche fristlose Kündigung zwar rechtzeitig** gewesen sein. Letztlich hängt dies von den näheren Umständen des Falls ab. Die außerordentliche fristlose Kündigung scheitert aber daran, dass der Mieter die **Kündigung abgewendet** hat, indem er den Rückstand vollständig bezahlt hat.

Die für diesen Fall hilfsweise erklärte **ordentliche fristgebundene Kündigung**

wird durch die Zahlung nicht beseitigt. Die Kündigung bleibt bestehen und ist **wirksam**. Der Zahlungsrückstand ist ein ausreichender Kündigungsgrund. Die Kündigung beendet das Mietverhältnis in der gesetzlichen Kündigungsfrist. Da das Mietverhältnis erst drei Jahre besteht, gilt, dass eine Kündigung bis spätestens zum dritten Werktag das Mietverhältnis zum Ablauf des übernächsten Monats beendet (Dreimonatsfrist), bei einer Kündigung nach dem dritten Werktag verlängert sich die Frist um einen Monat (siehe Seiten 107 f.). Die Kündigung vom 15. April beendet das Mietverhältnis zum 31. Juli.

Die Klage des Vermieters auf Räumung zum 31. Juli ist begründet. Eine Fortsetzung des Mietverhältnisses dadurch, dass der Mieter nach dem 31. Juli in der Wohnung bleibt, kommt nicht mehr in Betracht. Der Vermieter hat einer solchen Fortsetzung bereits in seiner Kündigung widersprochen.

Alternativen

Kann ein Mieter die Miete nicht zahlen, ist die Versuchung groß, dem Vermieter lieber aus dem Weg zu gehen. Dies ist durchaus verständlich, denn das Thema ist unangenehm, und wer weiß, wie der Vermieter reagiert. Und dennoch führt an einem offenen Gespräch kein Weg vorbei, wenn eine Kündigung vermieden werden soll. Solange der Vermieter nicht weiß, woran er ist, wird er im Zweifel kündigen, wenn ein ausreichender Mietrückstand erreicht ist, um sich vor weiteren finanziellen Einbußen zu schützen. Erst wenn deutlich wird, warum die Miete ausbleibt, kann der Vermieter sein Risiko einschätzen. Dabei können wirtschaftliche Schwierigkeiten durchaus auf Verständnis stoßen. Dies gilt umso mehr, wenn ein gutes Verhältnis zum Mieter besteht und der Vermieter ihn deshalb als Mieter eigentlich nicht verlieren möchte. Gegebenenfalls kann eine Stundung der Miete vereinbart werden, sodass der Rückstand nachgezahlt wird, wenn der finanzielle Engpass behoben ist. Vielleicht steht hinter dem Rückstand auch ein Versehen einer Bank oder Behörde, sodass zeitaufwändige Nachforschungen angestellt werden müssen, warum die Zahlung nicht erfolgt und Maßnahmen ergriffen werden können, sie nachzuholen. Geschieht dies in Absprache mit dem Vermieter, muss keine Seite unliebsame Überraschungen fürchten.

Und sollte sich herausstellen, dass die Wohnung für den Mieter künftig auf Dauer finanziell nicht mehr tragbar ist, ist auch dann eine einvernehmliche Lösung zur Beendigung des Mietvertrags sinnvoller und preiswerter als ein Räumungsrechtsstreit nach der Kündigung durch den Vermieter.

DIE SCHÖNHEITSREPARATUREN

Der Fall

Mieter und Vermieter haben ihren Mietvertrag mit einem Vertragsformular abgeschlossen, das der Vermieter gestellt hatte. Darin heißt es: „Der Mieter übernimmt auf eigene Kosten die Schönheitsreparaturen. …Diese sind spätestens nach folgenden Zeitabläufen fällig: Badezimmer und Küche: alle drei Jahre, Wohn- und Schlafräume: alle fünf Jahre, alle anderen Räume, alle Heizkörper, Versorgungsleitungen, Innentüren sowie die Wohnungstür und Fenster von innen: alle sieben Jahre." Handschriftlich hat der Vermieter bei Vertragsabschluss noch ergänzt: „Die Wohnung ist bei Vertragsende vollständig renoviert zurückzugeben".

Nach acht Jahren kündigt der Mieter das Mietverhältnis. Zwei Wochen vor Vertragsende besichtigt der Vermieter die Wohnung und erklärt, es sei soweit alles in Ordnung. Der Mieter solle aber bitte nicht vergessen, die Schönheitsreparaturen noch auszuführen. Es sei vereinbart worden, dass er renoviere. So wie es aussehe, sei das in all der Zeit aber nicht geschehen. Der Mieter weigert sich. Die Vereinbarungen seien unwirksam und er müsse nicht renovieren.

Beharren Vermieter und Mieter hier auf ihren Positionen, kann der Konflikt ihnen folgende Entwicklung nehmen:

Vermieter verlangt von dem Mieter, dass er zum Mietvertragsende die Schönheitsreparaturen durchführe.

§: Er beruft sich auf die Vereinbarungen im Mietvertrag. Mit dem Mietvertrag kann ein Mieter verpflichtet werden, Schönheitsreparaturen durchzuführen.

Mieter erwidert, die Vereinbarungen im Mietvertrag seien unwirksam. Im Kleingedruckten eines Mietvertrags dürfe nicht stehen, dass er renovieren müsse, obwohl vielleicht gar kein Renovierungsbedarf bestehe.

§: Er beruft sich auf die Unwirksamkeit der Vereinbarungen im Mietvertrag. Durch eine Schönheitsreparaturklausel darf dem Mieter keine Renovierungspflicht unabhängig von einem Renovierungsbedarf auferlegt werden. Sonst begründet sie eine übermäßige Belastung des Mieters und ist unwirksam (§ 307 Absatz 1 BGB).

Vermieter erklärt, üblicherweise bestehe nach den im Vertrag angegebenen Zeiträumen nun mal Renovierungsbedarf. Und spätestens jetzt bestehe er, der Mieter solle sich mal umschauen. Er sei ja nicht pingelig, aber der Mieter habe offensichtlich während der gesamten Mietzeit nichts getan.

Mieter entgegnet, beim Kleingedruckten komme es nur darauf an, wie man den

Text verstehen könne. Danach hätte er auch gedacht, dass er auf jeden Fall renovieren müsse, wenn er nicht einfach mal zu einer Rechtsberatung gegangen wäre und sich erkundigt hätte. Aber er müsse nicht renovieren, auch wenn tatsächlich jetzt Renovierungsbedarf bestehe.
§: Ist eine Schönheitsreparaturklausel unwirksam, muss der Mieter nicht renovieren. Der Vermieter muss die Renovierung selbst tragen (§ 306 Absatz 2 BGB, § 535 Absatz 1 Satz 2 BGB).

Vermieter ist erbost. Dass der Mieter eine Endrenovierung durchführen müsse, habe er doch extra noch handschriftlich eingetragen. Dann könne es doch nicht sein, dass der Mieter ihm die Wohnung verwohne und er das bezahlen solle.

ZUSPITZUNG:

Mieter hält seine Inanspruchnahme für nicht gerechtfertigt.
§: Hat der Mieter Recht, kann der Vermieter von dem Mieter keine Schönheitsreparaturen verlangen. Der Vermieter muss diese selbst durchführen (§ 535 Absatz 1 Satz 2 BGB).

Vermieter fordert den Mieter zur Durchführung der Reparaturen bis zum Mietvertragsende auf.
§: Hat der Vermieter Recht, muss der Mieter die Schönheitsreparaturen durchführen.

Die Rechtslage

Nach § 535 Absatz 1 Satz 2 BGB ist der Vermieter verpflichtet, die Wohnung in einem vertragsgemäßen Zustand zu erhalten. Instandhaltungsarbeiten muss er ausführen, die Kosten sind mit der Miete abgegolten. Eine Ausnahme bilden **Schönheitsreparaturen**. Ihre Durchführung und ihre Kosten kann der Vermieter – in Grenzen – auf den Mieter verlagern. Schönheitsreparaturen sind Maßnahmen, durch die Verschlechterungen beseitigt werden, die aus dem vertragsgemäßen Gebrauch der Wohnung entstehen (BGH, Entscheidung vom 5.10. 1994, Az. XII ZR 15/93, NJW-RR 1995, Seite 123). Dazu gehören das Tapezieren, Anstreichen oder Kalken der Wände und Decken, das Streichen der Fußböden oder die Reinigung eines vom Vermieter gestellten Teppichbodens, das Streichen der Heizkörper einschließlich der Heizungsrohre sowie der Innentüren und Innenseiten der Fenster und der Wohnungsausgangstür. Der Anstrich von Versorgungsleitungen wird in der Regel ebenfalls darunter gefasst. Auch das Streichen von Holzverkleidungen an Decken und Wänden oder das Streichen von Einbauschränken (Wandschränken) gehört dazu, wenn sie als Teil der Wand oder Decke zu betrachten sind (LG Marburg, Entscheidung vom 19.12. 1979, Az. 2 S 114/79, ZMR 1980, Seite 180). Überwiegend zählen die Gerichte auch das Streichen der

Zwischenräume zwischen Doppelfenstern zu den Schönheitsreparaturen.

Nicht dazu gehören Instandsetzungen wie die Erneuerung von verschlissenen Teppichböden (OLG Hamm, Entscheidung vom 22.3. 1991, Az. 30 REMiet 3/90, ZMR 1991, Seite 219), das Abschleifen und Versiegeln von Parkett oder die Beseitigung von Untergrundschäden an Putz, Mauerwerk oder Holz (BGH, Entscheidung vom 6.7. 1988, Az. VIII ARZ 1/88, NJW 1988, Seite 2790). Ebenso wenig rechnen Arbeiten außerhalb der Wohnung , also etwa an der Außenseite der Fenster oder der Wohnungstür, am Balkon, im Treppenhaus oder Keller, zu den Schönheitsreparaturen.

In Mietverträgen wird die Schönheitsreparaturpflicht des Mieters meist durch formularmäßige **Schönheitsreparaturklauseln** des Vermieters geregelt (siehe Seite 74). Dabei kann es um eine Pflicht zur Anfangsrenovierung gehen, um die Instandhaltung während der Mietzeit, um die Endrenovierung bei Auszug oder Kombinationen davon. Allerdings ist eine Schönheitsreparaturklausel nur begrenzt wirksam. Werden die Grenzen nicht eingehalten, ist die Klausel unwirksam. Es bleibt dann bei der Verantwortung des Vermieters, der Mieter muss nicht renovieren (§ 306 Absatz 2 BGB, § 535 Absatz 1 Satz 2 BGB). Das gilt bereits dann, wenn nicht klar erkennbar ist, ob der Mieter oder der Vermieter die Renovierung durchführen soll, zum Beispiel, weil der Mietvertrag zwar mehrere Möglichkeiten zum Ankreuzen aufführt, aber das Kreuzchen fehlt.

Im Übrigen orientiert sich die rechtliche Bewertung von Schönheitsreparaturklauseln an dem Grundsatz: **Der Mieter soll nicht mehr renovieren müssen als er vom Vermieter erhalten hat**. Die Gerichte schauen auf die Formulierung. Für die rechtliche Bewertung wird der Inhalt zugrunde gelegt, den der rechtlich nicht vorgebildete Mieter berechtigterweise verstehen darf. Bei mehreren Verständnismöglichkeiten ist diejenige zugrunde zu legen, die dem Mieter am meisten schaden würde. Sie ist die für den Mieter günstigste Sicht. Denn die mieterfeindlichste Betrachtung führt am ehesten zu der Annahme, dass der Mieter unangemessen benachteiligt wird und die Klausel unwirksam ist, sodass eine Renovierungspflicht des Mieters entfällt. Ob der Vermieter den Mieter konkret benachteiligen wollte, spielt dabei keine Rolle.

Stellt ein Gericht die Unwirksamkeit einer Klausel fest, gilt dies übrigens nicht nur für zukünftige Verträge. Auch bei Verträgen, die vor der Gerichtsentscheidung abgeschlossen wurden, kann der Vermieter sich nicht mehr auf die Regelung berufen. Dass sie beim Vertragsabschluss noch nicht für unwirksam gehalten wurde, ist unerheblich.

Eine Schönheitsreparaturklausel ist unwirksam, wenn sie vom Mieter so verstanden werden kann, dass er eine **Anfangsrenovierung** durchführen soll, ohne dafür vom Vermieter eine angemessene Gegenleistung zu bekommen, zum Beispiel, indem er für eine gewisse Zeit befreit wird,

Miete zu zahlen (LG Berlin, Entscheidung vom 18.3.2004, Az. 12 U 282/02, NZM 2004, Seite 424). Denn der Mieter müsste einen Wohnungszustand schaffen, den er selbst nicht bekommen hat, und der Mehrwert bliebe beim Vermieter, wenn der Mieter zum Beispiel früh auszöge.

Unwirksam ist auch eine Klausel, nach der der Mieter annehmen kann, er sei unabhängig von der Wohndauer oder der letzten Renovierung zu einer **Endrenovierung** bei Auszug verpflichtet. Denn das könnte Fälle betreffen, in denen eigentlich noch kein oder noch nicht wieder Renovierungsbedarf besteht. So, wenn die Wohnzeit nur kurz ist oder die letzte Renovierung nur kurz zurückliegt. Auch dann erhielte der Vermieter mehr als ihm zusteht (BGH, Entscheidung vom 12.9.2007, Az. VIII ZR 316/06, NJW 2007, Seite 3776). Das Gleiche gilt, wenn eine Klausel vorschreibt, der Mieter müsse beim Auszug die Tapeten entfernen (BGH, Entscheidung vom 5.4. 2006, Az. VIII ZR 152/05, NZM 2006, Seite 621).

Mit einer individuellen Vereinbarung aber kann eine uneingeschränkte Endrenovierungspflicht des Mieters vereinbart werden (BGH, Entscheidung vom 14.1. 2009, Az. VIII ZR 71/08, WuM 2009, Seite 193).

Soll die **laufende Renovierung während der Mietzeit** auf den Mieter umgelegt werden, muss die Klausel keine Renovierungsfristen enthalten (BGH, Entscheidung vom 14.7. 2004, Az. VIII ZR 339/03, NZM 2004, Seite 734), meist wird aber im Mietvertrag ein Fristenplan vereinbart. Dessen Fristen dürfen dann weder zu kurz noch starr vereinbart sein. Beides kann sonst den Eindruck vermitteln, der Mieter solle häufiger als tatsächlich notwendig renovieren, sodass die Klausel unwirksam ist. Bisher wurden folgende **Renovierungsfristen** akzeptiert: für Bad und Küche alle drei Jahre, für Wohn- und Schlafräume, Flure, Dielen und Toiletten alle fünf Jahre und für alle Nebenräume alle sieben Jahre (BGH, Entscheidung vom 23.6.2004, Az. VIII ZR 361/03, in WuM 2004, Seite 463). Vermieter müssen aber damit rechnen, dass diese Fristen nicht mehr reichen. Sie stammen aus dem Mustermietvertrag des Bundesjustizministeriums von 1976. Es wird angenommen, dass sie wegen veränderter Wohnverhältnisse und besserer Qualitäten von Dekorationsmaterialien wie Tapeten, Farben und ähnlichem mittlerweile zu kurz bemessen seien und jedenfalls auf fünf, sieben und zehn Jahre hochzusetzen seien. Der BGH hat die Frage in einer Entscheidung aus dem Jahr 2007 offen gelassen, sodass sie nicht entschieden ist (BGH, Entscheidung vom 26.9. 2007, Az. VIII ZR 143/06, ZMR 2008, Seite 30).

Starre Fristen ergeben sich, wenn diese Zeiträume mit Formulierungen verbunden werden wie zum Beispiel „Schönheitsreparaturen hat der Mieter nach folgendem Fristenplan auszuführen: …", „Schönheitsreparaturen sind mindestens / spätestens nach folgendem Fristenplan vorzunehmen: …" oder „Die Fristen für Schönheitsreparaturen betragen (Fristen-

plan)" (vergleiche BGH, Entscheidung vom 5.4. 2006, Az. VIII ZR 178/05, NJW 2006, Seite 1728).

Nicht starr und damit zulässig sind Formulierungen wie zum Beispiel „Im Allgemeinen / In der Regel sind die Schönheitsreparaturen nach folgendem Fristenplan vorzunehmen: ..." (BGH, Entscheidung vom 13.07. 2005, Az. VIII ZR 351/04, NZM 2005, Seite 860). Auch genügen relativierende Zusätze, zum Beispiel: „Lässt der Zustand der Wohnung eine Verlängerung der vereinbarten Fristen zu oder erfordert der Grad der Abnutzung eine Verkürzung, ist der Vermieter auf Antrag des Mieters verpflichtet, im anderen Fall berechtigt, die aufgestellten Fristen angemessen zu verlängern oder zu verkürzen." (BGH, Entscheidung vom 20.10. 2004, Az. VIII ZR 378/03, WuM 2005, Seite 50).

Häufig enthalten Mietverträge **Kombinationen** der genannten Klauseltypen, die als Kombination unwirksam sind, weil sie in der Gesamtschau eine übermäßige Verpflichtung des Mieters begründen (Summierungseffekt). Dann sind alle Teile der Renovierungsregelung hinfällig und der Mieter schuldet keine Renovierung. Dies ist nichts Besonderes, wenn im Vertrag zwei Klauseln kombiniert sind, von denen jede für sich genommen bereits unwirksam ist. Dabei bleibt es, auch wenn sie kombiniert werden. Aus dem Kombinationsgedanken ergibt sich aber, dass der Mieter auch nicht renovieren muss, wenn im Mietvertrag eine unwirksame Klausel mit einer wirksamen Regelung zusammentrifft. Auch dann ist die gesamte Kombination unwirksam und der Vermieter kann sich nicht darauf berufen, es gelte aber jedenfalls eine, nämlich die wirksame Regelung. Auch zwei für sich allein betrachtet wirksame Regelungen können dann als Kombination unwirksam sein. Unzulässig ist es deshalb, wenn eine Pflicht zur Anfangsrenovierung und zugleich zur laufenden Renovierung (BGH, Entscheidung vom 2.12. 1992, Az. VIII ARZ 5/92, NJW

1993, Seite 532) oder zur Endrenovierung vorgesehen ist. Unzulässig ist es auch, wenn im Mietvertrag sowohl eine Pflicht des Mieters zur laufenden Renovierung als auch eine Pflicht zur Endrenovierung vorgeschrieben werden soll (BGH, Entscheidung vom 14.5. 2003, Az. VIII ZR 308/02, NJW 2003, Seite 2234). Der BGH hält es aber für zulässig, wenn der Vermieter mit dem Mieter nach Vertragsabschluss im Einzugsprotokoll individuell vereinbart, dass der Mieter eine Endrenovierung durchführen soll. Eine solche Vereinbarung sei wirksam, auch wenn im Mietvertrag bereits eine unwirksame Klausel über laufende Renovierungen stehe. Weil die Endrenovierung erst später vereinbart werde, liege keine Kombination vor, sondern handele es sich um zwei getrennte Regelungen (BGH Entscheidung vom 14.1.2009, Az. VIII ZR 71/08, WuM 2009, Seite 193). Der Mieter, der eine solche Endrenovierungsvereinbarung trifft, muss renovieren und kann sich später nicht darauf berufen, in seinem Vertrag gebe es aber schon eine unwirksame Schönheitsreparaturklausel, sodass alles hinfällig sei. Im Ergebnis wird so die unwirksame Vertragsklausel „geheilt".

Häufig enthalten Mietverträge zusätzlich formularmäßige **Quotenklauseln**, auch Abgeltungsklauseln genannt (siehe Seite 74). Damit soll ein Mieter verpflichtet werden, bei noch nicht fälliger Renovierung jedenfalls anteilig nach der Wohndauer (quotal) Renovierungskosten zu zahlen, weil er die Wohnung eine gewisse Zeit abgenutzt hat. Die Anforderungen an die Wirksamkeit einer solchen Klausel sind hochgesteckt. Quotenklauseln scheitern in der Praxis oft nicht nur an inhaltlichen Mängeln, sondern auch an ihrer Unverständlichkeit. Auch dies kann die Unwirksamkeit einer Vertragsklausel begründen (Transparenzgebot, § 307 Absatz 1 Satz 2 BGB).

Eine Quotenklausel ist zunächst nur wirksam, wenn zugleich eine wirksame Schönheitsreparaturvereinbarung besteht. Denn ohne Renovierungspflicht kommt keine Kostenbeteiligung in Betracht. Zudem darf die Kostenbeteiligung sich nicht starr nach der Wohndauer richten, sondern muss Raum für eine konkrete Ermittlung des Renovierungsbedarfs lassen. Die Kosten müssen sich nach einem einzuholenden Kostenvoranschlag richten, wobei die Klausel dem Mieter die Möglichkeit

lassen muss, einem Kostenvoranschlag des Vermieters einen eigenen günstigeren Kostenvoranschlag entgegenzusetzen (BGH, Entscheidung vom 18.10.2006, VIII ZR 52/06, NZM 2006, Seite 924). Auch darf die Klausel keine hundertprozentige Kostenbeteiligung nach bestimmten Zeitabläufen vorsehen (LG Berlin, Entscheidung vom 10.6.2002, Az. 62 S 576/01, WuM 2002, Seite 517) oder dem Mieter die Möglichkeit abschneiden, die Zahlungsverpflichtung durch eine eigene Renovierung abzuwenden (AG Lörrach, Entscheidung vom 2.4. 1997, Az. 4 C 2765/96, WuM 1998, Seite 216). Ist eine unwirksame Quotenklausel Teil einer Schönheitsreparaturvereinbarung, entfällt nur die Quotenklausel, der Rest der Vereinbarung hat Bestand, wenn er für sich genommen wirksam ist (BGH, Entscheidung vom 18.10. 2006, Az. VIII ZR 52/06, NZM 2006, Seite 924).

Die **Ausführung von Renovierungen** darf der Vermieter jedenfalls durch Formularklauseln (siehe Seite 74) kaum beeinflussen. Klauseln, die den Mieter in der Gestaltung der Wohnung während der Mietzeit einschränken, sind unwirksam, zum Beispiel, wenn die Farbwahl vorgeschrieben werden soll (BGH, Entscheidung vom 20.1. 2010, Az. VIII ZR 50/09, NZM 2010, Seite 236) oder wenn der Mieter verpflichtet werden soll, sich mit dem Vermieter wegen Renovierungsvorhaben abzustimmen (BGH, Entscheidung vom 28.3. 2007, Az. VIII ZR 199/06, WuM 2007, Seite 259).

Vorgegeben werden kann jedoch, dass die Wohnung bei ihrer Rückgabe in hellen, neutralen Farben gestrichen sein muss (BGH, Entscheidung vom 18.6. 2008, Az. VIII ZR 224/07, NZM 2008, Seite 605). Die Arbeiten müssen nicht in Fachhandwerkerqualität ausgeführt werden, es genügt, dass sie fachgerecht und von mittlerer Art und Güte sind. Lacknasen, scheckige Wandanstriche oder schlecht geklebte Tapeten sind aber auch dann nicht in Ordnung (LG Berlin, Entscheidung vom 23.6. 2000, Az. 65 S 504/99, GE 2000, Seite 1255). Es darf einem Mieter weder untersagt werden, selbst zu renovieren, noch vorgeschrieben werden, die Arbeiten nur durch einen Fachbetrieb ausführen zu lassen.

Führt ein Mieter zum Ende des Mietvertrags keine Schönheitsreparaturen durch, obwohl er dazu verpflichtet ist, kann der

Vermieter Schadenersatz verlangen (siehe Seite 145). Führt umgekehrt ein Mieter trotz einer unwirksamen Schönheitsreparaturklausel Arbeiten durch, weil er sich dazu irrtümlich für verpflichtet hielt, kann er von seinem Vermieter Wertersatz verlangen, dass heißt bei Eigenleistungen üblicherweise Geld für die von ihm und Helfern aufgewendete Arbeitszeit sowie das verwendete Material (BGH, Entscheidung vom 27.5. 2009, Az. VIII ZR 302/07, WuM 2009, Seite 395). Wenn ein Vermieter weiß, dass die Schönheitsreparaturklausel des Vertrags unwirksam ist, er aber dennoch vom Mieter eine Renovierung verlangt, kann der Mieter von dem Vermieter Schadenersatz verlangen (AG Hannover, Entscheidung vom 9.7. 2008, Az. 564 C 16208/07, WuM 2008, Seite 721). Dazu können zum Beispiel Rechtsanwaltskosten des Mieters gehören, wenn er sich gegen den Vermieter zur Wehr setzen musste. Es entlastet den Vermieter nicht, wenn der Fehler bei der Hausverwaltung liegt. Deren Fehler muss er sich wie eigene Fehler zurechnen lassen (§ 278 BGB; KG Berlin, Entscheidung vom 18.5.2009, Az. 8 U 190/08, NZM 2009, Seite 616).

Fazit

Im Beispielfall hängt die Frage, ob der Mieter Schönheitsreparaturen durchführen muss, von der **Gestaltung des Mietvertrags** ab. Der enthält **zwei Aussagen zu Schönheitsreparaturen**. Dies sind die Regelung des Formulars über die laufende Renovierung und der handschriftliche Zusatz des Vermieters über die Endrenovierung. Da beide Regelungen bereits mit dem Mietvertrag vereinbart sind, sind sie als Kombination zu betrachten, die einen **unzulässigen Summierungseffekt** bewirkt, weil dem Mieter sowohl die laufende Renovierung als auch die Endrenovierung aufgebürdet werden soll. Die Kombination ist deshalb insgesamt unzulässig.

Das Gleiche ergäbe sich bei einer Einzelbetrachtung der Aussagen. Die Pflicht zur laufenden Renovierung ist in dem vom Vermieter eingesetzten Vertragsformular enthalten und somit eine Formularklausel des Vermieters. Dies ist auch für den handschriftlichen Zusatz des Vermieters über die Endrenovierung anzunehmen. Auch er wurde vom Vermieter gestellt. Dass er handschriftlich erfolgte, schließt nicht aus, eine Formularklausel anzunehmen. Das „Kleingedruckte" muss nicht gedruckt sein.

Beide Regelungen sind also unwirksam, weil sie nach ihren Formulierungen von einem Mieter so verstanden werden können, dass er unabhängig von konkretem Renovierungsbedarf zu Renovierungen verpflichtet sei. Die Klausel zur laufenden Renovierung hat wegen der Verwendung des Worts „spätestens" einen starren Fristenplan. Und die Regelung zur Endrenovierung ist pauschal formuliert und enthält keinen einschränkenden Hinweis darauf, dass der Mieter nicht zu renovieren habe, wenn noch kein Renovierungsbedarf bestehe, zum Beispiel, weil erst vor kurzem renoviert wurde.

Mangels einer wirksamen Schönheitsreparaturvereinbarung ist der Mieter nicht zur Durchführung von Schönheitsreparaturen verpflichtet, sodass der Vermieter sie nicht von ihm verlangen kann.

Alternativen

Wird bereits während der Mietzeit klar, dass die Renovierungsregeln des Vertrags nicht (mehr) gültig sind, kann über eine angemessene Neuregelung gesprochen werden, um zu vermeiden, dass der Konflikt am Ende auftritt.

Der Konflikt um die Wirksamkeit oder Unwirksamkeit einer Schönheitsreparaturklausel wird aber nur selten während der Mietzeit ausgetragen. In der Regel entwickelt er sich am Ende des Vertrags. Dabei schwingt oft der Vorwurf mit, der Vermieter sei selbst Schuld: Wenn er eine unwirksame Klausel verwende, habe er eben keinen Anspruch auf Schönheitsreparaturen beim Auszug. Die rechtliche Bewertung knüpft jedoch nur daran, wie ein Mieter die Regelung verstehen kann und dass er benachteiligt werden könnte. Dass der Vermieter die Absicht hat, den Mieter zu benachteiligen, ist nicht erforderlich. Tatsächlich ist Vermietern oft nicht bewusst, dass die Regelung ihres Vertrags unwirksam ist. Und vielleicht konnte er dies bei Abschluss des Mietvertrags nicht einmal wissen, weil seine Klausel rechtlich damals noch gar nicht für unwirksam gehalten wurde. Wenn die Gerichte eine Regelung für unwirksam erklären, gilt dies für alle Verträge, die diese Regelung enthalten, selbst wenn sie lange vor der gerichtlichen Entscheidung unterzeichnet wurden.

All dies ändert nichts daran, dass die Regelung unwirksam ist und der Vermieter sich nicht darauf berufen kann, der Mieter müsse renovieren. Aber zumindest der Mieter, der eine renovierte Wohnung bekommen hat und nach acht Jahren nun wie im Beispielfall eine unrenovierte zurückgeben würde, könnte überlegen, ob er sich nicht doch für die Renovierung verantwortlich fühlt, vielleicht durch eine Kostenbeteiligung.

DIE RÜCKGABE DER WOHNUNG

Der Fall

Der Mieter hat seinen Mietvertrag gekündigt, weil er umziehen will. Am letzten Tag des Mietverhältnisses treffen sich der Vermieter und der Mieter in der bereits geräumten Wohnung zur Wohnungsrückgabe. Der Vermieter beanstandet, der Mieter habe den vom Mieter selbst eingebauten Laminatfußboden im Wohnzimmer nicht entfernt, außerdem sei die Badewanne innen „ganz rau" und in der Küche seien mehrere Fliesen an der Wand gerissen.

Das müsse noch gemacht werden. Er erstellt ein Rückgabeprotokoll und notiert darin die Beanstandungen sowie, dass der Mieter sie innerhalb von zwei Wochen beseitigen müsse. Er gibt dem Mieter das Protokoll zur Unterschrift. Der Mieter weigert sich zu unterschreiben. Er müsse all das nicht mehr erledigen. Der Laminatboden könne bleiben, weil er ihn mit Einverständnis des Vermieters eingebaut habe. Die Badewanne sei 25 Jahre alt und einfach nur für ihr Alter normal abgenutzt. Und die Küchenfliesen seien schon beim Einzug defekt gewesen. Also werde er das Protokoll auch nicht unterschreiben. Sonst heiße es nachher, er habe irgendwelche Verpflichtungen anerkannt.

Der Vermieter ist anderer Meinung und zeigt sich verärgert. Wenn das Protokoll nicht unterschrieben werde, werde er die Wohnung nicht zurücknehmen. Der Mieter solle die Schlüssel behalten, die Beanstandungen innerhalb von zwei Wochen in Ordnung bringen und sich bei ihm melden, wenn alles erledigt sei. Dann verlässt er die Wohnung. Der Mieter verlässt ebenfalls die Wohnung, schließt die Wohnungstür ab und steckt die Schlüssel ein. Drei Tage später schickt er sie dem Vermieter mit der Post nach Hause und erklärt in seinem Anschreiben dazu, es bleibe dabei, er werde nichts mehr in der Wohnung machen.

Vier Wochen später erhält der Mieter Post vom Vermieter. Der Vermieter teilt ihm mit, er habe jetzt alles selbst in Ordnung bringen lassen. Er verlangt eine Monatsmiete als Entschädigung, weil er die Wohnung nicht habe nutzen können. Außerdem fordert er von dem Mieter Schadenersatz für die Kosten der Entfernung des Laminatbodens sowie der Erneuerung der Badewanne und der gerissenen Küchenfliesen. Der Mieter weigert sich.

Bleiben Vermieter und Mieter bei ihren Meinungen, kann sich folgender Konflikt entwickeln:

Vermieter erklärt, der Mieter habe die Wohnung nach Vertragsende nicht ordnungsgemäß zurückgegeben. Er verlangt deshalb von dem Mieter eine Monatsmiete als Entschädigung, weil er die Wohnung nicht habe nutzen können, außerdem Schadenersatz für die Entfernung des Laminatbodens sowie die Erneuerung der Badewanne und der Küchenfliesen.

§: Ein Vermieter kann von seinem Mieter eine Nutzungsentschädigung verlangen, wenn und solange der Mieter ihm nach Vertragsende die Wohnung vorenthält (§ 546 a Absatz 1 BGB). Außerdem kann ein Vermieter von seinem Mieter Schadenersatz wegen der Kosten verlangen, die ihm entstehen, weil der Mieter seine sonstigen Rückgabepflichten nicht erfüllt (§ 280 BGB, § 281 BGB), unter anderem, weil er seine Einbauten nicht entfernt (§ 539 Absatz 2 BGB, § 258 BGB) oder Schäden nicht beseitigt.

Mieter erwidert, der Vermieter könne sich nicht auf eine verspätete Rückgabe berufen. Er hätte die Wohnung zurücknehmen können, habe sich aber geweigert und ihm die Schlüssel belassen. Außerdem habe er, der Mieter, nichts weiter tun müssen. Den Laminatboden habe er zurücklassen dürfen, weil er ihn doch auch mit seinem Einverständnis eingebaut habe. Die Abnutzung der Badewanne könne der Vermieter ihm auch nicht anlasten, sie sei ganz normal, schließlich sei die Wanne 25 Jahre alt. Und die Fliesen seien schon bei seinem Einzug defekt gewesen, er habe sie nicht beschädigt.

§: Er beruft sich darauf, eine Wohnung werde einem Vermieter nicht vorenthalten, wenn der Vermieter die ihm zur Rückgabe angebotene Wohnung nicht annimmt, sondern sie dem Mieter belässt, um die Wohnung vertragsgemäß herzurichten.

Ein Mieter muss seine Einbauten nicht entfernen, wenn der Vermieter einverstanden ist, dass sie in der Wohnung bleiben.

Veränderungen oder Verschlechterungen der Wohnung, die auf einem vertragsgemäßen Gebrauch beruhen, wie normale Abnutzungs- und Verschleißerscheinungen, hat der Mieter nicht zu vertreten (§ 538 BGB).

Schäden, die nicht in der Wohnzeit eines Mieters entstanden sind, hat er nicht zu vertreten (§ 276 BGB).

Vermieter bleibt dabei. Der Mieter habe die Wohnung nicht korrekt zurückgeben wollen und sich dann auch noch geweigert, das Rückgabeprotokoll zu unterschreiben. Unter diesen Umständen habe er die Wohnung nicht zurücknehmen müssen. Vermieter setzt dem Mieter eine angemessene Frist zur Zahlung der Nutzungsentschädigung und des Schadenersatzes.

ZUSPITZUNG:

Mieter verteidigt sich gegen seine Inanspruchnahme.

§: Hat der Mieter Recht, kann der Vermieter von dem Mieter weder eine Nutzungsentschädigung noch Schadenersatz verlangen. Die Klage des Vermieters ist unbegründet.

Vermieter verklagt den Mieter auf Zahlung einer Nutzungsentschädigung und von Schadenersatz.

§: Hat der Vermieter Recht, kann er von dem Mieter eine Nutzungsentschädigung und Schadenersatz verlangen. Die Klage des Vermieters ist begründet.

Beachte: Hat der Mieter eine Mietsicherheit gestellt, kann der Vermieter seine Forderungen gegen die Mietsicherheit aufrechnen und die Sicherheit im Umfang seiner Forderungen einbehalten (§ 387 BGB, § 389 BGB; siehe Seite 152). Reicht die Mietsicherheit nicht aus, kann er die Restforderung einklagen.

Die Rechtslage

Wird der Mietvertrag einvernehmlich oder durch die Kündigung einer Vertragspartei beendet, ist der Mieter verpflichtet, die Wohnung nach Beendigung des Mietverhältnisses zurückgeben (§ 546 Absatz 1 BGB). Zum Teil lesen die Gerichte die gesetzliche Regelung so, dass der **Zeitpunkt der Rückgabe** der letzte Tag des Mietverhältnisses ist (vergleiche BGH, Entscheidung vom 19.10. 1988, Az. VIII ZR 22/88, NJW 1989, Seite 451), zum Teil nehmen sie den Folgetag an (AG Köln, Entscheidung vom 8.3. 1985, Az. 218 C 285/84, WuM 1985, Seite 265). Ist der maßgebliche Tag ein Samstag, ein Sonn- oder Feiertag, gehen die Gerichte überwiegend davon aus, dass der Mieter erst am nächsten Werktag zurückgeben müsse (§ 193 BGB; OLG Hamm, Entscheidung vom 4.11. 1980, Az. 4 U 136/80, WuM 1981, Seite 40), zum Teil wird eine solche Verlängerung abgelehnt (LG Düsseldorf, Entscheidung vom 19.11. 1991, Az. 24 S 294/91, WuM 1992). Der Mieter ist auf der sicheren Seite, wenn er sich darauf einrichtet, dass die Wohnung spätestens am letzten Tag des Mietverhältnisses zurückgegeben werden muss, unabhängig davon, um welchen Tag es sich dabei handelt.

Die Fragen, die die gesetzliche Regelung mit sich bringt, spielen keine Rolle, wenn der Vermieter und der Mieter einen Rückgabetermin vereinbaren. Hier sind sie frei, die passende Lösung zu wählen. Das gilt auch für die Frage, ob der Mieter die Wohnung bereits vor Ende des Mietvertrags zurückgeben kann, weil er früher auszieht und die Verantwortung für die Wohnung abgeben möchte. Ob der Mieter ein Recht darauf hat, ist nämlich ebenfalls umstritten. Teils nehmen die Gerichte an, der Vermieter müsse die Wohnung nicht vorzeitig zurücknehmen und sich die Verantwortung aufbürden lassen (KG Berlin, Entscheidung vom 6.5. 1999, Az. 8 U 1700/98, NZM 2000, Seite 92), teils gehen sie davon aus, der Mieter dürfe jedenfalls rund zwei Wochen vor Vertragsende die Wohnung zurückgeben (OLG Dresden, Entscheidung vom 20.6. 2000, Az. 23 U 403/00, NZM 2000, Seite 827).

Die **Rückgabe** bedeutet, dass der Mieter seinen Besitz an der Wohnung aufgibt und dem Vermieter die Möglichkeit zu ungehindertem Zutritt verschafft. Deshalb muss die Wohnung **an den Vermieter** zurückgegeben werden. An einen Dritten, etwa einen Hausmeister oder ein Familienmitglied, darf die Wohnung nur gegeben werden, wenn die Person durch den Vermieter bevollmächtigt ist, die Wohnung entgegenzunehmen. Allein die Schlüssel zum Beispiel in den Bürobriefkasten des Vermieters oder den Briefkasten des Hausmeisters zu werfen, genügt nur, wenn es

mit dem Vermieter so vereinbart war (LG Hannover, Entscheidung vom 11.11. 2004, Az. 11 T 195/04, NZM 2005, Seite 421; LG Berlin, Entscheidung vom 8.7. 2003, Az. 63 S 385/02, GE 2003, Seite 1431). Dem Vermieter müssen **alle Schlüssel** ausgehändigt werden. Sonst liegt keine Rückgabe vor, es sei denn, aus den Umständen des Einzelfalls kann geschlossen werden, dass der Mieter dennoch die Wohnung uneingeschränkt an den Vermieter zurückgeben will (LG Braunschweig, Entscheidung vom 27.2. 1995, Az. 7 S 218/94, WuM 1996, Seite 272).

Der **Zustand der Wohnung** bei Rückgabe muss vertragsgemäß sein. Ist zum Beispiel eine besenreine Übergabe vereinbart, müssen grobe Verschmutzungen beseitigt sein (BGH, Entscheidung vom 28.6. 2006, Az. VIII ZR 124/05, NJW 2006, Seite 2915). Dies gilt auch bei einem Teppichboden, eine Grundreinigung ist nicht erforderlich (BGH, Entscheidung vom 8.10.-2008, Az. XII ZR 15/07 , NJW 2009, Seite 510). Ist nichts Besonderes vereinbart, darf die Wohnung die üblichen Abnutzungs- und Gebrauchsspuren aus einer vertragsgemäßen Nutzung haben, sie werden dem Mieter nicht angelastet (§ 538 BGB). Anders nur, wenn und in dem Maß, in dem eine Schönheitsreparaturpflicht des Mieters besteht (siehe Seiten 131 ff.); dann müssen auch sie beseitigt werden.

Die Wohnung darf aber nicht beschädigt sein. Deshalb müssen grundsätzlich Bohr- und Dübellöcher verschlossen und Dekorationen wie Farbstreifen oder anderweitig verzierte Wände und Decken beseitigt sein. Auch muss der Mieter vorhandene Einrichtungsgegenstände wieder montieren, die er während seiner Mietzeit abgebaut hatte – und umgekehrt selbst vorgenommene Einbauten wie zum Beispiel einen Einbauschrank, eine Einbauküche oder einen Fußbodenbelag wieder entfernen (§ 258 BGB, § 539 Absatz 2 BGB). Das gilt auch, wenn der Vermieter die Erlaubnis zum Einbau erteilt hat, denn damit ist nicht ohne weiteres auch das Einverständnis verbunden, dass die Gegenstände bei Vertragsende in der Wohnung bleiben dürfen (OLG Düsseldorf, Entscheidung vom 8.2. 1990, Az. 10 U 127/89, ZMR 1990, Seite 218). Die Entfernung von Einbauten ist nicht nur eine Pflicht des Mieters, sondern auch sein Recht. Der Vermieter kann den Mieter nicht zwingen, seine Einbauten einfach in der Wohnung zu lassen. Er kann die Wegnahme abwenden, indem er dem Mieter eine angemessene Entschädigung zahlt, es sei denn, der Mieter hat ein berechtigtes Interesse, die Einbauten mitzunehmen (§ 552 Absatz 1 BGB).

Besteht **bei Rückgabe kein vertragsgemäßer Zustand**, muss der Vermieter die Wohnung dennoch grundsätzlich zurücknehmen. So zum Beispiel, wenn der Mieter sie in einem mangelhaften Zustand zurückgeben will (BGH, Entscheidung vom 10.1. 1983, Az. VIII ZR 304/81, NJW 1983, Seite 1049) oder wenn sich noch vereinzelte, problemlos zu beseitigende Sachen des Mieters in der Wohnung befinden, etwa eine Lampe, ein Stuhl, mehrere Regalbretter und eine Waschmaschine zurückbleiben (AG Köln, Entscheidung vom 24.4. 1995, Az. 207 C 587/94, WuM 1995, Seite 709). Dann kann der Vermieter die Wohnungsrückgabe nicht ablehnen (BGH, Entscheidung vom 10.1. 1983, Az. VIII ZR 304/81, NJW 1983, Seite 1049).

Anders, wenn ein Zustand besteht, der als eine nur teilweise Räumung betrachtet werden muss, zum Beispiel, weil noch diverse größere Gegenstände wie etwa ein Einbauschrank, eine Einbauküche und Teppichboden in der Wohnung sind. Da eine nur teilweise Räumung unzulässig ist, darf der Vermieter die Rücknahme der Wohnung hier ablehnen bis die Gegenstände entfernt sind (LG Köln, Entscheidung vom 4.7.1996, Az. 1 S 331/95, NJW-RR 1996, Seite 1480; KG Berlin, Entscheidung vom 19.10. 2006, Az. 12 U 178/05, ZMR 2007, Seite 194).

Gibt der Mieter die Wohnung nicht rechtzeitig oder nicht ordnungsgemäß zurück, ist hinsichtlich der Folgen zu unterscheiden. Die **verspätete Rückgabe** führt dazu, dass der Vermieter einen Anspruch auf eine **Nutzungsentschädigung** in Höhe der bisherigen oder der ortsüblichen Miete hat, wenn ihm der Mieter die Wohnung vorenthält. Der Mieter soll dann nicht besser stehen als wenn der Vertrag fortbestünde, also gewissermaßen die Miete weiterzahlen (§ 546 a Absatz 1 BGB). Die Entschädigung hat deshalb nichts mit der Frage zu tun, ob der Vermieter einen Nachmieter hatte und dieser ihm wegen der Verzögerung abgesprungen ist. Eine Nutzungsentschädigung kann der Vermieter auch verlangen, wenn er keinen Nachmieter hatte und die Wohnung leer gestanden hätte. Hierin liegt der Unterschied zu einem Schadenersatz wegen Mietausfalls (siehe Seite 145). Der kommt nur in Betracht, wenn ein Nachmieter zur Verfügung gestanden hätte und wegen der Verspätung verloren wurde.

Die Nutzungsentschädigung fällt nur für die Zeit der Vorenthaltung an. Der Vermieter kann keine volle Monatszahlung verlangen, wenn die Wohnung (verspätet) während des Monats zurückgegeben wird (BGH, Entscheidung vom 5.10. 2005, Az. VIII ZR 57/05, NZM 2006, Seite 52). Dem Vermieter wird die **Wohnung** aber nur **vorenthalten**, wenn er sie nicht termingerecht zurückerhält, obwohl er sie zurück haben möchte (BGH, Entscheidung vom 1.3. 2007, Az. IX ZR 81/05, NJW 2007, Seite 1594). Eine Nutzungsentschädigung steht dem Vermieter deshalb nicht zu, wenn er gar nicht darauf eingestellt ist, die Wohnung zurückzunehmen, zum Beispiel, weil er von einer Fortsetzung des Mietvertrags ausgeht oder sie vielleicht sogar verlangt (BGH, Entscheidung vom

2.11. 2005, Az. XII ZR 233/03, NJW 2006, Seite 140) oder wenn er dem Mieter nach dessen Auszug einen Schlüssel belässt, damit dieser noch Schönheitsreparaturen ausführt (OLG Düsseldorf, Entscheidung vom 27.3. 2003, Az. 10 U 64/02, NJW-RR 2004, Seite 300).

Eine Nutzungsentschädigung kann der Vermieter auch nicht erhalten, wenn er es ablehnt, eine nur teilgeräumte Wohnung zurückzunehmen (OLG Hamm, Entscheidung vom 13.12. 2002, Az. 30 U 30/02, NZM 2003, Seite 517). Nimmt er eine teilgeräumte Wohnung aber zurück, ist eine Nutzungsentschädigung möglich, soweit er die Wohnung wegen der Teilräumung nicht nutzen kann (OLG Düsseldorf, Entscheidung vom 20.5. 2003, Az. 24 U 49/03, abgedruckt in ZMR 2004, Seite 27). Wegen der finanziellen Nachteile aus einer verspäteten Rückgabe kann der Vermieter neben einer Nutzungsentschädigung **Schadenersatz** beanspruchen, wenn der Mieter die Verspätung zu vertreten hat. Voraussetzung ist aber, dass es nicht unbillig erscheint, dem Mieter auch noch Schadenersatz aufzuerlegen; diese Einschränkung gilt nicht, wenn der Mieter selbst gekündigt hat (§ 571 Absatz 1 BGB). Unangemessen kann der Schadenersatz zum Beispiel sein, wenn der Mieter trotz intensiver Suche nicht rechtzeitig eine andere Unterkunft finden konnte und deshalb die Wohnung verspätet zurückgibt (LG Hamburg, Entscheidung vom 15.2. 1996, Az. 333 S 117/95, WuM 1996, Seite 341).

Soweit die **Rückgabe aus anderen Gründen** als der Verspätung **nicht ordnungsgemäß** ist, zum Beispiel, weil der Mieter die Wohnung nicht geräumt oder Einbauten nicht entfernt hat, weil er Schäden nicht beseitigt hat oder Schönheitsreparaturen trotz wirksamer Verpflichtung nicht ausgeführt hat, kommen **Schadenersatzansprüche** des Vermieters in Betracht. Voraussetzung ist zum einen, dass der Mieter die Nichterfüllung seiner Pflichten zu vertreten hat (§ 280, § 281 BGB, § 276 BGB). Zum anderen muss der Vermieter dem Mieter zuvor erfolglos eine Frist zur Wiederherstellung des vertragsgemäßen Zustands gesetzt und die geforderten Maßnahmen konkret bezeichnet haben. Die Frist ist eine Nachfrist. Der Mieter, der seine Pflichten bei Vertragsende nicht erfüllt hat, soll die Gelegenheit bekommen, dies nachzuholen. Setzt der Vermieter zum Beispiel bei einer Vorabnahme eine Frist bis zum letzten Tag des Mietverhältnisses, genügt dies nicht, um bereits Schadenersatz verlangen zu können (LG Berlin, Entscheidung vom 8.2. 2001, Az. 62 S 378/00, GE 2001, Seite 697). Eine Frist ist jedenfalls immer erforderlich, wenn der Vermieter die Entfernung von Einbauten oder die Beseitigung von Schäden verlangt und die Wiederherstellung erhebliche Kosten verursacht (BGH, Entscheidung vom 2.10. 1996, Az. XII ZR 65/95, WuM 1997, Seite 217). Was darunter zu verstehen ist, ist jedoch vom Einzelfall abhängig und im Ergebnis deshalb vorher schwer abzuschätzen (vergleiche

LG Köln, Entscheidung vom 22.12.1999, Az. 10 S 308/99, WuM 2000, Seite 548). Wer als Vermieter sicher gehen will, setzt zunächst eine Frist.

Die genannten **Ansprüche des Vermieters** unterliegen einer kurzen Verjährung. Denn Ansprüche des Vermieters aus Veränderungen oder Verschlechterungen der Wohnung **verjähren in sechs Monaten ab dem Zeitpunkt der Rückgabe** der Wohnung (§ 548 Absatz 1 BGB). Die Verjährungsfrist kann deshalb auch zu laufen beginnen, wenn der Vermieter die Wohnung zurücknimmt, obwohl der Mietvertrag noch nicht beendet ist (BGH, Entscheidung vom 15.3. 2006, Az. VIII ZR 123/05, NJW 2006, Seite 503) oder der Mieter noch einige Sachen in der Wohnung zurückgelassen hat (BGH, Entscheidung vom 15.6. 1981, Az. VIII ZR 129/80, NJW 1981, Seite 2406). Der Vermieter muss nach Ablauf der dem Mieter gesetzten Nachfrist gegebenenfalls also zügig handeln und vor Gericht ziehen, um die Verjährung zu verhindern (§ 204 BGB). Denn tritt Verjährung ein, kann der Vermieter seine Ansprüche nicht mehr durchsetzen, wenn der Mieter sich auf die Verjährung beruft (§ 214 BGB). Wenn der Vermieter von dem Mieter bei Vertragsbeginn eine Mietsicherheit erhalten hat, kann der Vermieter seine Ansprüche mit der Sicherheit verrechnen (§ 387 BGB, § 389 BGB; siehe Seite 152). Hat er eine höhere Forderung gegen den Mieter, muss er den Restbetrag aber gegebenenfalls rechtzeitig vor Gericht einfordern.

Im Hinblick auf etwaige spätere Auseinandersetzungen sollte der Zustand der Wohnung bei der Rückgabe in einem **Rückgabeprotokoll** (auch Abnahmeprotokoll) festgehalten werden. Allerdings besteht weder eine Pflicht, ein Protokoll zu erstellen, noch eine Pflicht, an der Erstellung mitzuwirken oder es zu unterschreiben. Die Protokollierung geschieht freiwillig. Das hat sowohl für den Vermieter als auch für den Mieter **rechtliche Wirkungen**.
Der **Vermieter** bestätigt mit seiner Unterschrift, dass die Wohnung bis auf etwaige im Protokoll vermerkte Beanstandungen in ordnungsgemäßem Zustand ist. Er kann später keine Beanstandungen geltend machen, die nicht im Protokoll aufgeführt sind (LG München I, Entscheidung vom 25.9. 2002, Az. 15 S 22038/01, NZM 2003, Seite 714). Dies gilt auch für die Schönheitsreparaturen. Für nicht im Protokoll aufgeführte Beanstandungen kann später weder eine Renovierung noch eine Zahlung aufgrund einer Quotenklausel verlangt werden (AG Lörrach, Entscheidung vom 28.5. 2003, Az. 4 C 382/03, WuM 2003, Seite 438; siehe Seite 136). Dies gilt auch für Schäden, die der Vermieter zunächst nicht erkannt hat, die er aber bei sorgfältiger Prüfung der Wohnung hätte entdecken können (LG Braunschweig, Entscheidung vom 28.10. 1994, Az. 6 S 175/94, WuM 1997, Seite 470).

Umgekehrt bestätigt der **Mieter** mit seiner Unterschrift, dass im Protokoll aufgeführte Schäden tatsächlich auch vorhanden waren, sodass er sich später nicht

darauf berufen kann, sie seien nicht da gewesen. Damit ist aber nicht gesagt, dass sie auch während der Mietzeit entstanden sind oder dass der Mieter sie verursacht hat. Denn der Erklärungsgehalt des Protokolls beschränkt sich auf die Feststellung des Zustands (BGH, Entscheidung vom 10.11. 1982, Az. VIII ZR 252/81, NJW 1983, Seite 446). Anders kann es sein, wenn der Mieter auch unterschreibt, er bezahle die Kosten für die Schadensbeseitigung oder die Renovierung. Dies kann ein Schuldanerkenntnis bedeuten, aufgrund dessen der Mieter seine Verantwortung für alles, was er bei der Rückgabe erkannte oder erkennen konnte, nicht mehr abstreiten kann (LG Berlin, Entscheidung vom 27.1. 1998, Az. 64 S 262/97, GE 1998, Seite 618). Um einen solchen Ausschluss zu vermeiden, können Punkte ausgeklammert und Rechte vorbehalten werden, zum Beispiel, wenn festgehalten wird, dass Renovierungsfragen nicht Gegenstand des Protokolls sind. Wenn ein Mieter noch Arbeiten ausführen muss, kann im Protokoll auch gleich eine Frist dafür benannt werden, zum Beispiel: „Der Mieter beseitigt bis … folgende Mängel: …".

Nicht selten droht ein gemeinsames Protokoll daran zu scheitern, dass während der Begehung Punkte streitig werden. Deshalb empfiehlt sich, dass die Parteien vorsorglich auch **Zeugen** mitbringen und **Fotos** anfertigen, damit das Geschehen auf andere Weise belegt werden kann, sollte keine Einigung erzielt werden und ein Rechtsstreit geführt werden müssen. Es kann je nach Fallkonstellation ratsam sein, einen **Fachkundigen**, zum Beispiel einen Fachhandwerker zu der Rückgabe hinzuzuziehen, um eine fachlich fundierte Einschätzung zu erhalten. Auch er kann später als Zeuge in einem möglichen Rechtsstreit gehört werden (siehe Seite 158).

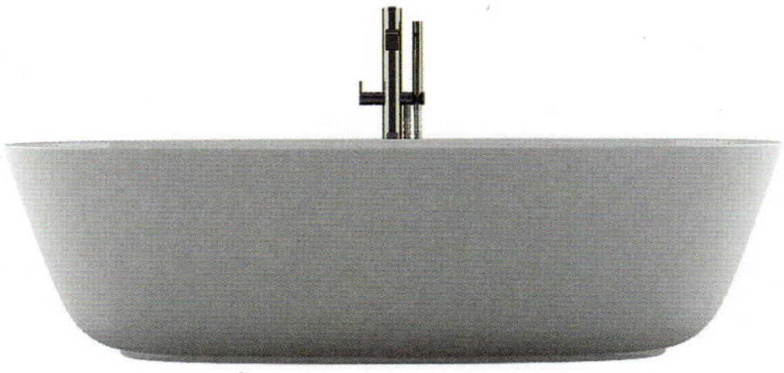

Fazit

Im Beispielfall verlangt der Vermieter eine Nutzungsentschädigung und Schadenersatz für die Entfernung des Laminatbodens sowie die Erneuerung der Badewanne und der gerissenen Küchenfliesen.

Dem Vermieter steht **keine Nutzungsentschädigung** zu.Der Mieter hat ihm die Wohnung nicht vorenthalten. Der Mieter hat dem Vermieter die Wohnung angeboten, der Vermieter hat jedoch deren Entgegennahme abgelehnt und dem Mieter die Wohnung bewusst belassen, damit er den Laminatboden entfernt und Schäden beseitigt. Dass er glaubte, er sei nicht verpflichtet, die Wohnung zurückzunehmen, spielt keine Rolle. Entscheidend ist, ob er zur Rücknahme bereit war. Das war nicht der Fall

Im Übrigen hätte der Vermieter auch keinen Anspruch auf eine volle Monatsmiete, weil eine Nutzungsentschädigung nur für die Zeit beansprucht werden kann, für die die Wohnung tatsächlich vorenthalten wurde, hier nur wenige Tage.

Was den **Schadenersatz** angeht, hat der Vermieter dem Mieter bei dem Rückgabetermin zunächst eine Nachfrist gesetzt und ihm die Gelegenheit gegeben, seine Beanstandungen selbst zu beheben. Damit hat er sich die Möglichkeit geschaffen, vom Mieter Schadenersatz in Geld zu verlangen, wenn und soweit seine Beanstandungen berechtigt waren und der Mieter sie hätte erfüllen müssen.

Danach kann der Vermieter die Kosten für die **Entfernung des Laminatbodens** verlangen. Denn der Mieter war verpflichtet, das Laminat zu entfernen. Er durfte es nicht in der Wohnung lassen, weil der Vermieter seinerzeit den Einbau gestattet hatte. Dies ist noch keine Erlaubnis, das Laminat auch bei Auszug in der Wohnung lassen zu können. Und der Vermieter hat dessen Entfernung auch ausdrücklich verlangt.

Die Kosten der **Erneuerung der Badewanne** kann der Vermieter ersetzt verlangen, wenn die Badewanne beschädigt war. Einen Schaden hätte der Mieter entfernen müssen. Ist der Zustand der Badewanne die Folge der üblichen altersbedingten Abnutzung der Badewanne, gehört dies zum Risiko des Vermieters und er kann den Mieter dafür nicht verantwortlich machen. Die Kosten muss der Mieter dann nicht erstatten. In einem Rechtsstreit entscheidet das Gericht, wie der Zustand der Badewanne einzuschätzen ist, gegebenenfalls muss es dazu Fotos sehen, Zeugen hören oder auch ein Sachverständigengutachten in Auftrag geben (siehe Seite 158).

Die Kosten der **Erneuerung der Küchenfliesen** kann der Vermieter ersetzt verlangen, wenn die Schäden von dem Mieter

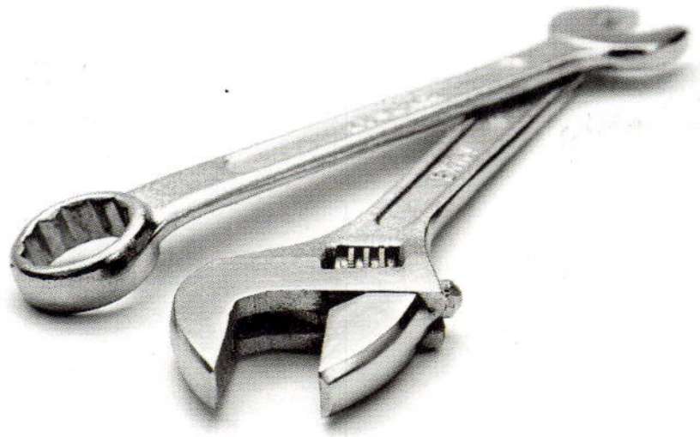

verursacht sind. Der Mieter behauptet allerdings, die Beschädigungen seien bereits bei Einzug vorhanden gewesen. Dann wäre er dafür nicht verantwortlich und müsste keine Kosten tragen. Auch dies muss gegebenenfalls in einem Rechtsstreit durch das Gericht geklärt werden, auch hier gegebenenfalls zum Beispiel mit Hilfe eines Einzugsprotokolls, Fotos oder auch der Vernehmung von Zeugen (siehe Seite 158).

Weil bereits feststeht, dass der Kläger keine Nutzungsentschädigung verlangen kann, jedenfalls aber die Kosten der Entfernung des Laminats, wird er mit seiner Zahlungsklage nicht vollständig gewinnen können, aber auch nicht vollständig verlieren. Ob und wie viel Geld ihm über die Kosten für das Laminat hinaus zugesprochen wird, richtet sich nach den Feststellungen des Gerichts.

Alternativen

Am Ende des Mietverhältnisses haben der Vermieter und der Mieter unterschiedliche Interessen. Der Vermieter möchte seine Wohnung in einem möglichst guten Zustand zurück erhalten, damit er sie möglichst schnell und unkompliziert weitervermieten kann.

Der Mieter dagegen ist mit seinen Gedanken schon in der neuen Wohnung. Zeit und Kosten, die er auf die bisherige Wohnung verwenden soll, fehlen ihm da für sein neues Zuhause. Dies gilt vor allem, wenn die Rückgabe am letzten Tag des Mietverhältnisses geschieht und der Vermieter Beanstandungen erhebt, sodass mit der Rückgabe vielleicht noch nicht alles erledigt ist.

Die Situation lässt sich entschärfen, indem Vermieter und Mieter einige Zeit vor dem Ende des Mietverhältnisses eine **Vorabnahme** durchführen. Dann kann bereits dort geklärt werden, welche vor allem umfangreicheren Arbeiten noch zu erledigen sind. Auch wird frühzeitig klar, an welchen Punkten sich die Vertragspartner nicht einig sind, sodass Zeit besteht, gegebenenfalls rechtlichen Rat einzuholen und über einvernehmliche Lösungen zu verhandeln.

Bei der Rückgabe wissen beide Seiten dann, woran sie sind und müssen nicht fürchten, übereilte Entscheidungen zu treffen, sodass ein Rückgabeprotokoll erstellt werden kann.

Letztlich möchten ja sowohl der Vermieter als auch der Mieter, das alles so schnell und unkompliziert wie möglich erledigt wird. Ein zeit- und vielleicht kostenintensiver Rechtsstreit über ein Mietverhältnis, das dann längst nicht mehr besteht, zählt nicht dazu.

DIE RÜCKGABE DER MIETSICHERHEIT

Der Fall

Der Mietvertrag des Mieters endet am 31. Dezember. An diesem Tag gibt der Mieter die Wohnung auch an den Vermieter zurück. Die Rückgabe der Wohnung verläuft kurz und ohne viele Worte, denn das Verhältnis zwischen dem Vermieter und dem Mieter ist nicht das Beste. Der Vermieter nimmt noch an der Wohnungstür die Schlüssel entgegen, schließt hinter dem Mieter die Wohnungstür ab und verlässt das Haus.

Der Vermieter hat noch eine Mietsicherheit des Mieters. Der Mieter hatte bei Vertragsabschluss einen Geldbetrag von 1 500 Euro als Sicherheit an den Vermieter gezahlt.

Am 1. Februar schreibt der Mieter den Vermieter an und bittet ihn, die Mietsicherheit abzurechnen und an ihn zurückzuzahlen. Das Mietverhältnis sei erledigt. Der Vermieter weigert sich. So schnell müsse er noch nicht zurückzahlen. Er prüfe noch, ob er noch Forderungen gegen den Mieter geltend mache, die er dann aus der Mietsicherheit begleichen werde. Ihm sei so einiges in der Wohnung aufgefallen, was nicht in Ordnung gewesen sei. Außerdem sei ja noch eine Betriebskostenabrechnung zu erstellen. Der Mieter besteht auf Auszahlung der Sicherheit.

Bleiben Vermieter und Mieter im Beispiel bei ihren Positionen, kann sich folgender Konflikt ergeben:

Mieter verlangt von dem Vermieter, dass er die Mietsicherheit abrechne und auszahle. Das Mietverhältnis sei erledigt.

§: Hat ein Mieter eine Mietsicherheit gestellt, muss der Vermieter diese nach Ende des Mietverhältnisses zurückgeben, wenn er die Wohnung zurück erhalten hat und keine Forderungen des Vermieters aus dem Mietverhältnis mehr bestehen.
Auf die Sicherheit angefallene Zinsen stehen dem Mieter zu (§ 551 Absatz 3 BGB).

Vermieter erwidert, er müsse noch nicht zurückzahlen. Er prüfe noch, ob er Ansprüche gegen den Mieter erhebe, für die er die Sicherheit verwenden wolle. Ihm sei noch Einiges in der Wohnung aufgefallen.

§: Er beruft sich darauf, dass ein Vermieter eine angemessene Prüfungs- und Überlegungsfrist hat, um zu klären, ob er noch Forderungen gegen den Mieter hat, für die er die Sicherheit verwenden will. Die Frist beträgt regelmäßig drei bis sechs Monate, ist aber von den Umständen des Einzelfalls abhängig. Die Rückzahlung kann der Mieter erst nach Ablauf der Frist verlangen.

Mieter sieht keinen Grund, dass der Vermieter die Sicherheit einbehalte. Er habe die Wohnung bei der Rückgabe nicht beanstandet und mit der Schlüsselübergabe abgenommen. Dann könne er jetzt keine Ansprüche mehr erheben. Es gebe also nichts mehr zu prüfen.

Vermieter bleibt bei seiner Meinung und ergänzt, auf jeden Fall müsse er aber noch eine Betriebskostenabrechnung erstellen. Da könne sich noch eine Nachzahlung ergeben, für die er dann auf die Mietsicherheit zurückgreifen könne. Beim letzten Mal habe der Mieter auch nachzahlen müssen.

§: Nach der Rechtsprechung kann ein Vermieter wegen einer noch zu erstellenden Betriebskostenabrechnung einen angemessenen Einbehalt vornehmen, bis die Abrechnung erstellt oder eine Nachzahlung wegen verspäteter Abrechnung nicht mehr möglich ist (§ 556 Absatz 3 Satz 3 BGB).

Mieter ist empört, das könne ja ein Jahr dauern. Wenn er etwas nachzuzahlen habe, müsse der Vermieter das eben nachfordern. Er werde jedenfalls nicht mehr warten.
Mieter fordert den Vermieter auf, die Sicherheit einschließlich Zinsen umgehend an ihn auszuzahlen.

ZUSPITZUNG:

Mieter verklagt den Vermieter auf Rückzahlung der Mietsicherheit einschließlich Zinsen.

§: Hat der Mieter Recht, muss der Vermieter die Kaution umgehend abrechnen und an ihn zurückzahlen.

Vermieter verteidigt sich, er müsse die Mietsicherheit zurzeit noch nicht auszahlen.

§: Hat der Vermieter Recht, muss er nicht jetzt, sondern erst nach Ablauf einer angemessenen Prüf- und Überlegungsfrist über die Kaution abrechnen und sie auszahlen, soweit er keine Forderungen mehr gegen den Mieter hat, für die er die Sicherheit verwenden will.

Die Rechtslage

Wann der Mieter die Rückgabe einer dem Vermieter gestellten Mietsicherheit verlangen kann, ist nicht gesetzlich geregelt. Wenn im Mietvertrag nichts Besonderes steht, ist die Sicherheit zurückzugeben, sobald sie ihren Zweck für den Vermieter erfüllt hat, das heißt, wenn der Vermieter keine Ansprüche aus dem Mietvertrag und dessen Abwicklung mehr hat (siehe Seite 11). Deshalb darf der Vermieter darauf bestehen, dass die Kaution bis zum Ende in voller Höhe bestehen bleibt. Ohne Zustimmung des Vermieters darf der Mieter die Sicherheit in den letzten Mietmonaten nicht „abwohnen", indem er seine Mietzahlungen einstellt und mit der Sicherheit verrechnet (LG München I, Entscheidung vom 17.7. 1996, Az. 14 S 1538/96, WuM 1996, Seite 541). Der Vermieter kann den Rückstand unabhängig von der Mietsicherheit einklagen.

Die Rückgabe der Mietsicherheit setzt die **Beendigung des Mietverhältnisses** und die **Rückgabe der Wohnung** an den Vermieter voraus (BGH, Entscheidung vom 8.3. 1972, Az. VIII ZR 183/70, NJW 1972, Seite 57). Außerdem kann der Mieter die Sicherheit nur zurück verlangen, wenn und soweit **keine Ansprüche des Vermieters** aus dem Mietvertrag mehr bestehen. Sonst kann der Vermieter die Sicherheit einbehalten, zum Beispiel mit einem Anspruch auf Schadenersatz aufrechnen, wenn die Wohnung nicht ordnungsgemäß zurückgegeben wurde, weil der Mieter Schönheitsreparaturen nicht durchgeführt oder Schäden oder Einbauten nicht entfernt hat (siehe Seite 145).

Der Vermieter darf auch im Hinblick auf eine noch zu erstellende Betriebskostenabrechnung einen Einbehalt vornehmen, jedoch nur in ungefähr der Höhe einer zu erwartenden Nachforderung. Dafür kann die letzte Abrechnung einen Anhaltspunkt liefern (BGH, Entscheidung vom 18.1. 2006, Az. VIII ZR 71/05, NJW 2006, Seite 1422). Der Einbehalt ist möglich bis zur Abrechnung, spätestens aber bis zum Ablauf der Abrechnungsfrist, in der Regel bis zu zwölf Monate nach Ende der jährlichen Abrechnungsperiode. Erfolgt der Auszug kurz nach Beginn der Abrechnungsperiode kann sich hieraus ein Einbehalt für nahezu zwei Jahre ergeben. Mit Ablauf der Abrechnungsfrist ist ein Einbehalt nicht mehr möglich, weil der Vermieter dann keine Nachforderung mehr stellen kann, die noch gesichert werden könnte (§ 556 Absatz 3 Satz 3 BGB; siehe Seite 58).

Ob der Vermieter die Rückgabe der Sicherheit auch verweigern darf, weil er aus einem laufenden Mietrechtsstreit möglicherweise einen Anspruch auf Prozesskostenerstattung gegen den Mieter hat, wird von den Gerichten unterschiedlich beurteilt (verneinend: LG Duisburg, Entscheidung vom 18.5. 2010, Az. 13 S 58/10, Info M 2010, Seite 273; bejahend: OLG Rostock, Entscheidung vom 24.9. 2001, Az. 3 U 144/00).

Die Gerichte räumen dem Vermieter eine **Prüfungs- und Überlegungsfrist** ein, damit er klären kann, ob und in welchem Umfang er Ansprüche geltend machen und dafür die Kaution verwenden will. Sie ist zugleich eine Abrechnungsfrist. Der Vermieter muss die Kaution unter Berücksichtigung etwaiger angefallener Kautionszinsen (siehe Seite 11) und Einbehalte abrechnen. Die Länge der Frist hängt vom Einzelfall ab. In der Regel wird ein Zeitraum von drei bis sechs Monaten für angemessen gehalten (LG Köln, Entscheidung vom , Az., WuM 1984, Seite 109; LG München I, Entscheidung vom 17.7. 1996, Az. 14 S 5138/96, WuM 1996, Seite 541), im Einzelfall kann auch eine längere Frist als sechs Monate einzuräumen sein (BGH, Entscheidung vom 1.7. 1987, Az. VIII ARZ 2/87, NJW 1987, Seite 2372). Umgekehrt kann die Frist kürzer sein, weil der Vermieter schon früher weiß, ob und welche Einbehalte er geltend machen will. Dann muss er abrechnen und darf dies nicht verzögern (OLG Düsseldorf, Entscheidung vom 16.10. 2003, Az. I-10 U

46/03, WuM 2003, Seite 621). Deshalb muss er auch zeitnah abrechnen und auszahlen, wenn feststeht, dass er keine Forderungen mehr hat, zum Beispiel, weil er die mangelfreie Wohnungsrückgabe bescheinigt hat (siehe Seite 146) und auch keine Nachzahlung für die Betriebskosten mehr anfällt.

Mit Ablauf der Prüfungs- und Überlegungsfrist ist die Rückgabe der Sicherheit fällig. Dann kann der Mieter, bei mehreren Personen als Mieter: nur alle gemeinsam (§ 432 BGB; LG Saarbrücken, Entscheidung vom 25.10. 1991, Az. 13 B S 144/91, ZMR 1992, Seite 60), die **Rückgabe der Sicherheit** verlangen und gegebenenfalls einklagen, wenn er einen Einbehalt des Vermieters für unberechtigt hält, zum Beispiel, weil er die Pflicht zu Schönheitsreparaturen bestreitet und mit dem Vermieter keine Verständigung erfolgen kann.

Eine Ausnahme ist der Einbehalt wegen einer noch zu erstellenden **Betriebskostenabrechnung**. Eine etwaige Nachzahlung ist noch offen, solange die Abrechnung noch nicht erteilt oder noch nicht verspätet ist (siehe Seite 58). Deshalb kann der Mieter einen hierfür vom Vermieter einbehaltenen Betrag bis dahin nicht zurückverlangen, soweit er nicht unangemessen hoch ist. Dieser Betrag muss bis dahin bei einer Klage des Mieters ausgespart werden.

Die Rückgabe der Sicherheit kann nur in der **Form** verlangt und gegebenenfalls eingeklagt werden, in der die Sicherheit auch gestellt wurde (siehe Seite 11). Hat der Mieter dem Vermieter ein Sparbuch ausgehändigt, kann er kein Bargeld zurückverlangen. Wurde mit der Aushändigung des Sparbuchs zugleich das Sparguthaben verpfändet, muss der Mieter neben der Herausgabe des Sparbuchs auch die Freigabeerklärung des Vermieters für das Guthaben verlangen. Hat sich jemand für den Mieter verbürgt, kann der Mieter nur die Rückgabe der Bürgschaftsurkunde an den Bürgen, nicht aber an sich verlangen.

Übrigens: Wurde die Wohnung während der Mietzeit veräußert, fand also ein **Vermieterwechsel** statt (siehe Seite 96), muss der Mieter die Rückzahlung der Sicherheit zunächst von dem neuen Vermieter verlangen. Er haftet dafür, auch wenn er sie von dem alten Vermieter nicht weitergeleitet bekommen haben sollte. Wenn der Mieter die Sicherheit von dem neuen Vermieter nicht bekommen kann, kann er sich allerdings an den alten Vermieter wenden und die Rückgabe der Sicherheit verlangen (§ 566 a BGB).

Fazit

Im Beispielfall kommt es auf die **Länge der Prüfungs- und Überlegungsfrist** des

Vermieters an. Denn vor deren Ablauf kann der Mieter keine Rückzahlung seiner Mietsicherheit verlangen. Die Frist beträgt im **Regelfall drei bis sechs Monate**. Sie ist jedoch keine starre Frist. Der Vermieter soll zwar ausreichend Zeit haben zu klären, ob er die Mietsicherheit für Forderungen gegen den Mieter verwenden will. Aber er darf die Auszahlung auch nicht verzögern, wenn er Klarheit hat.

Der Mieter verlangt die Auszahlung bereits nach einem Monat. Eine **Fristverkürzung** zu Lasten des Vermieters ist aber **nicht gerechtfertigt**. Der Mieter kann sich nicht darauf berufen, es sei doch alles erledigt, weil der Vermieter die Wohnung ohne Beanstandungen zurückgenommen habe. Beanstandungen wären nur ausgeschlossen, wenn der Vermieter aus Anlass der Rückgabe erklärt hätte, er habe keine Beanstandungen. So zum Beispiel, indem er ein Rückgabeprotokoll unterzeichnet, das keine Beanstandungen erkennen lässt. Dann kann er später keine Forderungen mehr stellen (siehe Seite 146). Nimmt er jedoch nur die Schlüssel entgegen, verzichtet der Vermieter damit nicht darauf, später Beanstandungen zu erheben. Denn er ist nicht gezwungen, sich bereits bei der Rückgabe zu erklären. Dafür hat er die Prüfungs- und Überlegungsfrist.

Darüber hinaus wird der Mieter die Sicherheit auch **nach Fristablauf nicht in voller Höhe** zurückverlangen können. Denn der Vermieter darf einen angemessenen Teil der Mietsicherheit einbehalten, wenn er für die noch **zu erstellende Betriebskostenabrechnung** mit einer Nachzahlung des Mieters rechnen kann. Da die Abrechnung des Vorjahrs mit einer Nachzahlung endete, ist diese Erwartung gerechtfertigt. Der Einbehalt ist bis zur Abrechnung möglich oder bis eine Nachzahlung wegen einer verspäteten Abrechnung nicht mehr verlangt werden kann.

Da der Mieter die Mietsicherheit noch nicht zurückverlangen kann, hat seine Klage keinen Erfolg.

Alternativen

Steht der Umzug in eine neue Wohnung an, kommen auf den Mieter nicht unerhebliche Kosten zu. Die Rückzahlung der an den Vermieter geleisteten Mietsicherheit ist eine willkommene Finanzspritze und meist bereits fest eingeplant. Umso ärgerlicher erscheint es, wenn sie nicht sofort zurückgezahlt wird und Einbehalte drohen. Da der Vermieter eine Prüfungs- und Überlegungsfrist hat, ist es legitim, dass er sie nutzt, solange er sie hat. Wie lange er sie aber benötigt, können die Vertragspartner steuern. Lassen sie es nicht auf den Tag der Übergabe ankommen, sondern führen sie rechtzeitig eine **Vorabnahme** durch, werden sich die meisten Punkte in der Zeit bis zur Rückgabe bereits klären lassen (siehe Seite 149). Bei der Rückgabe kann dann tatsächlich ein Schlusspunkt gesetzt werden. Denn beide Seiten wissen, woran sie sind und müssen nicht fürchten, übereilte Entscheidungen zu treffen. Dann kann ein Rückgabeprotokoll erstellt werden (siehe Seite 146), sodass klar ist, was erledigt ist. Auch die Frage, ob wegen einer noch zu erstellenden Betriebskostenabrechnung eine Nachzahlung zu erwarten ist, lässt sich vielleicht schon zu diesem Zeitpunkt klären. Bleiben Forderungen des Vermieters, kann ein Einbehalt vereinbart werden, sodass ein nicht benötigter Rest freigegeben werden kann und zügig beide Seiten zu ihrem Recht kommen können.

WEGE ZUR KONFLIKT-BEWÄLTIGUNG

In den vorangegangenen Kapiteln wurde gezeigt, welche alternativen Lösungen in den Konflikten der Beispielsfälle denkbar sind. Wenn beide Vertragspartner bereit sind, aufeinander zuzugehen, können sie ihren Konflikt auf diese Weise selbst lösen. Oftmals wird eine unmittelbare Lösung zwischen dem Vermieter und dem Mieter aber (noch) nicht möglich sein, zum Beispiel, weil die Fronten verhärtet sind. Dann kann eine Konfliktlösung nur mit Unterstützung erfolgen.

ZUR ERFOLGREICHEN KONFLIKTBEWÄLTIGUNG

Das klassische Beispiel ist der Rechtsstreit vor Gericht, der mit einer Entscheidung des Richters endet (siehe Seite 163).

Es kommen aber auch außergerichtliche Wege zur Streitbeilegung in Betracht. Neben der Möglichkeit, mit Hilfe eines Rechtsanwalts oder einer Interessenvertretung wie eines Mietervereins oder Eigentümervereins eine einvernehmliche Konfliktlösung zu suchen, kommt eine Mediation in Betracht (siehe Seite 167). Eine Mediation geschieht auf freiwilliger Basis und ist deshalb nur möglich, wenn beide Seiten einverstanden sind.

Welche Lösung die richtige ist, ist für die meisten Vermieter und Mieter nicht nur eine Frage des gewünschten Ergebnisses. Auch das Verhältnis von Aufwand und Nutzen soll stimmen. Jeder Konflikt kostet Zeit, Geld und Nerven. Aber der Einsatz kann unterschiedlich hoch sein.

Und so mancher Beteiligter hätte hinterher lieber Abstriche am Ergebnis gemacht, wenn er gewusst hätte, mit welchen Schwierigkeiten es in seinem Fall verbunden ist, sein Recht zu bekommen. Es gibt einige Faktoren, die Vermieter und Mieter im Auge haben sollten, wenn sie nach einer Konfliktlösung Ausschau halten:

Die Erfolgsaussicht, insbesondere die Beweislast

Wer sich im Recht fühlt, möchte auch Recht bekommen. Insbesondere mit Blick auf ein **gerichtliches Verfahren** ist dies aber keine Selbstverständlichkeit, sondern die Erfolgsaussicht muss besonders genau betrachtet werden. Dies hat nichts damit zu tun, dass Gerichtsverfahren unsicher wären oder willkürliche Ergebnisse lieferten, sondern hängt mit Regeln des Verfahrens zusammen. Sie ergeben sich aus der Zivilprozessordnung (ZPO).

Für einen Mietrechtsstreit gilt – wie für jeden Zivilprozess – der sogenannte **Beibringungsgrundsatz**. Er besagt, dass der Richter den Sachverhalt nicht von Amts wegen aufklärt, sondern dass jede Streitpartei selbst dafür verantwortlich ist, den Sachverhalt, auf den sie sich stützen will, vor Gericht darzustellen.

Damit verknüpft ist die sogenannte **Beweislast**. Jede Partei muss die ihren Anspruch stützenden günstigen Tatsachen beweisen können, wenn sie umstritten sind. Zum Beispiel: Verlangt der Vermieter vom Mieter die Zahlung der Mietsicherheit, muss er beweisen, dass eine Mietsicherheit vereinbart wurde, wenn dies zwischen den Parteien umstritten ist, denn er fordert sie ein.

Sind sich Vermieter und Mieter einig, dass eine Sicherheit vereinbart wurde, streiten sie aber darüber, ob sie tatsächlich schon gezahlt ist, muss der Mieter die Zahlung beweisen. Denn er beruft sich darauf, er habe die Forderung des Vermieters doch schon erfüllt.

In Situationen, in denen Umstände eine Rolle spielen, die im Verantwortungsbereich der anderen Partei liegen, können gesetzliche oder in der Rechtsprechung entwickelte Grundsätze zu besonderen Verteilungen der Beweislast in Betracht kommen (siehe Seite 36).

Als **Beweismittel** können dem Gericht Zeugen zur Vernehmung genannt oder Urkunden (Verträge, Protokolle, Quittungen etc.) vorgelegt werden, oder es kann gegebenenfalls beantragt werden, dass das Gericht die Angelegenheit in Augenschein nimmt und sich selbst ein Bild macht. Sollen Sachverhalte festgestellt werden, die Expertenwissen benötigen, wie zum Beispiel technische Mängel oder die Ursache von Feuchtigkeit in der Wohnung (siehe Seite 36), kann beim Gericht beantragt werden, ein Sachverständigengutachten zur Klärung einzuholen.

In Ausnahmefällen kommt auch eine Vernehmung der Parteien selbst in Betracht, zum Beispiel, wenn es um die Aufklärung von Gesprächen geht, die allein zwischen ihnen geführt wurden.

Hat eine Partei keine Möglichkeit, die Behauptungen, die sie beweisen muss, tatsächlich auch zu beweisen, zum Beispiel, wenn es keine Zeugen gibt oder sie sich nicht mehr an den Vorfall erinnern können, kommt die **Beweislast** ins Spiel. Die Partei, die eine Tatsache beweisen muss, aber nicht beweisen kann, verliert allein deshalb den Prozess und muss zudem die Verfahrenskosten tragen (siehe Seite 160). Wer einen Rechtsstreit ins Auge fasst, sollte sich also vorher unbedingt um die Frage der Beweisbarkeit seiner Behauptungen kümmern.

Beachtet werden sollte auch, ob das Risiko besteht, dass der eigene Anspruch vielleicht nicht mehr durchgesetzt werden kann, zum Beispiel, weil er **verjährt** (siehe

Seite 41; siehe Seite 146), **verwirkt** (siehe Seite 41) oder **verfristet** (siehe Seite 58) ist. Denn dann kann der Gegenüber im wahrsten Sinne des Wortes „kurzen Prozess machen".

Welche Chancen und Risiken bestehen, einen Anspruch durchzusetzen, kann mit Hilfe eines Rechtsanwalts geklärt werden.

Im Gegensatz zu einem Gerichtsprozess ist eine außergerichtliche **Mediation** ein informelles Verfahren. Ziel der Mediation ist es, einen Konflikt inhaltlich umfassend beizulegen. Strikte Verfahrensanforderungen wie nach der ZPO gibt es nicht (siehe Seite 169).

Der Zeitfaktor

Jede Konfliktbewältigung benötigt Zeit. Die **Dauer eines Gerichtsverfahrens** ist maßgeblich durch die formellen Abläufe bestimmt. Dazu gehören gesetzliche oder vom Gericht vorgegebene Fristen, die einzuhalten sind, zum Beispiel für die Abgabe von Erklärungen oder Stellungnahmen zu Schriftsätzen der Parteien. Dazu gehörigen auch die Postlaufzeiten des amtlichen Zustellbetriebs, Verhandlungs- und Beweistermine einschließlich etwaiger Bearbeitungszeiten für Sachverständigengutachten. Wesentlichen Einfluss hat auch die allgemeine Arbeitsbelastung des zuständigen Gerichts. Außerdem ist mitzurechnen, dass ein Gerichtsverfahren sich über zwei, manchmal auch drei Gerichtsinstanzen erstrecken kann. Als Faustformel kann gelten, dass in der ersten Instanz durchschnittlich mit sechs Monaten Prozessdauer zu rechnen ist, eine weitere Instanz nimmt nochmals mindestens sechs Monate in Anspruch.

Bei einer außergerichtlichen **Mediation**, die nicht an strikte Verfahrensabläufe gebunden ist, können die Beteiligten und der Mediator Termine frei absprechen. Die Zeitdauer haben sie selbst in der Hand, da sie den Ablauf bestimmen (siehe Seite 169). Eine Mediation wird selten länger als drei Monate dauern.

Der Kostenfaktor

Die Kostenfrage ist von wesentlicher Bedeutung. Die **Kosten eines Gerichtsverfahrens** sind gesetzlich geregelt. Ausgangspunkt ist der sogenannte **Streitwert**. Er richtet sich nach dem wirtschaftlichen Interesse der Parteien, für dessen Ermittlung gesetzliche Vorschriften bestehen. Wird zum Beispiel ein Zahlungsanspruch erhoben, ist der Streitwert die geforderte Zahlung (§ 3 ZPO). Verlangt der Mieter eine Mangelbeseitigung, gilt der Jahresbetrag einer angemessenen Mietminderung als Streitwert (§ 41 Absatz 5 GKG). Fordert der Vermieter die Räumung der Wohnung, wird als Streitwert der Jahresbetrag der Miete (ohne Betriebskosten) angenommen (§ 41 Absatz 2 GKG).

Als Kosten eines Gerichtsverfahrens fallen zunächst die **Gerichtsgebühren** an, die im GKG geregelt sind. Wer klagen will, muss berücksichtigen, dass er bereits, um das Verfahren in Gang zu bringen, die Gerichtskosten als Vorschuss zahlen muss. Ohne den Vorschuss wird die Klage nicht an die Gegenseite zugestellt (§ 12 Absatz 1 GKG).

Hinzu kommen die **Kosten für einen Rechtsanwalt**. Auch die sind gesetzlich festgelegt, nämlich im RVG, und richten sich nach dem Streitwert. Für außergerichtliche Tätigkeiten besteht aber Spielraum, die Kosten je nach Arbeitsaufwand zu variieren oder auch unabhängig vom Streitwert eine Vereinbarung zur Abrechnung nach Stundensätzen zu treffen. Da Mietrechtsstreite vor den Amtsgerichten ausgetragen werden müssen, besteht kein Zwang, einen Rechtsanwalt zu beauftragen. Mieter und Vermieter können ihr Verfahren also allein bestreiten (siehe Seite 164). Ob es bei der Komplexität des Wohnraummietrechts sinnvoll ist, an einer qualifizierten Vertretung zu sparen, steht auf einem anderen Blatt. Ein weiterer Kostenpunkt können **Auslagen für Zeugen und Sachverständige** sein, die im JVEG geregelt sind.

Die Kosten für das Gericht und zwei beauftragte Rechtsanwälte belaufen sich zum Beispiel bei einem Streitwert von 1 000 Euro auf etwa 800 Euro, bei einem Streitwert von 5 000 Euro auf rund 2 400 Euro. Je nach Verfahrenssituation und -ausgang können die Kosten variieren.

Die Kosten des Verfahrens zahlt die Partei, die das Verfahren verliert, bei einem Teilverlust wird eine Kostenquote gebildet. Wer 1 000 Euro einklagt und 250 Euro zugesprochen erhält, trägt, weil er zu 75 Prozent verliert, auch 75 Prozent der Kosten. Den Rest hat die andere Partei zu zahlen.

Nach Beendigung eines Verfahrens rechnet das Gericht auf Antrag der Parteien die Kosten des Verfahrens ab und erlässt einen Kostenfestsetzungsbeschluss, der die Kostenerstattung zwischen den Parteien regelt.

Wer eine **Mietrechtsschutzversicherung** besitzt, kann im Rahmen der Versicherungsbedingungen mit einer Kostenübernahme rechnen, wenn die Versicherung eine Deckungszusage für die zu führende Auseinandersetzung erteilt. Allerdings ist nicht in jeder Versicherung Mietrechtsschutz enthalten, sodass der Versicherungsumfang geklärt werden muss. Auch muss berücksichtigt werden, dass nicht jeder Fall versichert ist. Insbesondere wenn der Versicherungsfall vor Abschluss des Versicherungsvertrags liegt, übernimmt die Versicherung keine Kosten. Der Versicherungsfall ist nicht gleichbedeutend mit dem Zeitpunkt, zu dem der Konflikt geführt wird, sondern kann zeitlich früher liegen. Ein Beispiel ist der Konflikt um die Wirksamkeit einer Schönheitsreparaturklausel (siehe Seiten 131 ff.). Hier können Versicherungen den Zeitpunkt des Vertragsabschlusses als Eintritt des Versicherungsfalls sehen. Dann tritt eine nach der Anmietung abgeschlossene Versicherung nicht ein, auch wenn sie längst bestand, als der Konflikt um die Renovierung begann. Auch deshalb sollte immer erst geklärt werden, ob eine Kostenübernahme tatsächlich in Betracht kommt. Aus Anlass eines Konflikts eine Rechtsschutzversicherung abzuschließen, macht jedenfalls für diesen Konflikt keinen Sinn. Denn die Versicherungen übernehmen erst Kosten, wenn der Versicherungsfall später als drei Monate nach Abschluss der Versicherung eintritt.

Wer sich die Kosten einer rechtlichen Beratung oder eines Rechtsstreits nicht leisten kann, kann für eine außergerichtliche anwaltliche Unterstützung beim Amtsgericht **Beratungshilfe** beantragen, für einen Rechtsstreit **Prozesskostenhilfe** bei dem für den Rechtstreit zuständigen Gericht. Letztere hängt nicht nur von den finanziellen Verhältnissen der Partei ab, sondern ihre Gewährung setzt auch voraus, dass die beabsichtigte Klage oder die beabsichtigte Rechtsverteidigung gegen eine Klage Aussicht auf Erfolg hat. Wird einer Partei Prozesskostenhilfe bewilligt, werden die Gerichtskosten und Kosten eines eigenen Rechtsanwalts vom Staat übernommen, nicht aber die Kosten des gegnerischen Rechtsanwalts. Unter Umständen muss die Prozesskostenhilfe an den Staat zurückgezahlt werden.

Bei einer außergerichtlichen **Mediation** ist die Vergütung nicht gesetzlich geregelt. Der Mediator vereinbart üblicherweise ein Stundenhonorar, sodass die Kosten von der letztlich benötigten Zeit zur Bewältigung des Konflikts abhängen. Anders als bei einem gerichtlichen Verfahren ist also nicht der Streitwert entscheidend. Deshalb kann die Mediation bei niedrigen Streitwerten teurer als ein Gerichtsverfahren sein, umgekehrt bei höheren Streitwerten auch preiswerter (siehe Seite 170).

Das Miteinander der Vertragsparteien

Jeder Konflikt hat neben den rechtlichen Fragen auch eine persönliche Ebene. Nicht selten ist die Art und Weise, in der ein Vermieter und ein Mieter eine Auseinandersetzung führen, von früherem Streit geprägt, vielleicht sogar von einem „ewigen Kleinkrieg", bei dem beide Seiten sich nichts schenken. Dann kann ein Konflikt nur sinnvoll gelöst werden, wenn auch das **Miteinander der Vertragsparteien** in die Lösung einbezogen wird. Sonst ist die Entscheidung des Konflikts vielleicht nur der Auftakt einer neuen Auseinandersetzung, und die Lösung schafft keine Hilfe, sondern ein neues Problem.

Ein **Gerichtsverfahren** lässt es grundsätzlich zu, dass auch die persönliche Ebene zur Sprache kommen kann. Zwar zielt es klassischerweise darauf ab, eine Entscheidung zu Lasten einer Seite zu treffen, also einen Sieger und einen Verlierer zu hinterlassen. Die Verfahrensregeln der ZPO sehen aber auch vor, dass der Richter in jeder Lage des Verfahrens darauf achten soll, ob eine gütliche Einigung möglich ist. Außerdem ist vorgeschrieben, dass das Gericht im Rahmen des Verfahrens zu Beginn eine Güteverhandlung durchführen muss, um die Möglichkeiten einer Einigung zu klären (§ 278 ZPO). Eine Einigung erfolgt in der Regel, indem ein **Vergleich** abgeschlossen wird. Er bedeutet, dass jede Seite einen Teil nachgibt und dem anderen entgegenkommt, sodass beide Seiten zueinander finden können (vergleiche § 779 BGB). Bereits hier kann das Verhältnis zwischen Vermieter und Mieter zur Sprache kommen, wenn es darum geht zu klären, ob beide Seiten überhaupt vergleichsbereit sind.

Einige Gerichte bieten auch eine **gerichtliche Mediation** an. Sie wird vom Gericht angeregt, wenn es das nach der Aktenlage für empfehlenswert hält. Einen Anspruch auf die Durchführung einer gerichtlichen Mediation haben die Konfliktparteien nicht. Als Mediator fungiert ein Richter, der mit dem Rechtsstreit aber nicht befasst ist. Bei der **außergerichtlichen Mediation** steht das Miteinander der Vertragsparteien von vornherein im Zentrum. Denn wenn, dann wird der Weg der Mediation beschritten, weil beide Seiten im Interesse eines guten Miteinander eine gemeinsame Lösung entwickeln und finden wollen (siehe Seite 168).

DAS GERICHTLICHE VERFAHREN

Ein Gerichtsverfahren dient dazu, dem Kläger die Möglichkeit zu geben, einen Anspruch gegen einen Anderen, den Beklagten, durchzusetzen. Das Gericht prüft den Anspruch und stellt ihn, wenn und in dem Umfang, in dem er besteht, durch ein Urteil fest.

Bei einer **gütlichen Einigung** wird das Urteil durch einen vom Gericht protokollierten Vergleich ersetzt (siehe Seite 162). Mit dem Urteil oder Vergleich kann der Kläger dann Zwangsvollstreckungsmaßnahmen einleiten und seinen Anspruch durchsetzen, wenn der Beklagte den Anspruch nicht freiwillig erfüllt (siehe Seiten 166 f.). Ein Urteil oder ein Vergleich wird deshalb auch als „Vollstreckungstitel" bezeichnet. Ohne Vollstreckungstitel ist eine Durchsetzung nicht möglich. Selbstjustiz ist nicht erlaubt.

Die ZPO stellt verschiedene Wege und Möglichkeiten zur Verfügung, einen Anspruch feststellen zu lassen und durchzusetzen.

Das Mahnverfahren

Ein Mahnverfahren bietet einen schnellen und kostengünstigen Weg, einen Zahlungsanspruch durchzusetzen, zum Beispiel wenn der Vermieter eine Mietforderung verfolgen will oder der Mieter eine Rückzahlung überzahlter Miete wegen einer Wohnflächenabweichung fordert. Andere Ansprüche, etwa, wenn der Mieter eine Mangelbeseitigung oder die Abrechnung der Betriebskosten verlangt, können nicht im Mahnverfahren, sondern nur im Klageverfahren durchgesetzt werden (siehe Seite 164).

Die Gerichtskosten des Mahnverfahrens sind geringer als die Kosten für ein Klageverfahren. Das Gleiche gilt für etwaige Rechtsanwaltskosten. Allerdings kann ein Mahnverfahren auch ohne einen Rechtsanwalt durchgeführt werden.

Wer ein Mahnverfahren einleiten will, muss bei dem zuständigen Mahngericht einen **Mahnbescheid** beantragen (§ 688 ZPO). Die Bundesländer haben zentrale Mahngerichte eingerichtet. Der Antrag muss entweder mit den amtlichen Formularen oder in maschinell lesbarer Form eingereicht werden, über einen Rechtsanwalt kann ein Mahnbescheid auch per Internet beantragt werden. Einzelheiten zum zuständigen Gericht und zur Form des Antrags sind zum Beispiel im Internet unter www.mahngerichte.de zu finden.

Im Antrag muss der Antragsteller seinen Zahlungsanspruch in Kurzform nennen. Eine Begründung ist nicht erforderlich. Denn das Mahngericht prüft nicht, ob die Forderung zu Recht erhoben wird, sondern erlässt den Mahnbescheid bereits, wenn die Formalien erfüllt sind (vergleiche § 691 Absatz 1 ZPO).

Der Mahnbescheid wird dem Antragsgegner, dem Schuldner der Forderung, zugestellt. Hält er die Forderung für unbegründet, kann er innerhalb von zwei Wo-

chen ab der Zustellung **Widerspruch** einlegen (§ 694 Absatz 1 ZPO). Eine Begründung muss er nicht nennen.

Erfolgt ein Widerspruch, geht das Verfahren in ein Klageverfahren über, sodass dann dort über den Anspruch entschieden wird (§ 696 Absatz 1 ZPO). Legt der Antragsgegner keinen Widerspruch ein, erlässt das Mahngericht auf Antrag einen **Vollstreckungsbescheid** (§ 699 Absatz 1 ZPO). Auch er wird dem Antragsgegner zugestellt. Er entspricht einem Urteil, erlaubt also wie ein Urteil die Zwangsvollstreckung, wenn der Antragsgegner nicht freiwillig zahlt. Auch nach Erlass des Vollstreckungsbescheids kann der Antragsgegner sich noch verteidigen. Legt er innerhalb von zwei Wochen nach Erhalt des Vollstreckungsbescheids **Einspruch** ein, muss wie nach dem Widerspruch gegen den Mahnbescheid ein Klageverfahren durchgeführt werden (§ 700 Absatz 3 ZPO).

Das Klageverfahren

Mit einer Klage kann jede Art von Anspruch verfolgt werden. Ein Mietrechtsstreit über Wohnraum wird in der ersten Instanz vor dem Amtsgericht durchgeführt (§ 23 Nr. 2 a GVG). Örtlich zuständig ist das Amtsgericht, in dessen Bezirk die Wohnung liegt (§ 29 a Absatz 1 ZPO). Einzelheiten dazu sind zum Beispiel im Internet unter www.zustaendiges-Gericht.de zu finden. Vor dem Amtsgericht kann jede Partei selbst handeln. Es besteht kein Zwang, einen Anwalt mit der Vertretung zu beauftragen (vergleiche § 78 Absatz 1 ZPO).
Wer klagt, muss seinen Anspruch konkret benennen und begründen. Es gilt der sogenannte **Beibringungsgrundsatz**. Jede Streitpartei ist selbst dafür verantwortlich, den Sachverhalt, auf den sie sich stützen will, vor Gericht darzustellen und gegebenenfalls zu beweisen. Das Gericht klärt den Sachverhalt nicht von Amts wegen auf. Es soll durch Hinweise und prozessleitende Anordnungen darauf hinwirken, dass ihm alles vorgelegt wird, was zur Entscheidung notwendig ist (§ 139 ZPO). Notwendige Informationen zu beschaffen, ist aber Sache der Parteien. Entsprechend trägt jede Seite auch die Verantwortung dafür, dass sie die ihren Anspruch stützenden Tatsachen beweisen kann, falls sie umstritten sind (**Beweislast**). Jede Seite muss dafür sorgen, dann dem Gericht ihre Beweismittel zu nennen, damit eine Beweisaufnahme durchgeführt werden kann. Die Partei, die eine Tatsache beweisen muss, dies aber nicht schafft, verliert allein deshalb den Prozess und muss die Verfahrenskosten tragen (siehe Seite 158).

Endet das Verfahren mit einem **Urteil**, kann eine Partei **Berufung** einlegen, wenn sie mit einem Betrag oder Wert von über 600 Euro unterlegen ist. Bei geringeren

Beträgen ist eine Berufung nur möglich, wenn das Amtsgericht die Berufung ausdrücklich zugelassen hat, weil es um eine Rechtsfrage geht, die grundsätzliche Bedeutung hat, zum Beispiel, weil Gerichte die Rechtsfrage unterschiedlich beurteilen (§ 511 ZPO). Anderenfalls ist keine Berufung möglich.

Eine etwaige Berufung muss innerhalb eines Monats nach der Zustellung des Urteils bei dem zuständigen Landgericht eingelegt werden. Hier sowie in einer höheren Instanz ist dann eine Vertretung durch einen Rechtsanwalt erforderlich (§ 78 Absatz 1 ZPO).

Wird die Klage mit einem **Vergleich** beendet (siehe Seite 162), ist dies eine abschließende Erledigung. Eine Berufung ist nicht möglich.

In Eilfällen kann bei Gericht ein vorläufiger Rechtsschutz, insbesondere eine **einstweilige Verfügung** beantragt werden (§ 935 ZPO, § 940 ZPO). Es geht dabei um Situationen, in denen die Gefahr besteht, dass ein rechtswidriger Zustand geschaffen wird, der bei dem normalen Ablauf eines Klageverfahrens nicht mehr verhindert werden kann, weil dies zu lange dauern würde. So kann zum Beispiel der Mieter, der meint, die angekündigte Modernisierungsmaßnahme des Vermieters sei nicht rechtmäßig und müsse er nicht dulden (siehe Seiten 63 ff.), gegebenenfalls eine einstweilige Verfügung zur Einstellung der Arbeiten beantragen, wenn der Vermieter Anstalten macht, mit den Arbeiten zu beginnen und Fakten zu schaffen. Das Gericht trifft in solchen Fällen dann auf der Grundlage einer summarischen Prüfung eine vorläufige Entscheidung. Hiergegen kann die andere Partei Widerspruch einlegen. Dann muss durch ein Gerichtsurteil entschieden werden, ob die vorläufige Maßnahme angeordnet werden darf. Über die Hauptsache, im Beispiel die Rechtmäßigkeit der Modernisierung, kann und muss dann in dem normalen Klageverfahren entschieden werden.

Das selbstständige Beweisverfahren

Das selbstständige Beweisverfahren ist ein eigenständiges Gerichtsverfahren und erlaubt eine vorweggenommene und **verbindliche Klärung von Beweisfragen**. Es kann von einer Partei **während des laufenden Verfahrens** unter anderem beantragt werden, wenn die Gefahr besteht, dass ein Beweismittel verloren geht, bevor eine nach normalem Verlauf anstehende Beweisaufnahme durchgeführt werden kann (§ 485 Absatz 1 ZPO).

Ein Beispiel ist die Situation, dass Schimmel in der Wohnung vorliegt und dringend beseitigt werden muss, um Gesundheitsgefahren zu vermeiden. Mit der

Beseitigung wird die Möglichkeit vernichtet, einem Richter oder Sachverständigen die Schimmelbildung zu zeigen, um gegebenenfalls beweisen zu können, dass es sie gab, dass sie Gesundheitsgefahren barg oder auch, welche Ursache die Schimmelbildung hatte. Deshalb muss der Zustand sicher dokumentiert werden, bevor der Schimmel beseitigt wird. Werden lediglich private Fotos gemacht oder Zeugen hinzugezogen, kann unklar sein, ob damit später der notwendige Beweis gelingen kann. In einem selbstständigen Beweisverfahren kann demgegenüber eine Dokumentation und Beweisaufnahme erfolgen, die für das Verfahren verbindlich ist (§ 493 Absatz 1 ZPO).

Ein selbstständiges Beweisverfahren kann von einer Partei auch schon **vor einem Gerichtsverfahren** eingeleitet werden, wenn ein **schriftliches Sachverständigengutachten** erstellt werden soll und zu erwarten ist, dass dadurch ein Rechtsstreit vermieden werden kann. Dabei kann es um die Klärung gehen, ob ein Mangel vorliegt, welche Ursache er hat oder aber auch, welcher Beseitigungsaufwand gegebenenfalls erforderlich ist. Es kann der Verlust des Beweismittels drohen, das Beweisverfahren ist aber auch ohne ein solches Risiko zulässig, wenn der Wunsch besteht, zur Vermeidung eines Rechtsstreits klare Verhältnisse zu schaffen (§ 485 Absatz 2 ZPO).

Das Zwangsvollstreckungsverfahren

Haben die Parteien ein Urteil erhalten oder einen gerichtlich protokollierten Vergleich geschlossen, ist der Anspruch festgestellt. Der Inhaber des Anspruchs wird „Gläubiger" genannt, der Verpflichtete wird als „Schuldner" bezeichnet.

Eine Partei kann, wenn die andere Seite den Anspruch nicht freiwillig erfüllt, Zwangsvollstreckungsmaßnahmen durchführen lassen. Das Verfahren ist in der ZPO geregelt (§§ 704 ff. ZPO). Wie eine

Zwangsvollstreckung durchzuführen ist, richtet sich nach der Art des festgestellten Anspruchs.

Bei einem festgestellten **Zahlungsanspruch** kann der Gläubiger beim Schuldner **Pfändungen** vornehmen lassen. Er kann den Gerichtsvollzieher mit der Pfändung von Bargeld oder anderen Wertsachen des Schuldners beauftragen (§§ 808 ff. ZPO). Er kann bei Gericht beantragen, dass die Pfändung eines Bankkontos des Schuldners veranlasst wird. Genauso können sonstige auf Geld gerichtete Ansprüche gepfändet werden, die der Schuldner gegen Dritte hat, zum Beispiel sein Gehalt beim Arbeitgeber, die Rente beim Rentenversicherer, Sparvermögen bei der Bank oder Auszahlungen von Versicherungen (§§ 829 ff. ZPO). Hier sind gegebenenfalls Pfändungsfreigrenzen zu beachten. Darüber hinaus ist auch die Pfändung in Immobilien möglich (§§ 864 ff. ZPO).

Wird dem Gläubiger ein **Anspruch auf eine Handlung** des Schuldners zugesprochen, ist zwischen vertretbaren und unvertretbaren Handlungen zu unterscheiden. Eine **vertretbare Handlung** ist eine Handlung, die nicht von dem Schuldner vorgenommen werden muss, sondern auch durch Dritte erfolgen kann, zum Beispiel, wenn der Vermieter zur Mangelbeseitigung verurteilt wird (siehe Seite 32), die er an Handwerker übertragen kann. Eine vertretbare Handlung wird vollstreckt, indem sich der Gläubiger vom Gericht ermächtigen lässt, die Handlung auf Kosten des Schuldners selbst auszuführen oder durch Dritte ausführen zu lassen (§ 887 Absatz 1 ZPO). Hier kann der Gläubiger auch beantragen, dass der Schuldner für die dadurch entstehenden Kosten einen Vorschuss zahlt (§ 887 Absatz 2 ZPO).

Eine **unvertretbare Handlung** ist eine Handlung, die nur der Schuldner vornehmen kann, zum Beispiel, wenn der Vermieter zur Abrechnung der Betriebskosten verurteilt wird (siehe Seite 57). Sie wird vollstreckt, indem das Gericht auf Antrag des Gläubigers ein Zwangsgeld oder, wenn dieses nicht gezahlt werden kann, eine Zwangshaft gegen den Schuldner verhängt, wenn er die Handlung nicht vornimmt (§ 888 Absatz 1 ZPO).

Hat der Gläubiger einen **Anspruch auf Räumung**, zum Beispiel der Vermieter, weil der Mieter zur Rückgabe der Wohnung verurteilt ist (siehe Seiten 139 ff.), geschieht die Zwangsvollstreckung, indem ein Gerichtsvollzieher beauftragt wird, die Räumung vornehmen zu lassen (§ 885 ZPO). Bei der Räumung einer Wohnung bestehen besondere Vorschriften für einen Räumungsschutz des Mieters (§ 721 ZPO, § 765 a ZPO).

Wird dem Gläubiger ein **Anspruch auf eine Unterlassung** zugesprochen, zum Beispiel, wenn der Mieter verurteilt wurde, die Wohnung nicht mehr beruflich zu nutzen (siehe Seiten 99 ff.), wird er vollstreckt, indem gegen den Gläubiger ein Ordnungsgeld, oder, wenn dieses nicht bezahlt werden kann, eine Ordnungshaft verhängt wird, wenn er sein Verhalten fortsetzt (§ 890 ZPO).

MEDIATION

Die Mediation ist ein freiwilliges Konfliktlösungsverfahren, bei dem Parteien eine gewinnbringende und zukunftsorientierte Lösung ihres Konflikts entwickeln und finden können. Dabei unterstützt sie ein neutraler vermittelnder Dritter, der Mediator. Ein Mediator hat in der Regel neben der beruflichen Erstqualifikation, zum Beispiel als Rechtsanwalt, eine umfangreiche Zusatzausbildung absolviert. Er verfügt über kommunikations- und konfliktwissenschaftliche Kenntnisse und sorgt für einen stabilen und vertrauensvollen Rahmen, in dem die Parteien ihre persönliche Konfliktlösung finden können. Welche Themen dazu angesprochen werden müssen, bestimmen allein die Konfliktparteien.

Mediationen sind traditionell und überwiegend außergerichtliche Verfahren. Sie werden aber verstärkt auch bei Gerichten als gerichtliche Mediation angeboten (siehe Seite 162). Der freiwillige Charakter der Mediation bedingt, dass eine Mediation durchaus auch ohne Ergebnis enden kann. Doch wird die Erfolgsquote eher hoch eingeschätzt. So liegt sie zum Beispiel nach einer Studie des bayerischen Justizministeriums für gerichtliche Mediationen in zivilrechtlichen Streitigkeiten bei etwa 70 Prozent (Quelle: Wirtschaft – Das IHK-Magazin für München und Oberbayern – 05/2008).

Besonderheiten der Mediation

Der Grundgedanke der Mediation ist es, für einen Konflikt eine Lösung zu finden, die für beide Seiten Vorteile bringen kann. Man spricht vom „**Win-win-Prinzip**". Die Besonderheit der Mediation ist, dass die Konfliktparteien nicht Dritte über ihre Lösung entscheiden lassen, sondern ihre Konfliktlösung in einem vertraulichen Rahmen selbst erarbeiten. Als Betroffene kennen sie die Streitpunkte am besten und können deshalb am besten Lösungsstrategien entwickeln. Eine Mediation bietet die Möglichkeit, einen Konflikt umfassender zu klären, als das üblicherweise in einem gerichtlichen Verfahren möglich ist. Denn sie lässt Raum, den Ursachen eines Konflikts auf den Grund zu gehen und auch verborgene Motivationen aufzudecken. Entzündet sich der Konflikt zum Beispiel an einer vom Vermieter ausgesprochenen Mieterhöhung, stehen im gerichtlichen Verfahren Zulässigkeit und Begründetheit der Mieterhöhung im Vordergrund. Im vertrauensvollen Rahmen einer Mediation kann sich herausstellen, dass die Mieterhöhung ausgesprochen wurde, weil der Vermieter sich über den Hund des Mieters geärgert hat, über unpünktliche Mietzahlungen oder ständige Auseinandersetzungen über die Betriebskosten. Solche Aspekte werden mit berücksichtigt, sodass eine umfassende Lösung gefunden werden kann.

Die Mediation ist vertraulich und setzt auf gegenseitigen Respekt, Fairness und Offenheit. Es geht nicht darum, einen Sieg über den Anderen zu erringen, sondern im

Interesse eines gedeihlichen Miteinanders für die Zukunft eine gemeinsame Lösung zu finden. Die kann sich im Rahmen einer Mediation oftmals schneller und durchaus auch kostengünstiger ergeben als in einem gerichtlichen Verfahren.

Anwendungsfelder

Die Mediation kann zur Lösung jedes Konflikts in Betracht kommen, eignet sich aber vor allem zur Konfliktbewältigung bei langfristigen und noch andauernden Beziehungen zwischen den Parteien. Hier gilt es, eine Lösung zu finden, damit der Konflikt nicht immer wieder zum Stein des Anstoßes wird und die Fortsetzung des Vertragsverhältnisses belastet. Die Mediation kommt deshalb insbesondere in Betracht bei Auseinandersetzungen zwischen Verwandten oder Familienmitgliedern, bei Problemen in laufenden Geschäftsbeziehungen, bei Streitigkeiten unter Nachbarn und natürlich bei Konflikten zwischen Vermieter und Mieter. Denn auch das Mietverhältnis ist eine auf lange Sicht angelegte Verbindung.

Verfahren

Die Mediation hat anders als ein gerichtliches Verfahren keine strengen Verfahrensregeln, sondern ist informell.
Die Beteiligten unterliegen keinen zeitlichen Zwängen, sie können frei und in vertraulichem Rahmen agieren. Der Mediator schlägt keine Lösung vor, er fällt auch keinen Schiedsspruch. Aufgabe des Mediators ist es, einen fairen Verlauf des Verfahrens zu unterstützen und zu gewährleisten. Die Lösung entwickeln die Konfliktparteien mit seiner Hilfe selbst.

Der Weg zur Konfliktlösung führt über mehrere Schritte, die notwendig sind, um eine dauerhafte Lösung finden: Die Beteiligten bekommen zunächst die Möglichkeit, den Konflikt aus ihrer jeweiligen Sicht darzustellen (**Konfliktdarstellung**).

Anschließend werden hinter dem Streit liegende Aspekte und weitergehende Inte-

ressen der Konfliktparteien geklärt. Erfahrungsgemäß dreht sich ein Streit oft nicht (allein) um die nach außen vertretene Position, sondern tatsächlich bilden andere Probleme den Kern des Konflikts. Hier gilt es anzusetzen, um eine Einigung zu erzielen (**Konfliktbeleuchtung**).

Ist der Konflikt herausgestellt, erarbeiten die Parteien Vorschläge und Ideen, wie sie sich eine Einigung vorstellen können. Kommt eine Einigung zustande, wird sie schriftlich fixiert, es wird ein „Vertrag" geschlossen. Für den Fall, dass mehr als zwei Personen einbezogen sind, ist zu beachten, dass nur solche Lösungen vereinbart werden, die von allen Beteiligten mitgetragen werden (**Konfliktlösung**).

Die Lösung kann in einer von den Parteien zu bestimmenden Zeitspanne erprobt werden, an deren Schluss ein sogenanntes Bilanzgespräch stattfindet. Es bietet die Gelegenheit, aufgetretene Schwierigkeiten im Umgang mit der Lösung anzusprechen, gegebenenfalls weiter zu verhandeln und einzelne Punkte zu verändern, damit eine dauerhafte Lösung entsteht (**Bilanzphase**).

Die Einigung der Konfliktparteien, ihr „Vertrag", hat nicht die Wirkung eines Urteils oder eines vor Gericht geschlossenen Vergleichs. Wenn die Einigung nicht erfüllt wird, kann sie nicht vollstreckt werden. Die Erfahrung zeigt aber, dass dies in aller Regel auch nicht notwendig ist, weil eine im Wege einer Mediation gefundene Lösung als von Allen akzeptierte Lösung auch freiwillig eingehalten wird.

Kosten

Für die **außergerichtliche Mediation** fallen die Kosten des Mediators an. Es gibt hierfür keine gesetzliche Regelung. Für das Honorar wird üblicherweise ein Stundensatz vereinbart. Die Kosten werden dann nach Zeitaufwand ermittelt. Die Stundensätze liegen üblicherweise zwischen 150 und 300 Euro zuzüglich Umsatzsteuer (Mehrwertsteuer).

Der Zeitaufwand hängt vom Einzelfall ab. Ob sie drei oder vielleicht 20 Stunden benötigen, haben die Parteien in der Hand. Da sie Inhalt und Verlauf der Mediation bestimmen, können sie jederzeit das Verfahren beschleunigen oder beenden. Üblich ist, dass die Kosten des Mediators von beiden Parteien je zur Hälfte getragen werden.

Rechtsanwaltskosten fallen für die Mediation selbst nicht an. Eine Partei kann sich aber parallel zu der Mediation von einem Rechtsanwalt beraten lassen, um den rechtlichen Hintergrund des Konflikts und damit die angemessene Lösung besser einschätzen zu können. Diese Kosten trägt die Partei in der Regel selbst, weil sie keine Kosten des Mediationsverfahrens selbst sind.

Findet eine **gerichtliche Mediation** statt, fallen für den Richtermediator keine Kosten an. Die Mediation wird aus den Gerichtsgebühren für das gerichtliche Verfahren bezahlt.

REGISTER

IMPRESSUM

© 2010 Stiftung Warentest, Berlin

Stiftung Warentest
Lützowplatz 11–13
10785 Berlin
Telefon 0 30/26 31–0
Fax 0 30/26 31–25 25
www.test.de

Vorstand: Dr. jur. Werner Brinkmann
Weiteres Mitglied der Geschäftsleitung:
Hubertus Primus (Publikationen)

Alle veröffentlichten Beiträge sind urheberrechtlich geschützt. Das gilt auch gegenüber Datenbanken und ähnlichen Einrichtungen. Die Reproduktion – ganz oder in Teilen – durch Nachdruck, fototechnische Vervielfältigung oder andere Verfahren – auch Auszüge, Bearbeitungen sowie Abbildungen – oder Übertragung in eine von Maschinen, insbesondere Datenverarbeitungsanlagen, verwendbare Sprache oder die Einspeisung in elektronische Systeme bedarf der vorherigen schriftlichen Zustimmung des Verlags. Alle übrigen Rechte bleiben vorbehalten.

Autoren: Stefan Bentrop, Volker Neitzel
(www.kanzlei-nlb.de)

Lektorat: Uwe Meilahn
Fachliche Beratung: Michael Bruns
Titelentwurf und Layout: Pauline Schimmelpenninck Büro für Gestaltung, Berlin
Grafik und Satz: Pauline Schimmelpenninck Büro für Gestaltung, Berlin
Verlagsherstellung: Rita Brosius (Ltg.), Susanne Beeh
Produktion: Vera Göring
Bildredaktion: Rainer Ballin, Berlin
Bildnachweis: istock 13, 30, 43, 59, 62, 69, 72, 75, 77, 86, 87, 88, 89, 94, 99, 117, 125, 130, 134, 136, 137, 143, 147, 148, 149, 153, 154, 156, 164, 165; **corbis:** 8, 25, 28, 92, 97, 111, 118, 142, 159, 160, 162, 170, U4; **GettyImages:** 21, 42, 49, 78, 135, 136, 166, U4; **plainpicture:** 24, 33, 52, 104, 169, U4.
Litho: tiff.any GmbH, Berlin
Druck: Grafisches Centrum Cuno GmbH & Co. KG, Calbe
Einzelbestellung:
Stiftung Warentest
Telefon: 0 180 5/00 24 67
Fax: 0 180 5/00 24 68
(je 14 Cent pro Minute aus dem Festnetz, maximal 42 Cent pro Minute aus dem Mobilfunknetz)
www.test.de

Redaktionsschluss: September 2010

ISBN: 978-3-86851-316-5